金融

路径实施纲要	路径实施内容
树立战略思维	立足"总体安全"观
夯实战略基础	壮大国内金融实力
建设战略预备	良性审慎市场机制
建立战略纵深	循序渐进国际接轨
构建战略储备	强化底线危机思维
创造战略协同	参与国际金融改革
金融与政治安全	金融"颜色革命"
金融与公共安全	金融反恐
金融与国防安全	国防建设金融驱动
金融与经济安全	金融狙击
金融与金融安全	金融制裁
金融与网络安全	捍卫"第四空间"主权
金融战略智慧	"先予后取"
金融战略布局	多样性金融经略
金融战略主动	金融"软实力"输出
金融战略定位	金融与香港
金融战略载体	企业"走出去"
金融战略先行	商业银行国际化
秩序与自由平衡	金融监管
体制与机制平衡	市场主导
效率与风险平衡	驾驭风险
开放与稳定平衡	人民币国际化
坚实与活用平衡	外汇储备
负债与发展平衡	地方债融资转型
摆正所有制位置	坚持公有制的地位
摆正法治化位置	大力推进法治化
摆正认识观位置	警惕民粹主义
摆正服务目标位置	为人民服务
摆正新力量位置	良性互补非恶性竞争
摆正生态的位置	"绿色"不只是概念

当今世界，地缘政治动荡不安，利益博弈日趋复杂，实现金融安全越来越需要与时俱进的顶层设计和精心妥善的运筹帷幄；当今世界，和平发展仍然是时代主题，全球化飞速推进，中国作为开放性大国越来越需要对金融安全进行整体谋划和细致安排；当今世界，科学技术加速发展，金融创新日新月异，金融不仅是资源配置的重要载体，更是事关民族复兴、人民安康的重要力量。把金融上升到国策层面进行研究和探讨，可谓别具匠心、正当其时。

中国社会科学院副院长　李　扬

《金融国策论》是一本立足金融学、政治学和国际关系学的重要著作，作者兼具国际视角和中国关切，理论和实践相结合，对中国金融改革的顶层设计提出了独到建言，推荐读者阅读。

中国人民大学校长　陈雨露

对发展中国家来说，全球化时代的金融安全已成为国家安全的巨大黑洞。本书将金融政策置于国策高度，为国人有效弥补这个黑洞提供了极其有益的探索。

国防大学战略教研部教授、少将　金一南

本书从战略高度阐述了作为国家安全重要组成部分的金融安全问题，把金融问题上国内国际两个大局的关系疏理得一清二楚，既高屋建瓴，又细致入微。这种将政策性、思想性和学术性融会贯通的好书，实属凤毛麟角。

北京大学国际战略研究院院长、中华美国学会荣誉会长
王缉思

现代个人离不开金融，现代国家更是离不开金融。著作《金融国策论》将作者的理论和实践认知进一步"磨练成精"，不仅实现了超越，更是为中华民族的持续复兴稳根立足。主动掌控"金融国策"，国才能强，邦才能兴。

耶鲁大学管理学院金融经济学教授
北京大学经济学院特聘教授　陈志武

有专业，有经历，有创见

此刻，他们是写作者

金融国策论

时吴华　著

社会科学文献出版社
SOCIAL SCIENCES ACADEMIC PRESS (CHINA)

序 一

我一贯主张，研究金融问题一定要有战略观点，其中最重要的就是战略目标的确定，所以要求战略目标的制定者要动态地掌握和分析各方的情况，并对未来的趋势做出短期、中期和长期的预测；设想几种可能的场景；然后通过在电脑上的仔细推演，真正确定合适的战略目标。最后，再根据战略目标制定出保证战略目标实现的各种措施和有关的策略。因此，战略目标的确定是所有研究问题中首要决定的问题，如果目标一错，满盘皆输。这就是管理大师德鲁克所说的："做对的事情比把事情做对更重要"，也就是说如果你的目标不对，那么你就算后面的战略措施和策略贯彻实施得很好，最后也达不到应有的效果，甚至造成严重损失。

在这里我仅想举两个例子来说明我的观点。一个是关于金融安全的问题。在金融安全问题上，一直存在着各种争论。我在 2003 年就讲过，金融安全是经济安全的核心，我们既要防止麻木不仁，丧失警惕；也要防止神经过敏，草木皆兵。在金融安全问题上，有的人主张抗击"阴谋论"。实际上，如果把抗击"阴谋论"作为保障金融安全的战略目标，那就大错特错了。把所有的国际金融活动都当成是阴谋，本身就不符合当前国际金融的实际情况。有些人把国际金融活动比成你死我活的

战争，甚至拿"共济会"这种无稽的传言来吓唬一般的老百姓，这并不是真正的在对抗"阴谋论"，而是在利用"阴谋论"来阻碍改革；当然也有一些人可能是真的担心我们会中了外国人的阴谋，但是主张"阴谋论"的人多数还是有各种动机的：比如维持现有利益，反对进一步改革开放等；不管他们的动机如何，这种以抗击"阴谋论"为战略目标起码存在两个重大问题。第一，我们要真正提高抗击"阴谋论"的能力，就必须要提高自己的金融实力和金融的国际竞争力，如果做不到这一点，我们实际上是处于被动挨打的地位，也无法抵挡国际金融活动的进入。第二，现在国际金融既有斗争又有合作，并不是你死我活的零和游戏，这次亚投行的成功筹办，有 57 个意向创始成员国参与，就充分说明了这一点。只要有利可图，国际金融界会采取合作的办法。可以预料，随着亚投行的发展壮大，美国和日本也不可能忽视它的存在。所以我们要善于利用国际金融形势的变化来争取最大的利益，而不是把所有的国际金融活动拒之门外。正确的战略目标应当是鼓励提高我们自身的金融实力，进一步深化和推进金融系统的改革，提高我们的国际竞争力，并且在国际竞争中提高我们的话语权和我们在国际金融中的地位。这才是正确的战略目标。

另一个例子是，近年来，关于金融改革的顺序问题存在着许多不同的意见，众说纷纭，莫衷一是。实际上，金融改革的步骤只是一个策略性问题，而它必须要围绕战略目标来进行安排，如果没有战略目标而只是谈改革顺序的话，那么不同的部门就可能从不同的立场出发，"各拿一把号，各吹各的调"，强调他们自身的重要性，而忽视了全局的优化。所以在改革顺序问题上，首先要确定战略目标。我在 2014 年出版的《人民币国际化之路》中明确指出，我国金融改革的战略目标就是实现人民币国际化，这一目标实际上已经提出多年，但是在推进的时候，总是遇到各种阻力，这就说明虽然提出了目标，仍然没有把各方面的力量汇聚在一起，制定出保证战略目标实现的措施和策略。

金融改革是一个很复杂的问题，回顾改革开放以来我国金融改革的历程，可以看到从外资并购我国企业，国有商业银行引进外国战略合作伙伴，股权分置改革，中小企业板、创业板的设立，股指期货的开放，到融资融券；每一步都会有反对的声浪、质疑的声音，甚至还有"卖国"的责难，这样就使得我们的金融改革不能顺利地向前推进。在一些人的阻挠之下，有关部门尽管已经提出了改革的措施，但也只能是放一放、等一等、看一看，而不能及时地抓住时机向前推进。这一点教训是我们应该记住的。

这本书，我认为是作者思考的结果，我赞赏和鼓励这种探索，也希望更多的有志之士关心我国的金融改革，而且要从战略上来探讨这一问题。我相信，只要我们按照十八届三中全会的决定，稳步推进我国的金融改革，就一定能使我国的金融在国际上有越来越多的发言权，以及越来越强的地位。

成思危

序 二

当我刚看到《金融国策论》这本书时，既高兴又担心。高兴的是，金融在当今世界经济政治中的作用不言而喻，从战略的高度阐述金融问题实属难得。担心的是，一个金融专家能否驾驭得了"金融国策"这个沉甸甸的议题？

看完本书，我只剩下高兴。

这本书有高度。因为它从国家治理的角度来看待金融，对金融及与之关联的现实国际战略等社会重大关切问题提出了高屋建瓴的真知灼见，抛却了过去金融作为专业系统的"技术外衣"，一针见血地指出在现代社会，随着社会演变和历史进步，金融就是新战场和新武器，而国家利益永远是金融服务的最终目的，并必须据此构建符合国家发展阶段的、符合社会发展方式的、符合人民需求的金融战略。

这本书有深度。因为它通过对国际政治、经济现状的深度剖析和对国内政治、经济、社会背景的深刻挖掘，将金融与国家治理有机结合，并拿出切实可行的对策建议，深邃而富有新意。书中深刻提出研究中国金融问题的三个目的：一是巩固党的执政基础和维护国家安全；二是服务于国家经济建设；三是服务于国际战略。

这本书有广度。因为它对国际金融史进行了系统梳理及分

析，金融危机是一国的重大事件，往往对一国社会发展进程产生决定性影响，金融安全本质上关系到国家安全，对国家政治安全、社会安全、经济安全等均具有重大甚至转折性的影响。反思这些沉痛的历史，并不单纯只是金融专家学者之事，而应该有全社会的参与。本书一针见血地解读和总结各国金融发展的经验教训，并指出我国面临的挑战，为我国金融发展提出独到见解。

这本书有创新。因为它从国际政治经济新格局和国内政治经济新常态出发，创造性地提出从军事战略角度构建中国金融战略体系，并将金融与国家治理紧密结合，其中"金融与'颜色革命'""金融与反恐""金融战略主动"等章节都闪烁着创新的智慧光芒，为提高国家治理能力提供了金融思维的新视角。

这本书发人深省、带来极具冲击力的新观点，而文字平实，内容务实，作风踏实。蕴含精细的实务解读和专业解析，却娓娓道来，不疾不徐，生动有趣。本书简练大气、逻辑严密，不仅体现了作者高远的战略眼光、专业的理论素养、娴熟的实务经验，更能看到其盼望中国强大的无比迫切的爱国热情和发自肺腑的真挚爱国心。

华盛顿凭借华尔街独霸世界，而叱咤华尔街的大佬不仅仅是金融家、银行家，不少更是政治家、战略家。尽管这本书的观点，并非每个读者都会完全认同，但我们国家需要更多金融战略思想的碰撞。

是为序。

自　序

　　金融通常被认为是一件技术性很强的专业工作，事实也的确如此。尤其是近十几年，以数理统计方法为主的金融学研究方式逐渐成为主流。但是用数学工具来进行描述，用高深模型来进行分析，就能够解决金融的所有问题吗？实践中结果往往不尽如人意。不仅如此，基于纯粹技术性角度和层面的金融体系的建立以及金融政策的制定，结果也往往和决策初衷相差甚远。这些疑问和悖论在学习和工作中不断出现，一直得不到厘清与解决。尤其是近些年来，随着世界经济格局的微妙变化，国际政治形势的复杂角力，许多问题愈发突出并且愈发深刻。

　　2012 年，中国梦的提出是一个很大的震动，继而，"总体国家安全观""战略思维"和"一带一路"等一系列概念及理论的推出，突然让人豁然开朗，竟然使那些疑问和既有经验、客观现象、总体形势以及前瞻设计等串接起来，融会贯通。在对这些理论不断学习的过程中，有一种认识变得越来越深切：所有微观事实都应是宏观战略的组成部分，如果缺乏一种大局观，不能从国家崛起、战略利益等层面上来进行思考、推演和筹谋，金融建设就只能流于"匠气"，虽然有一时发展，却无法真正取得突破，更无法为国家富强、经济腾飞、社会安定、百姓幸福有效服务。

　　这种发现令人满心激动，因此，在不断消化、思考、借鉴这些理论的基础上，采取新方法，将过去的教训、经验、思考等从战略层面上进行重构，便有了这本《金融国策论》。成书过程中，发现有些愿景已经在不断实现，着实让人喜不自禁。愿我中国崛起之梦早日实现！而"国策论"的标题并非妄将本书置于国策地位，而是意图从国家的战略层面，运用大局观念，牢守底线思维，来进行金融政策的讨论，是为"国策论"。

2014 年 12 月

目　录

坚实价值基础——国家金融安全篇

目　录

社会公平正义——金融误区解读篇

导　语

金融强大是大国崛起的标志和标配，金融系统是大国运筹的协调枢纽，金融方略是大国战略的关键手段，金融国策是现代化国家治理的核心内容。事实上，当今世界，金融是一种战略权力，渗透于现代社会的各方各面，在经济关系和国际关系中起决定性作用。

新中国经历了三个发展阶段。一是初期的"一穷二白"、艰苦创业期。二是改革开放、"摸着石头过河"期。三是全面战略崛起期，这主要体现在十八大后，中国第一次有了完整的大国战略规划。完整的战略规划不仅包括长远的战略目的，更应当有准确的战略定位和深刻的战略筹谋。习近平总书记提出中国梦，实现中华民族伟大复兴，指明了我国发展的战略目的；提出做一个"有担当"的大国，确定了中国的战略定位；坚持走有中国特色的发展道路，穿"合适的鞋"，揭示了当今中国的战略筹谋。为此，十八届三中全会历史性地提出推进国家治理体系和治理能力现代化，十八届四中全会提出了依法治国的决定，把法治作为党治国理政的基本方略和基本方式。这是完善和发展中国特色社会主义制度的必然要求，也是治国理政理念的重大创新和发展。

国家有很多种解释，但无可置疑的是，它是一种组织形态，

其本质是一种秩序的建立。这种秩序保证在其系统下的资源配置优化，从而建立稳定性。国家需要在不断的动态平衡中维持这种稳定，并使之最优化，这就是国家治理。金融无疑是其中的一个重要领域。但金融的意义远不止于此。

如果说这种阐述仍然流于抽象，那么美国的实例则是最生动的注解。2008年美国发生金融危机，祸及全球。对这场危机的反思和总结多数都是从金融技术层面出发，然而美国自身实质上却是从国家治理的层面来分析处理此事的。危机发生后迅速展开的政府干预和救市显现的是一国政府对于宏观稳定的极大重视，并将之永远放在国家治理第一目标的决心。而宏观稳定的关键是市场稳定，金融则是市场的核心。其后的货币防御反击战更是淋漓尽致地表现了现代国家战争的方式方法。美国不但有强大的经济后盾和完善的经济体制作为基础，其操纵金融手段的战略战术更是其死地复生、傲视群雄的最锐利器。

关于金融是什么，很多人会说："金融是现代经济的核心""金融体系是政治经济体系的一部分""经济决定了金融"，但在现今金融意义远非如此。本书主要厘清三个问题，即金融的意义是什么？金融要干什么？金融要怎么干？

首先，要明确金融的意义究竟是什么。

当今中国，金融已渗透国内社会的各方各面，无论是在经济发展、科技进步、社会保障等社会民生领域，还是在军事、网络安全、反恐等国家安全领域，甚至在"反腐"和"防变（色）"等政治安全领域都发挥举足轻重的作用。放眼全球，金融已成为国际竞争和国际关系中具有决定性的力量，谁掌握了金融权，谁就控制了世界。早在20世纪70年代，以约瑟夫·奈和罗伯特·基欧汉为代表的新自由主义国际关系流派就指出，国际政治中的重心已渐渐从外交、军事等"高政治"领域转移到经济、社会、文化等"低政治"领域。尤其是在经济一体化、金融全球化、流通信息化的今日，非战争军事行动已经成为军队管理者和学者的热门话题。在经济金融领域，两国交战已经不见国界，不见硝烟，不见厮杀，但后果却异常严重，可以瞬间使国倾城崩。非军事的交锋是一个新的领域，是国与国之间较量的新战场。当前中国的安全观在继续以维护国家领土主权完整等传统安全问题为核心的同时，已经把视野扩展到金融安全、经济安全、信息安全、能源安全、粮食安全、公共卫生安全及反恐怖主义等方面，逐步形成了总体安全观。在和平时期，金融安全是国家安全的核心内容之一，金融安全风险甚至威胁国防和军队建设。可以说，金融的意义在于它不仅仅是现代国家治理的一部分，同时又融入整个国家治理的方方面面。因此，金融的真正意义可称为国策。

其次，要明确金融国策要干什么。

一是金融要如何维护政权稳定。习近平总书记指出，"当前我国国家安全内涵和外延比历史上任何时候都要丰富，时空领域比历史上任何时候都要宽广，内外因素比历史上任何时候都要复杂"。"颜色革命"和"恐怖主义"已成为威胁我国政权稳定的两大"主题词"。一方面，美国高举"民主改造"大旗不断在我国周边策动"颜色革命"，其利用金融手段制造动乱甚至颠覆政权的手法日趋成熟；另一方面，受国际泛伊斯兰主义和泛突厥主义影响，中国新疆特别是南疆地区宗教极端思想蔓延，民族分裂分子不断在新疆和内地制造暴恐事件，我国利用金融手段进行反恐缺位严重。中国金融国策首要任务要确保我国社会主义江山不变色，社会主义江山不动摇。因此，防范金

融"颜色革命"、推动金融反恐、金融维护网络空间安全等应成为维护我国政权稳定、维护中国共产党执政地位的重要课题，是实现中国梦的重要前提。

二是金融要如何促进经济发展。发展是硬道理，经济金融持续发展，国家社会才能保持长治久安。正如习近平总书记强调的，中华民族的今天，可谓"人间正道是沧桑"，中华民族的明天，则是"长风破浪会有时"，今日的中国虽然依旧面临着各种崛起中的挑战，但我们比历史上任何时期都更接近中华民族伟大复兴的目标，因为中国经济改革开放30多年的飞快发展已经为中国梦的实现打下了坚实基础。接下来，中华民族伟大复兴能否加速推进，很大程度上取决于中国经济能否保持稳健发展并以此促进国家崛起和社会和谐，而金融能否发挥支持实体经济的核心作用，是其中的关键。金融国策的中心任务要确保中国经济继续稳步发展，人民生活水平继续稳步提高。因此，金融支持经济发展是保障国家金融安全、实现中国梦的重要抓手。

三是金融要如何推动国际经略。从中华民族的现状和未来来看，正如习近平总书记所指出的，民族复兴的中国梦既是每一个中国人追求幸福的梦，也与世界人民的梦想息息相通。作为国际社会的重要成员，中国将在自己追梦、圆梦的奋斗过程中，与世界各国一道，共同为人类的发展与进步做出应有贡献。就中国目前在全球经济中的地位而言，中国梦实现的过程必然是中国对世界经济不断释放"中国红利"的过程，也就是说，中国梦造福世界是必然的。让中国梦获得国际认同，需要更多地从经济金融着手，而这恰恰是以习近平同志为总书记的新一届中央领导集体在外交战略方面考虑的重点。中国新一届领导人的外交活动，不论老友新朋，还是近邻远亲，利用金融推动国际经略方面更加突出相互尊重，共谋发展，共同构建"命运共同体"。金融国策战略任务要积极参与国际治理，确保经济实力真正转化为国际影响力。因此，金融国际经略是实现中华民族真正屹立于世界民族之林，中国梦为国际社会普遍认可的重要途径。

最后，要明确金融国策究竟要怎么干。

一是要有战略思维。"要善于观大势、谋大事"。全球化和金融化是当今世界的两大特征，它们都裹挟着乘数效应，将国家和个人利益不断放大，使资源再分配更加复杂和迅速，从而击败一些国家和复兴另一些国家。金融不仅仅是金钱，也是一种权力，一种可与海权、陆权相提并论的战略权力。金融国策是一个主权国家为谋求其战略利益，长期为提升整体国家实力和国际经济社会地位而制定的有关金融事业发展的根本性、系统性决策，它应与国家政治体制、经济形势、社会发展阶段等相一致，并与国家政治、经济、军事、外交战略相互交织，以谋取国家利益最大化为最终目标。因此，金融国策应建立在国家战略的高度，需要主动出击、全方位筹谋、系统性协作。

二是要有法治思维。"凡属重大改革都要于法有据"，"确保在法治轨道上推进改革"，"法律是治国之重器，法治是国家治理体系和治理能力的重要依托"。十八届四中全会研究了全面推进依法治国若干重大问题，并确定了全面推进依法治国总目标是建设中国特色社会主义法治体系，建设社会主义法治国家。现代社会的治理经验告诉我们，复杂社会需要简约治理，市场繁荣要求权力谦卑。法治思维和法治手段，正是执简驭繁、提纲挈领的抓手。金融治理也是如此。当前，我国的金融改革进

入攻坚期和深水区，金融监管、互联网金融、影子银行、地方债等改革，无不牵一发而动全身。"治理之道，莫要于安民。"如何在这一过程中做到百姓心安、国泰民安？这就需要以法治思维和法治方式推进改革。金融体系运行状况取决于各相关主体的行为规范性，而金融法律制度是对金融机构及其金融业务所涉及的法律关系进行规范和调整的制度安排，也是对金融监督管理者自身行政行为进行规范和约束的制度安排。现行的金融法律制度安排已经难以适应变化着的金融生存和发展环境的需要，亟须推出针对当前金融发展新形势、新风险的全面、完整的金融法律框架，使得驾驭金融风险有法可依。"法律的生命力在于实施，法律的权威也在于实施"，要根据金融业的特点改进现行金融治理体系，以适应现代化国家治理体系的需要。

三是要有辩证思维。"要把市场的决定性作用和政府的职责结合起来"、"要把顶层设计和摸着石头过河结合起来"。在全面深化金融体系改革过程中，要自觉利用辩证思维看问题。在人民币国际化的进程中，长期崛起和短期维稳同样重要，长期能够在国际货币体系中占据重要地位，短期能够发挥经济金融稳定器的作用；金融体系改革必然伴随着风险，从国家金融安全角度看，要从最大化改革收益和最小化改革风险两方面共同考虑。从宏观上看，金融改革总体效果是好的，一定会带来改革红利；从操作上看，并非一步放开，或越快完成改革就越一定是好的，要有优先顺序，要有配套安排。

四是要有系统思维。"要坚持抓大事、谋全局，把主要精力放在抓战略问题、全局指导、宏观决策上"。我们认识到，国家治理体系和治理能力是一个国家制度和制度执行能力的集中体现。国家治理是对一国发展和竞争的控制能力的综合体现。金融是与经济、社会稳定、政治、军事互相影响、相互牵涉、互为因果、共同作用的有机复杂体系。金融是工具也是武器。金融既是现代化国家治理的手段，又是现代化国家治理的关键。国家治理，必须在这张金融网络中，充分利用金融工具，牢牢把握金融权，运筹帷幄，赢得先机。

五是要有创新思维。"将坚定不移推进改革开放，奋力推进改革开放和现代化建设取得新进展、实现新突破、迈上新台阶"。创新是一个民族的灵魂。民族复兴的中国梦的实现有赖于经济、金融等的创新。当前中国经济自主创新不足，缺乏新的经济增长点，其中主要原因之一是金融创新严重不足，而金融创新不足与金融业被"清规戒律"绑住了手脚直接相关。当前中国的金融宏观调控，一定程度上受到了西方的影响，银行业监管和国际接轨过急、过快，其实金融危机后的西方现有的金融监管是具有明显的惩罚性和政治性的，我们大可不必生搬硬套。"鞋子合不合脚，自己穿了才知道"，全面深化金融体制改革，关键是要有新的谋划、新的举措，以创新思维增加金融活力。

六是要有底线思维。"要善于运用底线思维的方法，凡事从坏处准备，努力争取最好的结果，做到有备无患、遇事不慌，牢牢把握主动权"。金融可载舟亦可覆舟，保障国家金融安全的根本措施是坚守底线思维。即应在坚持对外开放、国际合作的同时，时刻警惕各种外部势力利用金融手段，直接间接地损害我国利益，对于国际竞争的残酷性要有足够的清醒认识，决不能过于天真。对此我们在对内加强金融改革发展的同时，要时刻注意防止金融风险，处理好金融领域改革、发展和稳定的关系，干成事，不出事。

　　本书将从国家治理的角度进行金融策略的分析和建立，亦即从金融的角度给出国家治理的策略和建议。国家治理包括经济、政治、文化、社会、改革发展稳定、内政外交国防、治党治国治军等各个方面，它们相辅相成，形成有机整体。本书将之分为五大部分：稳固经济建设——金融战略体系篇（六大军事战略），坚实价值基础——国家金融安全篇（六大安全维度），经济外交战略——金融国际经略篇（六大经略筹谋），体制改革创新——发展与稳定并重篇（六大平衡），社会公平正义——金融误区解读篇（六大摆正）。

稳固经济建设

金融战略体系篇

《孙子兵法 始计第一》说"夫为战而庙算胜者，得算多也；为战而庙算不胜者，得算少也"。自有人类以来，就有战争行为，随着人类智能的演进，有了战略概念。传统的战略定义为军事导向，广义上的战略泛指对全局性、高层次的重大问题的筹划和指导，如国家战略、国防战略、经济发展战略等，主要指筹划和指导战争全局的方略。我国在崛起的过程中，渐渐向世界舞台的中心靠近，发现金融交战不可避免。军事战争往往在胜负之后划定界限，至少可以保持和平到下一次战争爆发。但金融的流动性跨越边界，在全球经济一体化的背景下，流动的停止本身可能就是惩罚或者灾难。金融战争是无时无刻不在进行的，因此建立金融体系战略尤显得重要和紧迫。

金融不是一个孤立的技术体系，而是稳固经济建设的基石和确保政治稳定的关键，必须用国家治理手段来进行全盘规划。需要明确，金融发展应有全局性目的：一是巩固提高党的执政地位确保社会安全和秩序稳定；二是更加积极稳妥地改革社会治理方式；三是创新国家金融安全体系。纵观国际金融史，国家金融体系的建立需要从战略层面进行筹谋布置，以国家利益最大化的实现为终极目标，强调时刻以主权实力的牢牢把控为坚实基础，同时以与国际政治经济形势和国内发展阶段相适应的立体动态结构为依托。

在现代社会，金融是一个没有硝烟的战场，也是国家治理体系和治理能力的综合体现，因此中国金融战略体系应当参照军事国防战略，以"六大军事战略"为指导，即"战略思维、战略基础、战略预备、战略纵深、战略储备、战略协同"，构建符合新形势下中国国家治理现代化的金融体系。

第一章　为何要建立金融战略？

金融业是现代经济社会运转的关键产业，其基础性作用是对社会资源的优化配置。金融成为现代市场经济中牵引资源配置的核心，即通过金融资本的流动就可影响甚至决定着人力资本、其他物质资本以及技术要素的流向与相互结合，继而对于现实生产力的形成和实体经济的效率产生根本性的影响。在国际竞争中，这种对资源再配置的本质即意味着和决定了其不可避免成为战场。

现代社会，金融已经成为国民经济、国际关系的核心内容，金融安全已成为当今一国经济安全与国家安全的重要标志。因此，金融体系的建立应不仅仅考虑多层次多部分的微观设计，更应从源头上认清其已成为现代竞争手段和战争方略的事实，充分衡量国家利益在其间的最大化，并从国家战略的层面上进行系统设计和主动部署。

第一节　金融如何成为新战场

随着社会的发展，人类暂时进入了和平时期，然而，战争不可能会消失也不会间断，只是改变了发生的场地和发生方式。金融就是现代社会战争的首选和必选。

历史上所有大国的崛起，都离不开战争。不同的历史时期

和社会背景，战争的概念有所不同。时至今日，战争已经有了更加多元化的内涵和丰富的释义。但究其本质，都是进行秩序的重建，从而实现根本目的——重新分配资源。无论是攻城略地、战火狼烟，还是尔虞我诈、暗度陈仓，目的都是通过削弱一国实力或者干脆消灭一国实体，占有其原拥有的资源。

与此同时，战争有巨大的社会成本，修复期可能会极其漫长。人类渴望和平，因为军事战争不但会带来物质性毁坏，根本问题还在于，其带来的生灵涂炭，是反人类的。因此虽然人类历史上军事战争不断，但大家总是谴责和避免武装暴力和军事战乱。国家亦应当避免之。

然而，资源毕竟有限，利益冲突不可避免，则战争不可避免。因此，国家之要务，是必须争取在交战中占据主导或优势地位，从而获得资源的绝对分配或优先分配权力。

历史是大浪淘沙、优胜劣汰的过程。在演变中，人类也渐渐做出了新的选择，那就是：经济战优于军事战，通过经济、商品交易等方式来进行资源交换、整合的同时，也进行竞争、资源掠夺和再分配。一场利益的冲突实际上可以在不同战线上进行，国家可以避免卷入军事战，但却无法避免卷入经济战。

经济战中，金融战又优于商品战。人类发展过程中，金融资本很快超越了商品贸易，成为现代经济社会的支柱和核心。这是因为金融的本质是放大效应，无论是在物质、期限、地域还是收益方面都进行了放大。在这种杠杆效应下，经济效应和效益都变得不但更大，而且更立体。金融使收益和风险都变得更高，资源分配的能力也变得更强。商品战和金融战，犹如军事中常规武器和核武器之比。

不仅如此，随着全球化的进程，金融战已渗透到所有国家的所有方面、所有层面。资金流动的持续延伸，通信信息的不断扩张，金融早已不是狭义上的借和贷，它在社会生活中处处可见，个人经历中必不可少。同时，任何国家发展经济基础、科学技术、国家安全、军事战争均与金融息息相关。与贸易全球化、跨国生产相比较，金融全球化是当今世界推动经济全球化的最活跃的因素，与此同时，金融危机也全球化了。金融已成为一国举足轻重、风险日大、危机频仍、最关键、最敏感和最脆弱的领域。

第二节　金融体系的建立为何不只是个技术活

金融体系的建立绝不是一个纯粹技术问题，也不是被动防御的过程，不能仅用指标来进行衡量和解决。金融涉及国家安全和主权的根本，需要从整体的、长期的、全盘的、深远的、主动的战略角度上来进行考虑、设计和实施。

金融产业是一种复合型组织体系，它一般由银行业、证券业、保险业和信托业等专业部门构成。金融产业在其发展过程中不仅要能够减轻和控制风险、避免和防范危机发生，保持正常运行与发展；在面对国外各种威胁、侵袭时，还须能够确保本国的金融体系、金融主权不受伤害。经济界通过对国际金融危机的研究，提出过不少影响国家金融安全的经济指标。如由国际货币基金组织（IMF）与世界银行（WB）推出的金融稳健指标集（FSI）等。

这些指数无疑是有重要意义的，对于判断和预防金融风险具有一定的价值。各项参数通常成为金融系统设计的专业化基础。然而，犹如研究军事必须研究战争，研究金融体系的建立

需要先了解金融危机。各国金融危机的应对和后果清楚地指明，建立金融体系，绝不是从技术层面、风险防御层面考虑就够了，而是要把这个问题放到战略层面上来进行主动部署。

以下案例选自近 20 年世界经济的两次大危机，亚洲金融危机和美国次贷风暴引发的金融危机。

案例一是印度尼西亚，其在亚洲金融危机中受到重创。1998 年 1 月，IMF 向印尼提供了一笔总价值 430 亿美元的援助方案，但这项"援助"方案中涉及对印尼的经济、金融、政治、贸易、外交等各个方面非常苛刻的限制条件。协议签完，3 月，IMF 就拒绝向印尼提供后续援助贷款，并进一步要求印尼放弃联席汇率制。金融危机继续深化。印尼政治经济震荡持续不断，并交互叠加，事态恶化。2000 年，IMF 再次以救助为名与印尼签署备忘录，详细规定了印尼应采取的两个改革措施，包括清盘 16 家印尼国有银行，发行中央银行援助周转金和重组银行债券。这份备忘录使印尼银行业全面崩溃，国债占 GDP 的比重迅速蹿升，从 1997 年的 23% 急升到 2001 年的 114%。印尼在 IMF 的总债务则从 2000 年的 1200 兆盾提升到 2001 年的 1700 兆盾。IMF 对印尼政府继续施压。印尼中亚银行一年仅仅国债利息收入就有 5 亿美元，但 IMF 却促使印尼政府以 6 亿美元的捡垃圾价格把中亚银行 51% 的股权出售给美国的信托投资公司。印尼原有国有企业、金融机构和重要工业均被外国投资者控制。其间，印尼连续三任政府首脑被迫下台，国内政治局势几度失控。可以说，金融危机已经全面影响了印尼的经济安全和国家安全。十几年后，印尼的经济始终没有回到 20 世纪末的水平。

案例二是美国。众所周知，早在 2007 年 4 月，美国第二大次级房贷公司——新世纪金融公司的破产就暴露了次级抵押债券的风险。2008 年 8 月，美国房贷两大巨头——房利美和房地美股价暴跌，持有"两房"债券的金融机构大面积亏损。继而，一系列突如其来的"变故"震惊了世界，拉开了此次金融危机的序幕。百年老店雷曼兄弟申请破产保护、美林"委身"美银、AIG 告急等接踵而至，华尔街对金融衍生产品的"滥用"和对次贷危机的估计不足终酿苦果。危机初起，几乎全世界都认定美国信用将遭受重创。随着美国实施货币宽松政策，全世界苦不堪言却预测这将是美元霸权的重大转折，其他货币纷纷觉得等来了百年难遇的大好历史机遇。然而，接下来是欧元区国家接二连三的沦陷。欧元在政治经济上都成为"岌岌可危"的代名词。新兴国家亦犹如乘坐云霄飞车，风光一时但难以再现。而相比其他发达经济体和新兴市场经济体，美国经济复苏的内生性更强、风险出清程度更高、宏微观复苏同步性更高，并从 2013 年开始呈现周期性领跑之势。时至今日，美元终于强势回归。虽然美国经济仍旧存在许多隐患，但无疑，美国经济已经在复苏，且复苏质量相当高。作为本轮危机的发源地，美国经济在短暂的衰退之后很快恢复了增长，这一道从天堂到无间又返回天堂的轮回，只用了 5 年时间。

同是金融经济危机，结果迥然，启示深刻。一是技术参数作为指标和目标的意义被颠覆。仅仅以传统意义上的标准衡量，如果把国际储备与外债总额的比率、当年还本付息额与国际储备的比率和短期外债与国际储备的比率等作为国家金融安全预警指标体系及金融安全的既定目标，我们会发现，印尼为了追求指标的恢复，在国际社会的救助下，至少一度是，越来越糟，并对整个国家、社会的长远发展产生了深远的影响。而美国在指标上并不占优势。它的经济复苏也不依赖于，或者甚至是忽

略了这些项目指标的修复。二是金融安全的防护不能单纯靠被动防御，也需要主动出击。印尼为了在某些指标项目上进行改善，将希望寄托于外界的经济援助，不惜将自身的主动权利逐渐放弃，不但动摇了本国政治经济的根基，事实上也从未能拯救那些反而一直在恶化的所谓的金融安全指数。美国则气定神闲，主动出击，在全世界的骂声中置若罔闻地推行着它的货币政策。美联储通过 QE 把"对冲"职能发挥到了极致，发动 QE—经济温和复苏—缩减 QE—产生美元升值预期—美元从全球回流美国本土—美国长久缩减赤字、减少支出，环环相扣，步步为营。美联储成功的原因是其立足自身利益的战略决心和高屋建瓴的战略手笔。

第三节　维护国家利益无所谓阴谋阳谋

国际金融体系中浮现和隐藏着的是各国之间的权力与利益争夺，每一次国际金融危机都是国家间权力与财富重新分配的过程。战略实施过程中无疑是不能缺少战术和手段的，这些手段当然也应成为战略紧密监控和严加防范的重点。无视他国"阴谋"的存在是危险的，但如果仅以阴谋论作为主线和战略思维的基调来看待这些问题，无疑是太狭隘了。我们应正视，国家的金融战略应建立在国家利益而非国际阴谋论的基础上。一国金融体系的建立、设计和调整，其目的无不是为国家利益服务的。同时，应以此为基础，进行整体研究，制定出相应的、直面的、符合中国国家利益的中国金融战略。

为什么这么说？首先，金融是什么？金融是市场的一部分。无论国际金融斗争、金融殖民主义、金融侵略主义甚至金融恐怖主义，如果存在，也必然是存在于或者衍生于市场这个运作载体之中的。这是它的基础。脱离市场，就是空谈。市场中的金融，其首要特征是逐利。它为社会和实体经济服务，而这种服务的本质，也是逐利。在这一点上，美国金融系统表现得尤为明显。美国是金融资本主义，意思是，其整个政治体制、经济体制和整个社会都是逐利的。以下不妨通过几个典型的"阴谋论"例证剖析美国金融战略思维的核心。

第一个例子是中国的外汇储备。这也是最常被聚焦的"阴谋论"。中国用辛苦挣来的外汇去买美国债券，同时吸引外资，大量美元通过投资返回来投入中国实体经济，中国这样的新兴国家变成世界生产工厂，支撑发达国家消费，但长期债券只有2%～3%的回报，股本回报率长期则一般是13%～15%，差不多等于把钱存成了定期存折，存折管理员拿去放高利贷。储户则基本没什么赚头，而且能不能拿回钱，还要看管理员的脸色。这种情况早已有之。20世纪70、80年代日本、"亚洲四小龙"都经过这个阶段。诺贝尔经济学奖获得者斯蒂格利茨把这个叫作"斯蒂格利茨怪圈"。华尔街则把这归功于智力资本，解释是"我更聪明"，所以挣取更高回报，叫作智力资本的回报差价。这种解释显然不公，造成这种怪象的根本是全球经济结构失衡，失衡的根本则是美元霸权。从亚洲金融危机中，发展中国家学到需要持有外汇，也就是大量的美元及美元资产。但解决了一个问题，又有了新的问题。美国人需要刺激经济，货币宽松，债券持有国家受害，结果美元资产贬值。更可怕的是，反向操作，持有者仍然受害。美国人宣布退出量化宽松政策，印度股票跌30%，印尼跌百分之十几，因为资本撤出，流向美国，而这些国家则几乎要垮塌。

　　第二个例子是 2008 年金融危机。此次金融危机危及全球，几乎击垮欧元，最后美元回归，摧枯拉朽。这是不是阴谋？金融危机的原因可简单总结为"六超"：超级衍生产品，超级借贷，超级杠杆，超弱监管，超级贪婪和超前消费。应该说，这是一个机制问题。现有机制鼓励大家不断创新攫取利润，监管却比市场慢。高额的利润注定了底线思维和风险意识的缺失。不仅如此，华尔街控制了华盛顿，在政治上、舆论上，为自己获得最大利益造势。此外，西方社会的政治体制和文化也是金融危机的关键。社会原因是，美国过去几十年一直是以房地产为核心拉动经济。政治体制原因是，短期的执政者要做出长期的决策，这就产生了无可解决的内在冲突。为了选票，政客什么都答应，当选兑现，没钱就借钱，换着花样借，国家借空了，老百姓也完了。这是美国政治经济的内生性决定的。

　　第三个例子是通过组织趁火打劫。最广为人知的是国际货币基金组织（IMF），在各种经济危机中雪中送炭，但往往在附加条款里落井下石。差不多是刚看见柴火，还没来得及烤，回头一看，房子都已经被人家扒光了。世界银行和 IMF，特别是世界银行，基本上是美国在过去五六十年间颠覆第三世界缺钱国家的主要工具。世界银行现任行长金墉没有金融经历，基本是傀儡。其前任行长佐利克做过高盛的副董事长，当过副国务卿，再前任几届都是美国政府官员。此外，20 世纪 90 年代末以来出现了一系列的全球性反洗钱组织，其中扮演重要角色的是金融行动特别工作组（FATF），在 30 多个成员国有司法权。当年，时任日本首相小泽一郎来中国，宣布日本和中国以及美国要建立平等的关系，回去买了 100 亿美元的人民币，首次把人民币纳入日本的储备货币，这个信号太强烈了，美国人将其视为对美元霸权的严重挑衅，于是通过这个组织促使小泽下台。

第四个例子是斯诺登的"棱镜门"事件。该事件透露，美国国家安全局监控不仅涉及电话邮件等信息，还包括国际金融交易，尤其是信用卡交易。美国国家安全局通过一项叫作追踪金钱的监控项目，专门关注国际金融市场的银行间交易往来，为此美国国家安全局专门成立了一个叫作"Tracfin"的金融数据库，用来存储从各个金融机构得到的信息。举个例子，伊拉克禁运石油期间，我们也承诺不买，但几个月后美国人说你承诺不买了怎么还在买？我们寻忖，你怎么知道我在买？因为我们买石油需要用钱，全球清算系统的总部和备份中心在纽约，任何在此系统清算的数据每天晚上都汇总纽约，因此你如果和伊拉克、伊朗、缅甸、朝鲜交易，只要不是现金交易，它都能知道。即使钱的路线不被监控，但是运输石油需要游轮，就要缴纳保险，全球运输石油的几家保险公司都是美国的，通过保费缴纳也可以知道你船从哪里走，到哪里去。

这四个例子耳熟能详，而且很典型地展现了美国国家金融战略的主要手腕。有人说，这还不算是阴谋？也有人说，这根本不算是阴谋！其实这些都算是阴谋，也都不算是阴谋。说都算是阴谋，因为美国处处处心积虑、小心算计、攫取利益。说不是阴谋，因为美国处心积虑、小心算计，说到底都是为了利益。100多年前，列宁在"帝国主义论"中曾经有一段论述，他说美国整个社会本质核心是金融资本主义。将金融资本主义作为国家根本，那就意味着它的整个体制，包括社会体制、政治体制和经济体制等都是建立在金融资本主义的框架下，是在这种模式下产生的政权和国家。有此认识也就不难理解为什么华尔街控制着华盛顿这一说法了。美国货币和金融策略的首要

任务是美国利益。无论是美国的个人利益还是国家利益，都被列入美国国家战略，成为其政治、经济、军事的保护对象和坚实基础。这就好比，美国在中东有个以色列，在太平洋地区有个日本，美国对中国大陆实行武器禁运，向中国台湾出售TMD。这些是阴谋吗？只是阴谋吗？

在各种阴谋还是阳谋的讨论中，我们应当抽丝剥茧，直击要害，正面直视这个问题的核心：一国高度重视其国际金融战略，目的不过是为其国家利益最大化服务。

第四节　从军事战略角度思考金融系统战略

从宏观角度看，金融可载舟亦可覆舟。全球化和金融化是当今世界的两大特征，它们都裹挟着乘数效应，将国家和个人利益不断放大，使资源再分配更加复杂和迅速，从而击败一些国家同时复兴另一些国家。

从微观角度看，国家治理与金融互相交融。国家治理体系和治理能力是一个国家制度和制度执行能力的集中体现。国家治理是对一国发展和竞争的控制能力的综合体现。金融则是当今国家发展和竞争所面临的没有硝烟的战争、永无休止的博弈。

从战略角度看，金融是决定性的战略权力。金融不仅仅是金钱，也是一种权力，一种可与海权、陆权相提并论的战略权力。金融权是一切经济关系和国际关系中起决定作用的力量，谁掌握了金融权，谁就控制了世界经济。

从战术角度看，金融是工具也是武器。金融既是现代化国家治理的手段，又是现代化国家治理的关键。国家治理，必须在这张金融网络中，充分利用金融工具，牢牢把握金融权，运筹帷幄，赢得先机。

从历史角度看，金融面临巨大挑战和机遇。中国梦的提出是对国家发展目标的再认知，是对国家自我身份和世界所处地位的再定位，是对国家深度潜力的再挖掘与国际社会认同度的再判断。中华民族崛起是合乎历史发展逻辑的必然结果，为此，需动员一切可利用的战略资源。中国金融遇上了千载难逢的机会。

从现实角度看，掠夺世界财富，践踏他国主权，打压他国发展，是美国全球霸权惯有的思维和做法，这一点在金融方面表现相当突出。特别是冷战结束后，和平与发展成为当代国际社会的主流，国家安全中军事因素的分量相对下降，经济因素的重要性因之上升，而金融业作为一国经济的核心被提到更加突出的地位。金融战略应参照军事战略建立全面性的体系，在分析国际战略形势和权衡全盘诸因素的基础上指导全局，同时又具有很强的针对性。构建中国金融战略体系应基于"战略思维、战略基础、战略预备、战略纵深、战略储备、战略协同"六个方面。

第二章　强大的金融体系战略
是怎么建立的？

金融不是简单的经济问题，而是主权问题。宏大金融战略的形成和布置，需要有强大的实力，继而有强大的势力。基于美国的实力和势力，它代表了当前全球经济格局，制定了全球金融秩序。

第一节　了解美国金融霸权战略思维的指导意义

战略思维是认识、思考、研究和处理战略问题的思维活动、思维观念、思维方式和思维方法的总称。要了解一国的战略思维，需要摸清其展开和实施的路径，洞见此路径，是展开积极防御和有效反击的关键。而路径掌握，必须以深刻了解其战略思维基本观念为基础，即他国战略是以何种基调来看待、制定和反应的。我们讨论这个问题，是基于这个目的和事实，那就是，我们要制定自身的金融战略，就必须做到"知己知彼"，了解全世界的金融格局和战略。

在全面、深刻地了解世界经济格局和金融秩序的要求下，我们的剖析，一是为了了解全球金融形势；二是为了了解制定全球金融战略的基础；三是为了了解我们最大的战略对手的攻防手段和状态；四是为了分析世界头号强手的心路历程，作为我们在世界金融领域崛起、制定本国金融战略的借鉴。这四点都指向了美国。

美国有宏大的金融战略计划，其广度覆盖了全球各个国家和经济体，其深度涵盖了所有实体和虚拟的政治经济内容，其跨度是长达十几年甚至几十年的全盘考虑。在此基础上，美国金融战略为美国利益开道，甚至不惜用直接掠夺他人利益、摧毁他国的赤裸裸的方式。这种宏大的战略需要强大的基础做支撑。

作为当今及在可预见时间内的世界头号政治经济大国——美国，它的战略部署必将会对我国产生深远影响，它的战略筹谋不应当只是坊间传闻，而需要扎实、深刻地剖析和认识。

第二节　金融霸权带来的好处

美国煞费苦心确立金融霸权，是为了在全球博弈中获得更多的战略收益。客观来看，在第二次世界大战结束之后布雷顿森林体系运行的初期，美国金融霸权确实对国际货币体系的重建和稳定发挥了重要作用，并促进了欧洲重建和日本、德国经济的恢复。当时，美国金融霸权正如"霸权稳定论"所论述的那样，是为世界经济提供公共品的最后贷款人。但是，布雷顿森林体系崩溃后，美国金融霸权已逐渐偏离其良性的一面，转而滥用权力谋求私利，其消极影响已远远超出正面作用。美国政府之所以仍不遗余力地维护其金融霸权，是为了谋求四种战略收益：一是国际铸币税收益；二是负债消费收益；三是超额投资收益；四是极大的政策自由度。

一 金融霸权带给美国的国际铸币税收益

美国金融霸权决定着美元既是主权货币又是国际货币。由于美元在国际货币体系中占据主导地位，被世界广泛接受和使用，美国能够对使用美元的其他国家征铸币税①。

美国所征收铸币税的狭义部分可以以外国持有的美元的票面价值与美元发行成本之差的总和来估算。如果忽略美元的发行成本，那么全球除美国之外的所有国家持有的美元外汇储备价值总和均可以算作美国所获得的狭义国际铸币税。按照全球美元储备为70%的比例计算，2007年美国征收的狭义铸币税就为2.8万亿美元。另据美国国民经济分析局报告估算，美国基础货币发行中有近45%的美元在美国以外流通，这部分美元有4000多亿美元，也属于美国所获得的狭义铸币税。只要美国金融霸权继续维持，美元在世界各国外汇储备中的比例不发生大的变化，狭义国际铸币税将一直被美国所占有。

美国征收的铸币税的广义部分也极为可观。由于美国长期处于经常项目逆差状态，美元持续贬值，美国国内通货膨胀和美元贬值使得外国持有的美元资产的实际购买力大幅缩水，美国因此获得大量的国际通货膨胀税。根据经济学家的测算，仅仅在2002～2007年6年内，其他国家通过国际通货膨胀税的形

---

① 铸币税（Seigniorage）是指拥有铸币权，通过发行货币所能带来的收益。狭义的铸币税一般是指被货币发行者所占有的，货币票面所代表的价值与货币本身价值之差。广义铸币税通常包括通货膨胀税和国际通货膨胀税。"通货膨胀税"是指，由于货币是央行的负债，当发生通货膨胀时，货币的实际购买力将下降，这意味着央行负债实际上会减少，减少的这部分收益相当于央行对货币持有者征税。"国际通货膨胀税"是指，如果货币由国外居民持有，本国货币汇率贬值所导致的国外居民持有货币的实际损失。

式向美国转移实际福利高达5550亿美元至11100亿美元，这些都属于广义国际铸币税的范畴而被美国所占有。

实际上，美国所获铸币收益远不止这些。由于掌握着美元的铸币权，美国不会像其他国家一样受到贸易收支平衡问题的约束，其支付能力远远超过其收入能力，能够凭借美元发行权支撑庞大的军费开支，大规模对外并购和直接投资，美国金融系统作为美元的主要信用创造渠道也获得极大的垄断性竞争优势。

二 金融霸权带给美国的负债消费收益

美国经常项目持续巨额逆差导致全球失衡，与其相对应的是美国金融项目持续顺差，表明美国正依靠向全球借债维系其国内过度消费。

仅以新古典经济学范式进行分析，美国国内过低的储蓄率和较高的投资率是其经常项目逆差的主要原因。但是为什么全世界唯有美国可以长期保持经常项目逆差？答案是，美国负债消费模式的形成和运作并不仅仅是经济因素作用的结果，而是政治、经济、军事、历史、国际关系和文化等多种因素综合作用的产物，是美国金融霸权在新历史时期的突出表现。

金融霸权使美国能够恣意印刷美元维持其过度消费。美国抛弃布雷顿森林体系之后，彻底摆脱了黄金的束缚，可以任意印刷美元。而国际货币体系"核心－外围"的金融霸权结构并未改变，只是外围国由欧洲和日本变成东亚、拉美等新兴市场国家，这些国家采取出口导向的发展战略，但获得的美元名义上是硬通货，却鲜有其他有利的投资渠道，因为任何想将手中美元用于收购美国公司和资源的行为都被视为

对美国的不友好行为。

美国的国际收支逆差循环实质上是基于"美国国债本位"的金融霸权剥削和掠夺其他国家资源的主要手段。这种掠夺是打着全球化的旗号，以一种更为隐蔽和冠冕堂皇的方式进行的，外围国家在"比较优势"理论的"迷惑"下向核心国提供原材料和低端制造品，而核心国一方面通过垄断技术获得高额利润，另一方面凭借金融霸权向外围国输出不断贬值的美元，并迫使这些国家购买美国国债，这种情形就好像"富人向穷人借钱去购买穷人仅有的一些有价值的东西，而对所欠的债务富人从来没有认真考虑过归还"。美国放任经常项目逆差不断扩大，是因为"若没有国际收支逆差，美国人将不得不依靠自己为联邦债务的增长融资。这会具有通货紧缩的效应，转而迫使经济体量入为出。但是，在国家债务的增长由外国央行提供融资的情况下，国际收支逆差符合美国的国家利益"。

此外，美国金融霸权也正在用国际收支逆差绑架世界经济，它一方面迫使外围国家经济对美国形成依附，造成世界经济跟随美国经济周期波动而波动；另一方面当美国经济出现问题时，它可以利用国际收支循环向外转嫁危机。

三 金融霸权带给美国的超额投资收益

二战后至今，美国一直凭借金融霸权享有"过度特权"①，即美国凭借金融霸权地位，使其所持有的外国资产的投资收益

---

① "过度特权"（Exorbitant Privilege），是法国前总统戴高乐首先提出的，最初的含义是指美国通过印刷美元为其私人部门对外直接投资进行融资，从而获取大量超额投资收益，当外国中央银行持有这些美元时，会不自觉地助长美国的过度特权。

始终大于外国所持有的美国资产的投资收益。美国正打着"全球化"的旗号,以推行"自由主义普世价值"为借口,在军事大棒的威胁恫吓下,通过金融霸权迅速实现由"世界银行"向"世界风险资本家"的角色转变。

布雷顿森林体系崩溃之后,特别是20世纪90年代以来,在美国主导的经济和金融全球化的大背景下,美国借助于"美元-华尔街-IMF"三位一体的金融霸权,对其他国家金融系统进行渗透和扩张,并对外围国家的外资政策施加影响,使其允许美国对其公共部门和资源产业进行投资,美国通过大量持有这些部门的股权实现对外围国家公共部门和重要产业的控制,获得超额垄断收益,并不断发行美元为其在全球的股权投资提供资金。

各种研究结果证实美国享有大量的超额投资收益。Gourinchas和Rey的研究表明:布雷顿森林体系时期美国对外资产的收益率为4.04%,仅比对外负债收益率3.78%高0.26个基点,1973年以后,收益差迅速扩大,资产平均实际收益率为6.82%,同期负债平均实际收益率只有3.50%,收益利差达到3.32%。这从侧面说明美国金融霸权实力在布雷顿森林体系之后是增强的。Obstfeld和Rogoff分析1983~2003年美国相关数据得出:如果仅从国际收支账户中美国持有外国资产的利息和分红的狭义口径统计,平均来说,美国持有资产收益超过负债利息支出1.2个百分点。如果按照美国国民经济分析局的方法,以包括资产价格变动和汇率变动的名义资本收益估计美国国际投资头寸收益(这两种因素导致的资本收益不在国际收支和国民收入账户中反映),美国持有的外国资产年收益率超过外国持有美国资产年收益率平均为3.1%。

四 金融霸权带给美国极大的政策自由度

"三元悖论"[①] 原则是指导各国内外政策搭配的重要原则。当今世界有且仅有一个国家可以突破"三元悖论"的束缚，那就是美国。金融霸权赋予美国在政策操作上的自由度和无约束性，使得美国在与其他国家的政策博弈中始终处于优势地位。

美国如何突破"三元悖论"？首先，在货币政策的独立性方面，美国货币政策的制定历来关注其国内经济目标的实现，这也是美国宪法赋予美国联邦储备委员会的"神圣职责"。美国近30年来也是一次次地依靠"相机抉择"的货币政策摆脱危机冲击和经济衰退，因此，美国货币政策的独立性不言而喻。

其次，在资本自由流动方面，1972年布雷顿森林体系崩溃后，美国对资本流动放松了管制，放松资本管制对美国金融实力的扩张和金融霸权的重新巩固起到了举足轻重的作用，因此，美国极力维护资本自由流动，并要求其他国家放松资本管制，按照世界经济论坛（WEF）的排名，美国是世界上资本流动最为自由的国家。

既然美国已选择货币政策独立性和资本自由流动两大目标，按照"三元悖论"原则，美国将无法保持汇率的稳定。美国表面上确实也没有坚持固定汇率制，而是实行完全独立浮动的汇

---

① "三元悖论"是诺奖得主克鲁格曼提出并完善的开放经济原则。"三元悖论"是指：开放条件下，一国无法同时实现资本自由流动、汇率稳定和货币政策独立有效三大经济目标，最多只能同时实现其中任意的两个目标，即若要保持资本自由流动和汇率稳定，就不得不牺牲货币政策独立性；若想在资本自由流动的前提下保持货币政策的有效性，固定汇率必然崩溃；若想既坚持固定汇率制，又保持货币政策的独立性，就得对资本自由流动进行管制，"鱼和熊掌不可兼得"。

率制度。但根据 IMF 2014 年的统计，全球采取盯住美元固定汇率制的国家有 43 个，另有 12 个国家采取盯住美元和欧元两种货币的汇率制度。当其货币与美元汇率发生波动时，该国央行必须进行干预以维持本国货币与美元汇率的稳定。从这个角度上讲，保持汇率稳定已不是美国政府所要关心的事情，而是成为别国政府必须承担的责任。

因此，凭借金融霸权，美国超然于"三元悖论"，但以别国受困于"三元悖论"为代价。突破"三元悖论"的束缚，美国在政策操作上就拥有了极大的自由度。自利性决定了美国并不关心货币政策给世界经济可能带来的负面影响和冲击，2008 年后推出三轮量化宽松货币政策就是例证。金融霸权扩张的本性使得美国坚持资本自由流动，并极力迫使其他国家放松对资本自由流动的限制。金融霸权的独特优势又使得美国不必关心美元汇率是否稳定，保持汇率稳定的义务可以由别国去承担，而且美元汇率的变动对美国经济不会造成多大影响，美国甚至可以大幅调整美元与其他货币的比价，而不会遭受别人这样做可能遭受的不良经济后果。

第三节　怎么能够建立霸权
——实现美国全球金融战略的基础

一　强大的经济实力是美国全球金融战略的基石

美国虽然只有 200 多年的历史，但却演绎了大国兴起的罕见奇迹。它在欧洲文明的基础上，独创性地走出了一条自己的发展道路，将世界第一经济强国的位置占据了一个多世纪。尤其在第

二次世界大战后，美国的经济实力骤然增长，在资本主义世界经济中占有全面的优势。在完成了由战时经济向和平时期转变之后，美国经济从 20 世纪 50 年代起在上述优势地位的基础上进一步持续增长。从 1955 年至 1968 年，美国的国民生产总值以每年 4% 的速度增长。特别值得注意的是该时期美国经济曾经出现连续 106 个月的持续增长，这一记录直至 90 年代出现所谓的"新经济"之后才被打破。国家和民族的腾飞在过去都是从血腥的战争中过来的，美国拥有地缘环境和资源禀赋的天然优势，因此能够在两次世界大战后积累大量财富，为美国金融霸权提供经济基础。时至今日，美国仍然是当仁不让的世界第一大经济体。

二 货币霸权是美国全球金融战略的关键

货币金融霸权和国家安全息息相关。二战后，美国的"怀特计划"战胜英国的"凯恩斯计划"，建立布雷顿森林体系，施行双挂钩，即美元和黄金挂钩，其他货币和美元挂钩。通过这一系列安排，确定了美元的世界货币职能和在世界货币体系的中心地位。石油危机以后，美国宣布与黄金脱钩，依靠已经获得的强大国际信用，成为国际货币的主导，奠定了美国金融霸权的根基。当今的国际储备多元化，国际收支多元化，汇率多元化，都是建立在以美元霸权为主的体系基础上的。即使在金融危机后，美元依然是国际最重要流通储备和国际避险货币。美国通过量化宽松政策放任美元贬值，冲击他国经济，欧元日元在金融危机中受到重创，最后反而突出了美元强势，加深了美元的霸主地位。此外，国际汇率体系依然是美元主导的，在各国政府的货币框架中，美元仍然是公共部门进行干预的重要手段和制定经济政策最重要的汇率包。按照 IMF 2014 年的统计，世界上有 191 个国际汇率包，有 46.6% 是盯住美元或包括美元在内的一篮子货币的。国际储备体系也是以美元为主，截至 2014 年第二季度末，美元储备占比从 2009 年初的 65.2% 小幅下降至 61%，但还是最主要的国际储备货币。

三　主导国际金融业是美国全球金融战略的路径

美国立国是靠发债。英国是债券市场的发源地，可股票市场是在美国蓬勃发展起来的，可以做股本投资、风险投资、天使投资，等等。美国金融市场和金融机构的发展奠定了美国对全球金融市场影响的微观基础。虽然金融危机发生，但美国的金融市场始终在全球占主导地位，从 2007 年至 2012 年的数据看，美国股票市值占全球的比例还是主要的。根据国际清算组织介绍，国际债券市场以发行人居住地来划分，美国、英国等还是占全球的前六名，在国内债券发行方面，美国的全球债券占 23%，国内债券占 40%。从国际银行业来看，三十多年前十家里面大概有八家是日本银行，五六年前十家基本都是欧美银行，现在有四个是中资银行。为什么日本能有七八家在世界前十大银行，但昙花一现，因为美国人和欧洲人仍是主导，他们不会让别人在前面待的时间太长，结果就是日本被迫有了一个"广场协议"，或者叫日本"失去的二十年"。在美国和欧洲主导的金融业中，中国尽管现在有一席之地，但也如履薄冰，想要上升难如登天，但坠落就是一念之间、一夕之间。

四　国际金融组织控制权是美国全球金融战略的抓手

在国际组织中，美国拥有 IMF 的实际权力。美国（16.8% 份额）是唯一一家拥有超过 15% 以上份额而具有否决权的成

员。IMF 总部在美国，前几任 IMF 总裁退下来都在华尔街，常务副总裁及 90% 以上的工作人员都是美国人，可以通过各种渠道影响 IMF 的运作，对整个日常运作具有控制权。世界银行原来是扶贫机构，但是为美国政治服务非常多。金融反恐和金融制裁也成为美国控制他国的工具，反洗钱、打击毒品、贪污、恐怖主义等犯罪行为是其重要手段。后来延续到布什提出所谓的对无赖国家的制裁，现实是美国通过组织和法律体制发动金融战争。"9·11"事件以后，美国反洗钱重点转到打击恐怖融资，特别是长臂司法管辖政策，扩大了美国在全球范围内的话语权，这甚至是对任何一个其他国家主权的侵犯，但美国通过了这个法律，并用其国内法来监管世界。另外，美国也以金融制裁为手段，实现其政治和军事目的。

五　垄断大宗商品金融定价权是美国全球金融战略的保障

大宗商品金融定价权是目前世界经济秩序中国家实力的重要体现。由于市场经济要解决的根本问题之一就是价格决定，金融定价权成了市场经济的命门。当代社会，要获得商品定价权，必须获得供应链中的垄断地位。目前市场的游戏规则是谁的金融定价能力（金融衍生品市场的发达程度）最强，谁就能牢牢控制住定价权。美国依赖二战后美元国际本位币地位的确立，承接了英国在全球大宗商品定价上的主导地位，如今以美国为首的发达金融市场通过金融衍生品继续控制着大宗商品的定价权。在现行国际贸易体系中，大宗商品的定价权直接体现为该国在该种商品全球市场中的国际影响力。由于商品期货市场具有集中交易、交易成本低、信息容量大的优点，已经成为现行大宗商品定价体系的核心，商品期货的价格成为相应大宗商品品种国际现货贸易定价的基准。世界大宗商品的定价权基本都在美国三大证券交易所实现。农产品价格形成于芝加哥期货交易所（CBOT），金融衍生品价格形成于芝加哥商业交易所（CME）和芝加哥期货交易所。纽约商品交易所（NYMEX）的轻质低硫原油期货合约是世界上成交量最大的商品期货品种之一。另一定价基准——布伦特原油所在的伦敦洲际交易所（ICE），2001年就被美国洲际交易所收购。2006年10月17日，芝加哥商业交易所与芝加哥期货交易所合并诞生了全球最大的交易所——芝加哥交易所集团。2008年3月，芝加哥交易所集团收购纽约商品交易所，一统美国的期货市场。芝加哥交易所集团这样的巨无霸横空出世，更加牢固地掌握商品定价权。美国将生产外包，但只要将金融定价权牢牢地掌握在手上，就可以最大限度地捞取利益。这本质上是一种寄生关系。邓小平同志曾将金融比作血液，金融定价权就是吸血的工具。

六　信息控制权是美国全球金融战略的利器

斯诺登的"棱镜门"已经家喻户晓。但事实上，美国对全球的信息控制早已趋于常规化、广泛化，防不胜防。国际清算银行BIS的总部在瑞士，而世界三大信用卡公司维萨、通用、万事达的总部都在美国，国际清算系统CHIPS和FEDWIRE等5家公司的总部也在美国，都是美国监控信息数据库的主要来源。我们花任何一笔钱，即使是国内的银联联名卡，只要出国交易，数据都会被提交到美国，交易信息对他们来说实现全部掌握。大型金融企业和跨国机构，也成了美国在政治上利用的工具。微软、苹果、谷歌、雅虎等纷纷被曝被美国国家安全局利用来获取信息。这也是美国要封锁华为和中兴的原因——因为涉及

国家安全问题。事实上,互联网作为全球重要资源之一,对整个世界的发展起到举足轻重的作用。但其治理机制却是由一家私营部门和一个国家所主导。2005 年 7 月 1 日,美国政府发表声明,美国商务部将继续与 ICANN(互联网域名－地址管理机构)签订合约,保留对 13 台域名根服务器的监控权。这一合约表明美国决定继续掌握全球互联网的最终控制权,这也使美国拥有独自决策封闭某个国家互联网的权力。尽管越来越多的国家开始质疑美国对互联网的控制权,认为国际性资源必须由全球共同监控。但美国却先发制人,以可能伤害互联网自由为名,拒绝让出控制权。

这六个方面,可以说是美国之所以能雄霸世界金融的基础。

第三章　中国需要怎样的
金融体系战略？

金融是经济的血脉，二者互为依托，兴衰与共。金融的核心功能是通过调剂各部门的资金盈余与短缺，实现金融资源的有效配置，同时实现风险的分散与转移。一国经济的发展，离不开金融支持，并反促金融发展，经济强则金融强。与此同时，金融又往往是经济体系中的薄弱环节，成为危机爆发的突破口，进而颠覆经济的稳健运行。因此，金融的稳定对整个经济的稳健发展至关重要。

全球经济一体化是当前经济发展的特征，也是不可逆转的经济和社会进步的总趋势，对于促进世界经济发展和资源最优配置有巨大的推动作用，然而由于各国经济发展不平衡，在经济全球化过程中各国所受到的待遇和利益也不一样。存在着发展中国家和发达国家之间的各种矛盾和利益冲突，即使发达国家之间也不例外。

建立国家金融体系战略，应基于自身立场和实力的现实，应当是立体的、全面的、有弹性的、动态的。

第一节　别人的教训给我们的启示

俾斯麦说，国家是在时间的河流上航行。所以国家兴衰的话题永远新鲜。在金融历史的视野里，一个表面上十分强大的

国家，有时很脆弱，甚至经不起几句空穴来风的谣言。世界各国在金融史上的成败得失告诉我们，所谓放之四海而皆准的方法，换一种环境，竟会漏洞百出，日益颓败，无力回天。国家金融发展，因其禀赋不同，修炼的方式各有不同。但哪些是金融发展和保障金融安全所必需的？以史为鉴，可以知兴替。知兴替，方能预备前瞻性战略。

一 强大的经济实力是立足点

"强大的经济实力"首先是指拥有位于世界前列的经济总量和经济规模。中国要发展金融体系战略，势必要按照美国的终极目标去追求。因为美国是武林霸主、顶尖高手。美国凭借强大的经济实力在国际舞台上扮演着重要的角色。四大要素为美国的金融霸权奠定了基础：发战争财奠定的经济基础；科技革命带来的生产力革命；世界货币的地位确立和金融业的迅猛发展；以政治军事实力、完善的法律体制为基石的国家主义力量确保金融战略的有序进行。

经济金融发展史表明，一国货币的国际化会使其具有其他货币不可比拟的经济优势，但货币国际化必须以强大的经济实力为支撑。无论是英国还是美国，在其货币称霸世界，成为国际货币舞台上的核心角色时，都曾是当时世界经济的枢纽，其经济实力远超同时代的其他国家和经济体。

金融与经济相伴而生，金融业发达与否是一国经济实力的体现。20 世纪初，全球经济与贸易中心由欧洲转到美国，金融中心也随之迁移；21 世纪初，西风东渐，保持多年高增长的中国成为全球第二大经济体，中国银行业也得以快速发展。2013年的千家银行排名中，中国工商银行跃居榜首，建行、农行和中国银行也均跻身前 10 位。中国银行业国际排名的提升，是中国综合国力增强的体现。

强大的经济实力、金融实力与政治实力和军事实力相辅相成，成为一国处于国际领先地位的基础和保证。因此，建设金融战略体系的首要任务是经济和总体实力需要更加强大。

二 实体优势产业和核心竞争力是关键

一国经济的强大还需在资源合理配置的基础上具有高效的、持续健康的发展潜力，其关键是拥有实体优势产业和核心竞争力。

金融资本的集中，使人为操纵与投机更为可能，致使金融资本极易脱离实体经济。如果失去了产业资本的广泛支撑，金融资本营运的风险也将更大，从而对一国经济造成极大破坏，甚至影响整个社会生活秩序。

从拉美地区金融危机看，虽然它们有着丰富的自然资源、雄厚的科研开发能力，如阿根廷早在 1913 年，人均 GDP 就达到了 3000 多美元，90 年代末期甚至达到了 9000 多美元，被国际理论界认为有可能是第一个跨入发达国家的发展中国家，曾被树为"南美经济自由化改革成功的样板"。但是阿根廷在很短的时间内就陷入了危机，40% 的人陷入贫困，失业率达30%，整个社会陷入混乱。不仅如此，拉美金融危机还呈现出周期越来越短、传染性越来越强、程度越来越深的态势。金融危机从单纯的债务危机，发展为政治、社会、金融多种危机交织在一起的复合型危机，带来的危害越来越大。

拉美各国在经济发展中，先后选择了"进口替代""出口导向""新自由主义"三种不同模式。20 世纪下半叶，拉美国家为实施工业化，大举借债，实行扩张性货币政策，导致国家

财政赤字迅速增加，外债急剧膨胀。20世纪90年代，在新自由主义经济理论指导下，拉美各国采用一系列自由放任的经济政策，建立起以市场全面开放为基础的经济体制，全面实行私有化，大规模出售国有企业和公共资产，外资大量自由出入。缺乏自己的实体经济支撑，外来投资则随时趋利而动，终于演变成债务危机和恶性通货膨胀，金融动荡，社会不稳。

拉美最终没能培育起在国际市场上有竞争力和比较优势的经济结构和产业结构。移植来的指导经济发展理论和经济模式无法有效地根植拉美大地，与拉美各国实际相结合。过分依靠外资来弥补财政赤字和平衡国际收支，其结果势必加剧对外资和国际市场的依赖。这使拉美经济长期增长缓慢，而且金融体系相当脆弱。

拉美金融危机告诉我们，没有自己的主导产业或者缺乏产业的核心竞争力，在全球化的情况下就无法应对突如其来的危机。培养实体优势产业和核心竞争力，是一国经济保持长期稳定增长的根本条件，也是金融系统良好运作的基础。

三　牢牢掌握国家资本是核心

拥有强大经济实力和产业核心竞争力的日本同样遇到了金融难题，显现出掌控国家资本的核心意义。

日本的核心问题是，在金融上基本是被美国操控的。其对金融战略发展的重视度太低，对国家资本的掌控能力远远不够。日本整体经济很发达，贸易阶段和工业化非常好，个人金融资产全世界第一，但基本上日本没有进入金融社会，日本的金融水平无论是在金融理论还是在金融实践上，都对全球没有贡献，没有自己独立的货币政策，没有自己独立的金融市场，也没有真正的国际化金融机构。

日本金融机构庞大但脆弱。十几年前，日本通过了金融改革法案，一是把日本国内庞大臃肿的金融机构市场化，二是把一个基本封闭的金融市场全开放。结果导致美资金融机构大举进入，虽然在数量上不如日本的金融机构，但是在盈利能力上却强得多。彼时，日本连家庭妇女都去炒外汇，这就是闻名于世的"渡边太太"，跟着美国人炒美元、做期货，使日本巨额外汇储备和民间资金都被美国引走，将日本最核心的金融资源交给了美国，美国人在日本赚钱很多。同时，日本没有独立的外汇政策，美国因而也左右了日本的汇率，日元兑美元比价从360元到250元，再到150元直到90元甚至落到70元，最终是日本20年的经济衰退。

政治上，日本基本还是占领体制。从钓鱼岛问题上可以看出美国如何控制日本。几年前日本民主党上台的时候，民主党提出建立中日美等边的外交关系，提出美军撤出普天间机场、冲绳乃至日本全境，并希望建立中日韩自由贸易区。时任日本首相小泽一郎带了拥有5600人的政商代表团来中国访问，其中近200名议员。回国后很快就像他的老前辈田中角荣一样被美国的洛克希德受贿案起诉了，因为他们同样提倡中日友好。更重要的是，美国听说日本、中国、韩国、新加坡在讨论亚元的问题，亚元发行初步商定设在中国香港，这是对美元霸权的挑衅。美国人绝对不干。因此美国重拾20世纪70年代的手段，第一收拾小泽，第二策划由东京都来买钓鱼岛，树立对立的中日关系，使日本想脱离美国的企图泡汤。结果是日本买了更多的美国军火，负担了更多的驻日美军的开支，与中国乃至亚洲国家更为疏离，亚元议题则几乎成了泡影，日本的货币和金融

政策又重新受到美国的摆布。而这正是美国的战略目的。

所以金融体系战略需要建立国际化、市场化的金融机构，将国家资本牢牢掌握在自己手中，拥有主权，才能拥有安全。

四　足够的储备和预备是保障

发展国家金融体系战略还需要和平理念，拥有充足的国际清偿手段（即广义上的国际储备），建立充分的战略预备、战略储备。从世界各国和各个时期对黄金的重视便可见一斑。

据披露，在金融危机中，英国女王六十年来第一次去英国中央银行的金库视察，看什么？看黄金储备。在这次金融危机中欧元最紧张的时候，德国发起"让黄金回家"运动。但美国牢牢把持住这些"暂放"在它那儿的黄金，不让运走，甚至以安全为由不让查看清点。此外，2008 年危机后，全球央行增持黄金。俄罗斯普京放言，"俄罗斯复兴之路"需要黄金储备作为基础。2014 年 12 月，在美欧重重金融制裁的压力下，俄罗斯即使在大幅抛售美元储备打响"卢布保卫战"的情况下，还在增持黄金，因为"黄金是俄罗斯央行最后的子弹。因为它有储值功能，是一种不受制于美元，或者欧美制裁的资产"。

黄金本身是没有多大工业价值的贵重金属，但和信用、银行、央行储备、央行货币发行紧紧联系在一起。美元成为世界货币，也是基于其二战后庞大的黄金储备。欧元发行前夕，欧元区国家集体增持黄金储备，发行时其黄金储备超过美国，成为世界第一，目的也是增强货币发行和流通的信心。在历史上多次金融危机中，纸币信用丧失，黄金成为最后的储备和清算工具。蒋介石兵败逃亡，将黄金倾巢运走，这些黄金成为台湾地区当时立足国际的储备资本。新中国成立之初，外储匮乏，用黄金进行国际支付从国外进口粮食等物资，帮助我国渡过了最困难的时期。韩国在 1997 年那场金融风暴中遭受重创，本币贬值、外汇流失、外债攀升，是靠民众捐出黄金制品，帮助国家换取外汇，才得以渡过难关。

黄金的故事说明即使是金融发达国家也十分重视黄金储备，而即使是和平时期也要居安思危。我国目前约 4 万亿美元的外汇储备，黄金只有 1054 多吨，约占 1%，太低了。

五　金融体系的战略纵深思维是底线

与国际接轨是必然道路，但在夺取最后胜利前，道路可能是曲折的，在金融体系战略上必须有底线思维，建立战略纵深。

金融全球化的不同维度对金融安全有不同影响，例如我们说的放松资本项目交易管制，资本跨境流动，容易造成资本的过度流入或外逃。现在的热点是人民币自由兑换问题。从历史上看，俄罗斯卢布自由兑换后，大幅下跌，上千亿卢布凭空蒸发。印尼过早实行自由兑换也出现问题。日本"广场协议"之前对货币国际化非常谨慎，协议后的悲剧已经人尽皆知。资本自由兑换好处很多，但需要结合自身均衡考虑路径和底线来设计。

德国是个很好的例子。从 1980 年开始，德国央行相继取消或放松了大部分金融市场的限制，使得马克在国际金融市场上的比重逐步上升，但美国为维护美元币值稳定，向德国和日本施压，要求其降低国内利率。德国刚开始同意降低利率，干预外汇市场，但是当发现通货膨胀的苗头时，立即上调了回购利率。德国央行没有因为美国的压力而放弃维持货币稳定的政策主张，坚决维护国内物价水平和当局稳定，甚至表示政府无权干涉。此后，在欧洲货币一体化的过程中，马克始终处于中心位置，从制度上大大推进了马克成功国际化的进程，奠定了德

国在全球坚固的经济金融地位。

金融机构国际化，准入限制放松，内外资金融机构合作以及内资金融机构"走出去"，这个过程中金融机构本身有没有竞争力很重要，事关存亡。政策不能太急于和国际接轨，而忽视了我们所处阶段的不成熟和自身存在的缺陷。全球化竞争就像一个竞技圈，拳王主张统一标准，无差别搏击。但我们要先衡量以乳臭未干、羽翼未丰之身与世界拳王竞击的后果。进入竞技圈，应清楚如何制定最佳时间表，怎样达到最佳搏击状态。业务国际化、金融市场国际化、金融监管国际化，应当如何与国际接轨，何时适合接受国际监管和国际协作，都应该和国家竞争力水平相匹配。

六　正确的社会财富观是支撑

国家富强是金融的基础、金融战略的核心。金融强调在市场中获得利益，这其中既有国家的利益，也有个人的利益。良性的国家金融体系一定是能够使社会更为公平平等的体系，既要避免利益集团形成的固化壁垒，又要避免民粹主义形成的非理性消耗。

特权集团、利益集团造成的贫富不公、社会矛盾凸显是苏联垮台的一个很大的原因。官商一体对社会伤害非常大，贫富分化过速过大问题确实要好好解决。既得利益集团形成以后，严重影响了社会公正。各级官员为了保证自己的利益，当面一套，背后一套，只对上负责，不对下负责。当时苏联有一个调查，80%的人认为苏共既不代表人民，也不代表苏联人民，只代表苏共官员。苏联被既得利益集团所绑架，改革进行不下去，"看不见的手越来越看不见，看得见的手越来越闲不住"。这些既得利益者就是想维持行政权力能够长期干预微观经济活动的现状，既利用权力占有资源，又利用市场变现。

相对地，南美政治家为了选举应和各种民粹要求，绑架国家，把民族的长远利益放在一边，结果危机不断。历史上，德国希特勒上台靠杀富济贫，杀犹太人周济德国人，在德国掀起了前所未有的民粹主义。战后德国议会、政府和执政党三方面提出废除遗产税，并把这个问题提到了国家利益的高度。他们的理由是：第一，因为富人是国家的建设者，征收遗产税会打击他们，而且会制造族群分裂；第二，收遗产税会使富人转移资产，比如去英国，结果只是为英国培养了税源和投资者。中国台湾一度高达50%的遗产税，最后减到了10%，因为当地的富人全跑了。考虑老百姓的利益要从整个社会层面上来看，杀富济贫貌似公允，看起来痛快，其思想根源是民粹主义，会破坏市场、撕裂族群，由此出发，可能经济本身都无法存在了，更不要说金融。

所以，如果说经济或金融是一种或需要一种财富积累，那么正确的社会财富观会深远影响社会财富创造的过程和结果。

第二节　中国金融战略面临的挑战

我国金融体系真正意义上的发展仅有30多年的历程，其间经历了试错和波折，但在严格的监管和政府指导下，总体比较平稳，并顺利完成了大银行的股份制改革。过去十几年中虽然经历了两次严重的金融危机，中国的金融体系受冲击却不大。一方面是我国资本项目尚未完全放开，短期国际资本不能自由跨境流动，维护了国内金融市场的稳定；另一方面是国内的金融业尚处于发展初期，创新能力并不强，而对创新的监管也比较严格，这意味着国内金融业，特别是银行业基本以传统业务为主，杠杆率较低。但随着国际化、市场化以及创新业务的发展，未来我国金

融业的稳定性也将面临较大挑战。

一 "金融市场全球化"导致中国金融安全威胁上升

金融全球化是大势所趋，但也随之带来新的挑战。中国金融业开放之后，与国际金融体系的互联度提高，国际金融政策及市场波动的传导效应将越来越大。股改上市之后，国内大型银行加快了海外业务网络的拓展步伐，国际化程度不断提高。截至 2013 年年末，18 家中资银行通过新设分支机构、并购、参股等方式在海外 51 个国家和地区共设立 1127 家分支机构，总资产超过 1.2 万亿美元；中资金融机构的外币资产占比也在不断增加。目前，中国工商银行和中国银行均已被列为全球系统重要性银行。此外，国际金融政策变动对中国金融稳定的影响也已开始显现。比如，美国近年来的 QE 政策对人民币汇率、市场流动性及通货膨胀等都产生了较大影响。根据蒙代尔 – 弗莱明 "不可能三角"[①]，在开放经济环境中，由于

---

① 即"三元悖论"。罗伯特·蒙代尔（Roberta Mundell）在研究了 20 世纪 50 年代的国际经济情况以后，提出了支持固定汇率制度的观点。20 世纪 60 年代，蒙代尔和 J. 马库斯·弗莱明（J. Marcus Fleming）提出的蒙代尔 – 弗莱明模型（Mundell-Fleming model）对开放经济下的 IS-LM 模型进行了分析，堪称固定汇率制下使用货币政策的经典分析。该模型指出，在没有资本流动的情况下，固定汇率下的货币政策在影响与改变一国的收入方面是有效的，在浮动汇率下则更为有效；在资本有限流动情况下，整个调整结构与政策效应与没有资本流动时基本一样；而在资本完全可流动情况下，固定汇率时货币政策在影响与改变一国的收入方面是完全无能为力的，但在浮动汇率下，则是有效的。由此得出了著名的"蒙代尔三角"理论，即货币政策独立性、资本自由流动与汇率稳定这三个政策目标不可能同时达到。1999 年，美国经济学家保罗·克鲁格曼（Paul Krugman）根据上述原理画出了一个三角形，他称其为"永恒的三角形"，清晰地展示了"蒙代尔三角"的内在原理。在这个三角形中，a 顶点表示选择货币政策自主权，b 顶点表示选择固定汇率，c 顶点表示资本自由流动。这三个目标之间不可调和，最多只能实现其中的两个，也就是实现三角形一边的两个目标就必然远离另外一个顶点。这就是著名的"三元悖论"。

受外围经济金融形势及政策变化影响，一国的货币政策独立性、汇率稳定性及资本自由流动性目标很难同时实现。未来，中国金融业将成为全球金融体系中重要的一环，国际金融风险也将更容易传导到中国，这势必会给金融稳定带来更大挑战。

二 "金融风险集中化"导致中国银行业压力上升

我国金融体系结构不均衡，风险过于集中在银行业，银行资产不良贷款隐患较高，经济下行周期时的金融稳定将面临较大考验。在我国经济体制的转轨过程中，由于资本市场发展滞后，融资格局以银行融资为主，在统一利率政策指导下，对支持企业不断增长的投资需求以及经济发展起到了重要作用。但长期以来，"银企政"关系扭曲，各级政府对银行的日常经营干预较大，信贷资金经营带有"半财政"性质，这无疑加重了银行的压力，使其营运隐含着较大风险。

目前我国的金融体系仍以间接融资为主，直接融资的比重虽然不断增加，但大量债券实际还是由商业银行持有，因此风险并没有从银行体系中得到充分的转移和释放。一旦遭遇经济下行周期，或面临产业结构调整，银行的资产质量可能出现下滑，这对于我国金融稳定将是严峻考验。

三 "金融机构交叉化"导致金融监管复杂性上升

随着利率市场化和汇率改革进程加快，金融业进一步加快综合化经营和金融产品创新，业务复杂性和关联度加大将给金融稳定带来挑战。自2005年开始综合化经营试点之后，中国的很多商业银行都设立了保险、租赁、基金、信托等非银行子公司以及海外的投行子公司，还形成了平安、光大等金融控股集

团，综合化经营模式已基本形成。可以预见，未来中国金融业的业务结构和组织结构将可能像如今的欧美同业一样，变得越来越复杂，金融机构之间的关联度也越来越高，这将给金融监管及金融稳定带来较大挑战。

四 "金融渠道网络化"导致市场流动性风险上升

高收益的 T+0 型货币基金扩张迅猛，对市场流动性产生较大影响，增加了金融的不稳定性。2013 年，我国货币基金的资产管理规模增至 8830 亿元，2010 年以来的年均复合增长率高达 79%，这主要是因为通过网络或移动渠道销售的高收益货币基金异军突起。以"余额宝"为例，规模在短短半年内扩张到 4000 亿元，而其背后的货币型基金之前交投清淡，并不受市场青睐。市场之所以出现巨大转变，主要原因一是互联网接口提供了更便利的交易渠道，特别是在已经聚集了大量黏性客户的网站；二是可以 T+0 取现，并具有支付功能，因此基本可以替代活期存款；三是其具有较高的收益率，一般高于定期的银行理财产品。与国外相比，国内对此类产品的监管相对宽松，比如大部分国家不允许货币基金 T+0 赎回，并要求此类产品提取风险拨备等。由于我国银行仍受到贷存比约束，在存款流失的压力下，银行间的恶性存款竞争再次出现，或者不得不接受此类货币基金的高利率协议存款，这不仅大大提高了银行的资金成本，也导致市场流动性紧张，并进而影响到市场的稳定。2013 年下半年再现"钱荒"与互联网货币基金的发展不无关系。

五 "银行影子化"导致金融机构自身风险上升

处于监管之外的影子银行的发展增加了金融体系的不稳定

性。近年来，以大数据、云计算、移动互联网为代表的新一代信息技术风起云涌，催生了第三方支付、网络信贷、众筹融资等互联网金融迅速崛起，在为实体经济提供高效融资支持、对传统金融业形成有益补充的同时，也有力推动了传统金融业的创新与变革，并成为金融体系的"鲇鱼"，给金融体系稳定带来一定挑战。如有些互联网金融公司大搞线下业务、违规发行理财产品，甚至触碰"非法吸收公众存款""非法集资"的底线。此外，民间借贷、小额贷款公司、融资性担保公司等非银行融资渠道蓬勃发展，这些机构的风险管理能力相对较弱，而监管也尚未到位，成为影响金融稳定的潜在隐患。近一两年来，温州老板跑路所引发的民间借贷风险向传统金融机构的蔓延，就曾引起局部震荡。

第四章　"六大军事战略"构建中国金融战略体系

国家金融战略研究的是国与国之间的博弈，追求的是力量的重组，因此战略的关键是其特殊性和策略性，既需要适应世界经济秩序，同时也能顺应世界格局变化，而且符合本国在大国兴衰更替时的经济利益最大化。因此，一国应当从军事战略的角度思考金融战略体系，以制定筹划和指导战争全局的方略为目的，根据战略形势和国家利益的需要确定。

从当前国际国内形势出发，中国国家金融战略应着重"两重兼顾"。一是金融系统建设的战略性和全局性，不只是针对金融，而旨在保证经济繁荣、社会稳定和国家安全，应兼顾三个目标：巩固提高党的执政地位，确保社会安全和秩序稳定；更加积极稳妥地改革社会治理方式；创新国家金融安全体系。二是为达到目标，需建立一套立体而完整的金融战略体系，则必须兼顾三对既相对又统一的关系：既要有深厚的基础，又要有广阔的纵深；既要有宏观的思维，又要有扎实的储备；既要苦练内功制造预备，又要广结外援创造协同。据此，构建中国金融安全战略应当从"战略思维、战略基础、战略预备、战略纵深、战略储备、战略协同"六个方面朝着既定目标推进。

第一节　立足国家"总体安全观"
为金融安全树立战略思维

当今社会处于国际力量博弈和更替的漫长历史转折时期，影响各国的最终决定力量必然是经济因素，但不同国家经济发展阶段、体制建立形式、民主政治推进程度不同，使政策偏离经济规则的不确定性也在加大。各国政府特别是大国政府间的政策博弈，将更为深刻地通过改变偶然或特定事件的走向影响历史的进程。金融安全已经不只是国家安全的一部分，而是与政治安全、军事安全、经济安全、社会安全形成互相影响、相互牵涉、互为因果、共同作用的有机复杂体系。国家金融安全战略不是政府的平面单维选择，而是上升为国家意志的、国家战略的有机组成部分。因此，我们亟须达成一种共识，即金融安全思维是建立在国家战略高度的，需要主动出击、全方位筹谋和系统性协作。

我们可以将国家金融安全战略定义为，一个主权国家为谋求其战略利益，长期为提升整体国家实力和国际经济社会地位而制定的有关金融事业发展的根本性、系统性决策，它应与国家政治体制、经济形势、社会发展阶段等相一致，并与国家政治、经济、军事、外交战略相互交织，以谋取国家利益最大化为最大前提和最终目标。

建立金融"总体安全观"可从六大维度切入：

一是金融与政治安全。金融成为大国角力的优先选项和新战场。金融是资源配置的核心，即通过金融资本的流动带动和影响人流、物流，从而能够从前所未有的广阔的时空领域上，

通过空前复杂的内外部因素，既影响外部安全，又影响内部安全；既影响国土安全，又影响国民安全；既影响传统安全，又影响非传统安全。西方在乌克兰策动新版的"颜色革命"，克里米亚问题引发了西方与俄罗斯"冷战"延续，中亚暴力化和极端化相交织的暴恐事件，中国香港"占中"引发的"雨伞革命"，背后都有美国金融之手的支撑。美俄此轮地缘战略的角力，从一定程度上已转为经济和金融实力的较量。事实再次证明，当前世界，军事冲突只是迫不得已的选择，而金融成为了大国之间较量乃至颠覆的主战场。

二是金融与公共安全。由于金融几乎贯穿于整个社会经济生活的所有方面，金融安全已成为影响最大的越来越集中的社会公共安全基础。当今反恐成为国际国内公共安全的重点，金融领域的反恐怖主义是反恐战略的重要一环。一个成功的恐怖主义组织网络，必须有相对充裕的资金做保障。随着单纯由政府或单个组织支持的国际恐怖主义活动相对减少，恐怖主义资金的来源更趋于多元化，其中有合法的和非法的各种收入，并借助于国际金融体系进行运作，最终成为恐怖主义行动的物质保障。"反恐金融战"的直接目的是通过断绝国际恐怖分子的财源遏制其行动能力，这是阻遏国际恐怖主义活动的关键一环。国际金融领域正发生着近年来最重要的制度变革。由于美国"反恐金融战"在国内外两条战线上同时展开，给各国金融行政当局和金融机构都带来了巨大的压力。各主要国家在反恐怖主义和反洗钱方面有共同利益，故多顺势而为，积极强化金融监管系统。

三是金融与国防安全。国防是一种特殊公共产品，国家财政是保障国防建设的主体。当前，中国经济已进入高速增长转为中高速增长的"新常态",国防投入的刚性需求和财政收支矛盾正在日益加剧。利用金融手段,可放大财政效应,把财政资源更多集中在国防建设的关键点。因此,在战略层面要"活用金融",发挥国家政策的引导作用,将联系财政的国家信用资源,发挥杠杆放大效应,撬动和运作更多社会资金,把过去由财政承担的部分职能任务适度分离出来,节省财政投入,带动财政集中在关键性重要点位上以发挥更大的作用。在战术层面要"用活金融",运用金融工具和产品,利用风险投资基金、混合所有制改革、军工企业股权结构设计和提供军人金融服务等方式,以微观手段有效服务国防建设。

四是金融与经济安全。金融安全是经济安全的核心,稳定强大的政治经济是国家金融安全的基础和保障。随着全球经济一体化的推进和金融创新能力的提高,金融机构之间的高度互联性已成为现代金融体系的一个显著特征。金融业的不断开放和市场化,是金融改革创新、谋求发展的必经之路,但同时应当关注,金融业高度互联带来的系统性风险,加剧了各国经济的不稳定性。经济金融体系的高度互联使得风险通过交叉持有的资产直接传递,加剧了风险传染的速度和冲击程度,并迅速扩散至全球,"蝴蝶效应"和"多米诺骨牌效应"更加显著。市场性金融风险随着金融资本的日益集中而集中,当这种集中性风险累积到一定程度,造成金融资本营运中断时,就会影响整个社会生活秩序。如果此时加诸一些内因或外因的政治影响,就能引发动荡甚至严重地破坏社会稳定。1997年和2008年由货币危机引发的金融危机,最终导致了某些国家的经济危机、政治危机和社会混乱,就是有力的证明。

　　五是金融与金融安全。在金融领域的交锋中，国际金融制裁已成为一件战略武器。金融制裁主要是对金融资产和金融交易的冻结、限制甚至剥夺，以使被制裁者丧失经济资源，迫使其接受制裁条件。凭借美元资产和美国金融市场在国际经济贸易和金融交易中的地位和作用，美国一直把国际金融制裁作为其维护国家利益以及打击、遏制敌对势力的重要手段。近几年更愈演愈烈，除了借维护所谓"自由、民主、人权"等进行金融制裁外，更借由打击国际恐怖主义、打击国际贩运毒品、防止大规模杀伤性武器扩散等借口，极大扩张长臂司法管辖权力，肆意动用金融制裁，为美国国家安全、外交政策和经济利益服务。除了封锁和打击被制裁者外，美国金融制裁也用来保护本国金融体系安全，防止被制裁者的金融资产和交易对美国金融秩序造成潜在的破坏、干扰或负面影响，并且防止美国的敌对势力以任何方式利用美国的金融体系。通过立法化、组织化、全局化等手段，这种适用于国际关系的金融制裁措施被设计得越来越具有严密性、扩张性和突袭性。

　　六是金融与网络安全。互联网空间已成为各国继领土、领海、领空之后国家的"第四空间"，互联网战略已上升为国家战略。同时互联网产业已对传统的行业产生冲击和促进。互联网时代，金融和网络虽属于"虚拟空间"，却深度融入社会治理的方方面面，不仅超越了国界，而且可"脱虚入实"，对现实国家治理构成威胁。要想在互联网时代占据战略先机，就必须提高互联网科技水平、壮大互联网科技企业。金融作为资金融通和国家治理的重要工具，要发挥导向作用，从多渠道捍卫中国"第四空间"的安全。

第二节　壮大国内金融实力
为政经稳定夯实战略基础

　　中国金融发展的战略目标是建立可持续的、具有综合竞争力的金融发展模式，实现从"金融大国"向"金融强国"的历史性转变。要与全球化金融全面接轨，就必须建设有国际竞争力的金融实力。金融实力的建设是一项综合性、长期性、艰巨性、复杂性的社会系统工程。在金融实力的提升过程中，要充分吸收国际金融市场的管理制度及运营方略，为我所用；在提升方式上，要立足中国国情，不能忽视当前的发展阶段特点来进行建设；在具体把握上，要坚持既大力推动又稳扎稳打的原则，有战略有战术，分阶段稳步推进。

　　一国经济增长、金融发展和制度优化的水平或程度，是国际竞争力的基础。必须处理好国际与国内、金融与实体的关系。唯有如此，才能真正实现中国金融实力的立体提升和金融增长方式的全面转变，为建设"金融强国"奠定基础。

　　一是在国际上争夺货币权力、争取金融话语权，同时为国内金融市场的壮大创造空间。一国金融实力体现在国际金融的话语权上。谁若主导了国际金融的话语内容，意味着就可以向外兜售自己偏好的经济发展模式，制定对自己有利的国际金融市场规则，获得对重大国际金融事务的定义权和突发国际金融事件的解释权，从而在国际金融博弈中获得对他国的优势地位和主动权。国际金融有着高风险和动态复杂性，但反映国家金融实力的指标中很重要的一项是货币的国际可接受程度。在经济的全球化时代中，货币的国际化程度是大国实力的关键性指

标。货币竞争的背后始终绕不开政治和外交的角力。随着国家综合实力增强和国际利益面扩大，中国的国际金融话语权意识逐步高涨，诉求也日益强烈。尽管暂时还难以撼动西方国际金融话语权的强势地位，但应坚定不移地有序推进对国际金融话语权的争夺。人民币国际化的终极目标不仅仅是中国拥有自己印刷世界流通货币的权力，而是真正成为国际资本体系的重要一员。

争取国际合作获取更大的货币权力。首先，以人民币跨境结算与人民币国际化为推动力，通过中国央行与各国、各地区央行的货币互换合作，以中国的经济实力，寻求全球经济稳定发展的多种途径。其次，始终如一地支持 IMF 的改革，力争人民币进入 SDR 的篮子，支持 IMF 和联合国有关改革国际货币体系的新的 SDR 方案等议案。再次，结合人民币"走出去"进程，用好中国对外的美元援助、美元贷款、用美元购买亚洲债券等活动，促进发展中国家和东盟国家的发展，寻求在进一步推助经济全球化、亚洲经济一体化中的中国利益。最后，应以人民币国际化为中心，展开国际金融中心的建设，建立一个包括股票、债券、黄金、石油、货币等所有金融品种及其衍生品在内的完全化的资本市场，争夺货币权力以及大宗商品定价、信用评级等国际金融的话语权。

二是国内需要加强金融体系的改革和完善，进一步增强国际竞争力。金融体系改革是金融体系发展壮大的基础，是人民币国际化的前提条件。中国应从自身条件出发，清晰定位金融发展战略，厘清中国到底需要什么样的金融体系，并在体制效率、市场深度、创新能力上深化改革，大力推进完善建设金融市场的举措。从满足不同主体的投融资需求出发，稳定银行的主导作用，积极发展资本市场、货币市场、保险市场、外汇市场、期货市场、金融衍生品市场在内的多层次金融市场体系，加强金融市场的基础性制度建设，完善市场功能，促进不同层次市场协调发展，发挥金融市场体系的整体功能，提高金融市场体系的运行效率。同时，需加强培育具有国际竞争力的大型金融机构，加强金融机构的治理水平和盈利能力，加大创新，拓宽盈利渠道，提升金融产品定价权。

三是金融与实体经济相辅相成，使金融与实体经济水乳交融、相互支持，加强整体实力。坚持金融服务实体经济的思想，牢牢把握发展实体经济这一坚实的基础，不仅可以有效地促进经济的发展，而且金融业自身实力也可以得到新的增强。金融机构也应确立目标，必须贯彻国家宏观调控政策、产业政策、区域经济政策以及国家经济整体布局和发展规划等国家经济发展战略，在可确认的法律框架下更好地创新，通过优化信贷结构，有效促进经济发展方式的转变和经济结构的调整。大力发展消费信贷，牢牢把握扩大内需这一战略基点；大力支持战略性新兴产业，加快传统产业的转型升级；加大对"三农"、小微企业等重点领域和薄弱环节的支持；加大对科技自主创新与创新型驱动的支持力度；加大对民生产业和项目的支持力度，实施"普惠"金融；支持低碳经济发展和绿色增长，发展"绿色金融"。

第三节　倡导良性审慎的金融市场机制
为国际竞争建设战略预备

宏观审慎管理是 2008 年金融危机爆发以后全球金融监管改革的核心内容，体现了今后一段时期金融监管理论及实践的发展趋势。因金融市场天生的风险性，金融制度客观就存在不确

定性。随着以自由化、国际化、一体化为特征的全球性金融变革趋势向各个国家的蔓延，各国金融市场都有了不同程度的反应，这些反应的速度、准确度、有效程度决定了国家金融市场、经济态势甚至政治局势等的发展和走向，而如何反应则基于一国金融市场的体制规范和机制设计。希冀以金融自由化与金融市场的国际化来带动经济发展，但市场经济体制不完善甚至尚未建立，就极易使高度市场化的金融制度与市场化程度较低的实体经济之间出现较大的摩擦与冲突，这种体制因素所导致的不协调会急剧加大金融市场的不确定性，增加以信用风险、政策风险、管理风险与犯罪风险为主要内容的一类金融风险，成为金融动荡与金融危机的潜在隐患。

因此，各国的经济体制、法律制度与监管能力在对这种趋势的反应中变得日益突出与重要。可以说，历次金融危机产生的原因是多方面的，但金融监管不到位和法律不健全都是深层次原因。良性审慎的市场机制是发展良性金融市场、增强金融市场避险能力、加大金融市场自我调节修复功能的基础，是建立稳定强大政治经济的战略预备。

作为战略预备，其基本条件是国内金融监管和法律系统的进一步完善。

一是建立平衡、适度、系统化的监管体系是金融市场良性运行的前提。金融系统有天然的风险性，金融业的特殊性和市场失灵，都会导致风险聚集，引发金融危机。这些都需要通过"有形之手"——监管来解决和克服。2008 年金融危机后，全球金融系统都加强了监管。与此同时，金融市场又有天然的自我调节机制，金融体系的功能相对金融机构来说更具稳定性，而监管制度设计的缺陷却有可能引发金融风险。Berth 曾以 152

个国家和地区的银行业为样本，检验监管措施对银行发展的影响，结果发现：政府加强监管有时非但不能稳定银行体系，反而适得其反。一个国家对商业银行从事证券或者非银行商业活动进行限制的程度越深，该国的金融体系就可能越脆弱，极易发生金融危机。

因此，监管强调的是在利率自由化与金融市场国际化过程中的"有效监管"。一国监管系统必须找到市场的最优平衡，兼顾市场化和规制化，兼顾遵从经济规律和矫正市场失灵，高度明确战略意图、深刻理解市场内涵，并基于此建立起符合国家金融发展战略、市场发展特征、体系成熟阶段的监管体系，制定监管政策。目前金融监管体系支离破碎，透明度不够，监管效率低下。需要合理的监管体系对市场进行审慎均衡的调整。首先，需要成立具有较高层次、较强协调能力的宏观审慎管理实体部门。进一步加强功能监管与综合风险监管。其次，建立适合中国国情的宏观审慎管理的政策工具。再次，实现财政政策、货币政策与金融监管之间的协调顺畅。此外，进一步加强与国际监管机构的沟通与合作。最后，将互联网金融、影子银行等新型金融机构尽快纳入总体监管框架，实施常规监控。

二是健全法制金融则是建立良性金融市场机制的重要基础和内在要求。继续完善金融发展法治环境构成要素，就是中国金融法治建设的重要任务。市场经济本质上是契约经济，法治是市场交易有序进行的基本条件。金融市场是典型的规则导向型市场，现代金融是法治金融，金融运行、金融监管等都要受到法律的调整和规范。法治对金融业的改革和发展具有十分重要的引导、推动和保障作用。从发达国家金融危机后的调整情

况看，法治建设是预防金融危机的重要手段，美国在 2007 年之后相继出台《金融监管改革框架》《紧急经济稳定法》等金融法案。因此，保障金融安全，必须从制度上建立起金融安全的保障体系，把一切金融活动纳入规范化、法治化的轨道，实现依法治理金融，保障金融安全。要更加重视法律建设在金融改革发展中的基础作用，把市场主导原则作为中国金融法治的基本理念。在健全金融监管体系的同时，加快金融立法速度，强化金融执法力度，建立完善法治金融体系，维护金融市场公平秩序，真正发挥市场配置资源的基础性作用，确保健康的金融秩序。

第四节　循序渐进与国际接轨
为竞争缓冲建立战略纵深

中国要进一步享受经济全球化的好处，必须参与金融全球化。但是在以美元为主导的有缺陷的国际货币体系下，金融主导或领先国家往往引导甚至决定着其他国家的货币和金融制度及走势，国际金融市场风险多端，过快全面融入金融全球化，是极其危险的。因此在制定国家金融对外开放战略时，应当建立广阔的战略纵深，实施有限的、有序的全球化，留给自己战略性运动的余地，预留缓冲空间和周旋时间。

一是我国金融市场需要发展缓冲来成熟完善。尽管我国金融市场机制不断进步完善，金融资产快速增长，创新活跃，金融机构的质量持续改善，人民币汇率形成机制和跨境人民币结算稳步推进，但也需正视，我国金融市场的规模，不论从广度还是从深度看，国际化程度都很低，主要资本管制项目尚未放开，尚未经历过国际市场大幅波动的冲击。人民币对于金融交易产品无定价权。在各国金融市场之间，更多的市场波动体现为国际市场影响国内市场，而不是相反。我国微观金融国际竞争力仍然不足，缺乏国际"实战"经验。有些尽管在资产、利润规模上已名列世界前茅（主要是商业银行），但治理结构不健全，基本未经历国际金融市场诡谲多变的操作历练。宏观货币政策调控的手段，基本是行政化的，更是缺乏金融强国特征下的全球金融调整的"阅历"与经验。

事实上，我国的货币与金融体系一直是在向世界其他国家的学习中逐步演进的。当前，许多人将美国的金融模式当作现代化的金融，并以此作为我国金融的发展方向，甚至是唯一方向。对于金融市场改革和发展一味求同求快，在相当程度上忽略了我国发展中转轨、崛起中大国的特性，揠苗助长，不仅难以促进中国金融的崛起规划，还潜藏着极大的风险和危机。

中国成为"金融强国"，是时代的要求，我国未来的金融发展长期目标是充分市场化，但是为实现这一伟大转型，作为金融体系还在建设完善中的发展中大国，当前时期的发展策略则应为有限全球化。这样才能充分发挥金融在优化资源配置中的作用，更有利于调动市场主体的积极性，使其具备金融条件寻找新的经济增长点。与此同时，在规避部分国际金融市场风险的前提下，进一步利用全球资源，参与全球竞争。

二是"有限的全球化"有利于在过渡期内制造战略纵深，趋利避害。从宏观上说，金融改革总体效果是好的，一定会带来改革红利。但从操作上说，要有优先顺序和配套安排，通过适当的顶层设计，形成统一的社会共识，稳中求进。在参与金融全球化的过程中，在汇率、资本管理、货币国际化

和国内改革等核心问题上，不能按成熟、发达经济体的惯例一步到位。要尽可能避开、防范市场动荡对中国金融稳定的冲击。应分别逐步推进、相互配合促进，逐步动态逼近金融全球化，即有限的、有序的金融全球化。与此同时，在发展自己的同时保护自己，打好金融强国的基础，为金融更大的开放做好充分准备。

在积极着手稳健推进人民币国际化进程中，必须认识到，中国除了缺少成熟健全的金融体系以外，也还没有一个真正的国际金融市场，更缺少这方面的人才与市场经验。而人民币成为国际货币，给中国带来货币权力的同时，也会因国际投机资本等因素带来更大的市场风险。因此，在致力于人民币国际化的努力中，应同时着手建立与国际金融市场完全同步的国际资本市场，培养和积累国际金融市场的人才储备与市场经验，运用投资组合，用丰富的金融工具和技术手段来规避市场风险。

支持国际组织关于全球"宏观审慎监管"和"全球金融监管治理"的制度措施，减少杠杆效应，稳定全球金融体系和经济发展，同时，要学会"以我为主"的思考，给中国经济发展多留些"空间"，不追求国际金融监管引领者的虚名。

通过有限的金融全球化，争取空间和时间，提高中国的金融体系效率，支持经济结构的调整，在纵深中进行缓冲，壮大实体经济的实力与竞争力，并进一步给金融体系的发展提供更多的支持和创造出更多的需求，从而扶植、培育中国金融体系的整体竞争力，实现更大范围的金融开放，逐步形成"金融强国"实力，以更积极的姿态，参与改善国际经济、金融的新秩序。

第五节　强化底线和危机思维
为防范风险构建战略储备

金融是一场不折不扣的战争，需努力争取最好的结果，但也应随时保持危机意识，警惕防范金融及其派生危机的发生，坚持和强化底线思维，凡事从坏处准备。尤其是针对金融系统本身就具有内生性风险，一定要从意识上、把控力上和物质基础上牢牢掌握"底线"，这样才能有备无患、遇事不慌，牢牢把握主动权。战略储备一般是指物质性的储备，但特别容易忽略因而更需强调的是，政策储备和人才储备也同样关键。

一是政策储备。只有增强国家对经济基础和上层建筑的控制能力，才能坚固国家对市场底线的把握能力，从而加大对战略储备的调配能力。在全力推进金融系统市场化改革的同时，需要警惕"自由化"倾向带来的对政府的弱化、对国家资本的丑化，以及对所有制的侵蚀。市场化改革势在必行，但市场化不是"自由化"。目前过分强调新古典经济学和市场对资源配置的好处，但也应当看到，市场并非理论中理想状态的市场，市场经济里的个体并不都是完全理性的，它们经常做分割和边缘的决定，其实很难保证总体上是最佳效果。加上微观主体之间信息不对等，市场力量推动转移结构转型具有不确定性，放任政策往往是造成收入分配两极化恶果的推手。因此，2008年危机后，美欧等已经意识到了过去的谬误，政府干预力度都不断加大。而我们所效仿的许多都是美欧危机前的制度和市场片面的状态。把政府说成是市场的对立面，把国家资本说成是恶魔，并且一再主张资本去国家化和所有制去公有化。其实国外的事实一再证明，公有

制并非经济活力的掣肘，美国在危机后的一系列举动，也充分证明国家干预市场的关键性和重要性。尤其在我国，所有制作为国家资本的基础，决定了经济，是执政的基石。在危机时刻更是如此，如果国家不掌控资本，怎么能够充分调配战略储备呢？因此，底线思维要把执政基础放在首位，坚定以公有制为主、端正国家资本地位、明确国家控制力的市场化改革。

二是人才储备。战略储备还应该包括金融人才储备体系，特别是加强高层次国际金融人才储备。新中国成立以来，特别是改革开放以来，中国培养了一批高素质的金融人才。但随着金融全球化进程不断加快，中国深度融入国际金融治理体系，中国金融人才逐渐进入 IMF、世界银行、亚开行等机构高层。但是，总体而言，中国高层次国际金融人才缺乏的现象越来越突出。随着加速推进以中国为核心的金砖国家开发银行、亚洲基础设施投资银行等新型国际金融机构建设，促进国际金融治理体系改革，推动商业银行国际化，未来需要大批高层次国际金融人才。而人才的培养、建设、使用、成熟往往需要一个相当长的周期，因此，亟须未雨绸缪，完善为国际金融机构服务的国际金融人才储备体系，建立系统的国际金融人才培养体系，培养一批具有国际金融机构工作经验、国际视角的国际金融"三大复合型人才储备"：第一，金融外交人才储备。国际金融治理新秩序的建立并不是一蹴而就的过程，国际金融秩序的重建在某种意义上是谋求国家利益的战场，亟需具备金融专业知识和金融外交斗争经验的复合型金融外交人才，以更好地维护并争取国家利益，平衡各方利益需求；第二，国际开发性金融专业人才储备。"一带一路"沿线国家基础建设的金融需求和资金需求量大，投资回报期长，市场不完善，需要采取"先期扶持、长期获益"的开发理念，需要建立政府和市场之间的桥梁，弥补市场的缺失，以市场化的方式服务国家战略。因此亟需具备金融实务经验和金融战略眼光的复合型国际开发性金融人才；第三，国际金融法律人才储备。"一带一路"战略的推进不可避免地面临不同层次的金融法律冲突，亟需一批具有解决金融法律冲突能力，熟悉全球性金融经济法律（如世贸组织、未来可能建立的 TPP、TIPP 等组织）、区域性金融经济法律（东盟、海合会、上合组织等）、双边金融经济法律（双边自贸协议）和沿线各国国内金融经济法律的复合型金融法律人才。

三是物质储备。为了应对各种意外情况，保障金融市场正常运行和国民经济需求，物质储备必不可少。通常物质储备包括外汇储备、贵金属及一些大宗战略物资、能源等。外汇储备的利用应当更强调底线和危机思维，强调对中国经济可持续增长的重要性和战略性，建立我国的金融战略储备制度。

雄厚的外汇储备有利于为中国经济进一步崛起和成为金融强国打下坚实的战略基础，有利于防范外部动荡对中国经济的意外冲击。中国巨额外汇储备表现出了强大的竞争力，但持有外汇储备是有机会成本的，现有管理目标还相当局限，投资渠道也相对单一。在成为当之无愧的储备大国的同时，也面临全球金融市场剧烈波动带来的风险。外汇储备的持续增长，意味着中央银行基础货币不断扩张，并在很大程度上存在引发通货膨胀以及导致国民经济出现泡沫的风险。此外，储备资产的过高增长也会降低金融资产的收益水平，并同时引发国与国之间更为激烈的贸易摩擦，加剧人民币的升值压力。事实上，作为一种金融资源，外汇储备只有在投资运用中才能凸显其价值所在。我国的外汇储备面临需要进一步盘活并创造更大效益的紧

迫任务。加强外汇储备利用的顶层设计，为我国外汇储备管理提供有益的战略定位和现实的策略选择，明确外汇投资管理的战略意图，加强储备多元化及风险管理，符合当前中国实现汇率机制平衡转轨、稳步融入世界经济发展新格局的历史契机，只有这样才能有效应对全球新型金融危机对中国经济发展的挑战。

在全球政治经济局势微妙波动、中国争取货币权力的当下，增持黄金储备也是重要策略。鼓励实施"走出去"的对外开放战略，收购海外重要经济资源开采权，加大对我国具有战略意义的境外基础设施建设投资，引进国外的先进技术和关键设备等，不断提高外汇储备的使用效益。

第六节　主动服务国际经略
为金融影响力创造战略协同

"明者因时而变，知者随事而制"，形势在发展，时代在进步。要跟上时代前进步伐，就不能身体已进入 21 世纪，而脑袋还停留在冷战思维的旧时代。当前中国外交的重点，是让中国梦获得更多的国际认同，充分化解中国崛起的周边压力，而实现这个目标，经济金融手段是重点。金融是国际经略利器，尽管当前中国已在使用这一利器，但未来还有其发挥作用的更大空间。

中国金融战略取向分析的一个基本出发点，是基于改革目前国际货币体系的缺陷和未来世界经济、金融的不确定性。因此更应当追求使国家金融有限资源在战略作用下发挥最大的效用，在国际政治、国际组织方向上为国家金融安全战略提供静态的横向协同以及动态的进程协同，为合理配置国家资源提供战略方向。中国需着眼于思考与顺应历史大势，未雨绸缪，主动出击，积极参与国际金融及相关事务，积极绸缪周边经济合作的供应平台，努力去营造合作、互利的外部经济金融环境。这是为了维护全球化趋势，通过改革国际货币体系和国际金融监管，更多地代表发展中国家、新兴国家利益，推动全球经济的包容性增长，积极参与国际治理，将我国的经济实力真正转化为国际政治影响力。

具体来说，发挥金融的国际战略作用，还需要从几个方向着力。

一是需要用金融手段实现周边破局。所谓"邻居好，无价宝""朋友可选择，邻居须共处"，中国越发展，就越体会到和平稳定的周边环境之可贵。新一届政府始终把周边作为外交优先方向，2013 年还专门召开了周边外交工作座谈会，强调要坚持与邻为善、以邻为伴，坚持睦邻、安邻、富邻，突出体现亲、诚、惠、容的理念，积极营造更加和平稳定、发展繁荣的周边环境，推动中国发展更多地惠及周边国家，让周边国家搭中国经济发展的快车、便车，实现共同发展。从落实的角度看，积极推进"丝路基金"、亚洲基础设施投资银行、上合组织开发银行，配合中国"丝绸之路经济带"和"21 世纪海上丝绸之路"等外交战略，为周边发展辅以金融助力；用"先予后取"的思路，让周边国家更多地从与中国的金融合作中获得利益，让中国投资更好地支持周边经济社会建设；在利用金融手段促进周边国家发展的同时，要兼顾当地的社会影响，尽量让周边的发展惠及所在国当地普通民众。

二是需要用金融手段实现更好地抱团发展。发展中国家是

中国外交的基石，中国同广大发展中国家命运相连、诉求相近、理念相通。只有坚持道义为先、义利并举，从金融渠道向发展中国家提供更多的帮助，真心实意帮助发展中国家加快发展，并共同发掘合作共赢的机会，中国才能实现和发展中国家的共进退。时至今日，国际金融危机的影响还没有过去，发达国家宏观政策调整又增加了发展环境的复杂性，部分发展中国家经济增速下滑、通胀上升，甚至出现资本外流、货币贬值现象，国际上唱衰新兴经济体的声音再起。面对这些新情况、新问题，新兴发展中国家需要继续同舟共济、共克时艰，把经济的互补性转化为发展的互助力，不断扩大利益交汇点，实现互惠共存、互利共赢。

三是需要以金融手段推动国际金融新秩序建立。当前国际金融格局以二战后的"布雷顿森林体系"为基础。美国为维持其全球霸权的核心——美元霸权，利用世界银行、国际货币基金组织来操纵国际金融秩序。世界银行和国际货币基金组织等在给发展中国家提供贷款或者援助时都带有政治改革方面的条件和要求，而此类条件和要求往往会打乱这些国家的自我发展节奏，甚至造成内部社会的不稳定。发展中国家的实际经济表现差强人意。这一现象与国际资本对融资国的行政管理和法治环境心存芥蒂有很大关系。为推动建立公正平等的国际金融新秩序，需要改变新兴国家在世界银行、国际货币基金组织等国际金融机构中的话语权明显不足的局面。新国际金融组织的出现将有助于撬动原有金融格局，促进国际金融组织的多元化发展，推动建立更为公正平等的国际经济金融新秩序。金砖开发银行的成立将在一定程度上起到缓解疑虑、增强信心的作用，吸引国际资金流向发展中国家，从而有效缓解这些国家的巨大投资缺口。亚投行是继金砖国家开发银行之后，又一个与西方主导体系相独立的国际金融组织。亚投行的设立可帮助中国企业"走出去"，一方面缓解相关产业和企业的产能过剩压力，并借此在全球范围内配置各类资源并实现产业结构优化；另一方面是中国雄厚的资本和技术优势，通过亚投行扩大亚洲国家在基础设施上的合作，实属两全其美，互利共赢。

四是需要从金融途径培育中国政治影响力和主导力。只有促进中国经济实力向政治影响力和周边主导力的顺畅转变，中国经济崛起才具有可持续性，中国梦才能有加快实现的更大机遇。一方面，这需要中国统筹金融能力、国际义务与全球责任，在力所能及的范围内，通过金融渠道努力为世界的和平与发展事业多做贡献，同构利益共享，获得更广泛的国际支持。另一方面，这也需要中国以更加积极的姿态参与全球经济秩序重建和国际货币体系改革，发挥负责任大国作用，维护国际公平正义，反对任何形式的霸权主义和强权政治，借由国际地位的提升，为解决国际和地区热点问题发挥建设性作用，推动建立更加平等均衡的全球发展伙伴关系，积极参与应对全球性挑战的国际合作，为改革和完善国际治理体系贡献更多中国力量、中国智慧①。

---

① 本节参考借鉴了 2013 年以来习近平主席、李克强总理和中国外交部部长在公开场合的演讲稿。

坚实价值基础

国家金融安全篇

2014年4月15日，习近平总书记在中央国家安全委员会第一次会议上发表重要讲话。他强调，当前我国国家安全的内涵和外延比历史上任何时候都要丰富，时空领域比历史上任何时候都要宽广，内外因素比历史上任何时候都要复杂，要准确把握国家安全形势变化新特点、新趋势，坚持总体国家安全观，以人民安全为宗旨，以政治安全为根本，以经济安全为基础，以军事、文化、社会安全为保障，以促进国际安全为依托，走出一条中国特色国家安全道路。金融是现代经济的"血液"和核心，一方面，金融安全在很大程度上决定着国家经济安全。金融领域一旦出现危机，势必会影响经济社会发展全局。另一方面，金融已融入国家治理体系的方方面面，甚至会直接导致国家政治或社会危机等。在经济和金融全球化的背景下，确保金融安全，已成为各国在传统军事对抗、网络对抗之外一个不见硝烟的"战场"。

因此，在某种意义上，金融与国家安全的关系是全方位的，本篇主要从"六大安全维度"切入，即政治安全、公共安全、国防安全、经济安全、金融安全和网络安全。金融安全事关国家安全全局，关乎国家核心利益，因此必须把维护金融安全置于国家安全战略全局位置，树立金融总体安全观，完善国家金融治理体系，提高国家金融治理能力。

第五章 金融与政治安全

——金融"颜色革命"

"'革命'不应被引向防御工事,不应在街道上,而应在平民的思想里。这种'革命'是和平的、缓慢的、渐进的,但从不间断。到最后,它终将导致'民主'在一些国家中诞生"[1]。

近年来,一些西方国家高举"民主改造"大旗对所谓的"不民主政权"策动"颜色革命",方式不断更新,其中利用金融手段制造动乱甚至颠覆政权的手法日趋成熟。情况显示,在金融领域对中国实施"颜色革命"的企图十分明显,渗透更为隐蔽,传导更为迅速,危害更为全面,对中国国家安全构成严重的威胁。

第一节 金融手段已成为美国对外策动
"颜色革命"的利器

"颜色革命"本质上是你输我赢、你下我上、你死我活的政治斗争,要害在于篡政夺权,是带有西方战略背景和政治对抗色彩的街头运动。从中东"茉莉花革命"的起始看,"颜色革命"也是一场经济金融领域的战争,诱因始于经济金融,手

---

[1] 摘自《乔治·索罗斯传记》。

段包括经济金融，目的也是经济金融。为实现长期称霸的目标，美国经常使用金融手段策动"颜色革命"，冲击他国国家安全，这些手段花样繁多、渠道多元、技术含量高，难以被察觉，难以被防范，值得警惕。

一 借力金融非政府组织促"笔杆子"变色，推动民意"倒向"

冷战结束后，为进一步巩固冷战成果，打消俄罗斯的"帝国野心"，美国等西方国家在推动苏联和平演变后，对独联体各国展开了新一轮的"体制改造"，其方式主要是思想渗透和改造，对象是知识分子、媒体等。其中以索罗斯基金会为代表的美国金融非政府组织扮演着清道夫的角色。索罗斯基金会由金融家索罗斯创办于20世纪70年代。在过去的40年中，索罗斯基金会已发展成为包括欧、亚、非和南北美洲60多个国家在内的索罗斯基金会网络。苏联解体后，索罗斯基金会加紧在独联体国家投棋布子：1990年，在乌克兰创建国际复兴基金会，大搞"民主渗透"；1992年，进入摩尔多瓦，推广西方价值观；1993年，选中有"中亚民主岛"之称的吉尔吉斯斯坦，重点扶持该国的独立媒体；1994年进军格鲁吉亚，在首都第比利斯设"国际索罗斯科教计划"中心等机构；1995年，索罗斯将触角伸向哈萨克斯坦，将其作为进军中亚的桥头堡；1996年打入乌兹别克斯坦。在俄罗斯，索罗斯先通过"国际文化倡议基金会"和"国际科学基金会"开展慈善活动，并于1995年成立俄罗斯索罗斯基金会。索罗斯基金会在中东欧、苏联加盟共和国内重金打造所谓的"思想库基金"，每年会资助来自包括乌克兰、格鲁吉亚在内的中东欧、苏联加盟共和国中有才能的青年研究员在中东欧最重要的智囊团里进行3

个月以上的学习研究，不断培养有意愿、有能力影响社会公共生活的年轻一代，让"笔杆子"变色，并通过所谓"独立媒体"配合宣传，培养基层亲西方的民主氛围，以"民意"掀起全社会"民主浪潮"，通过国家政权更迭为其金融投机鸣锣开道。2003年以来，格鲁吉亚、乌克兰和吉尔吉斯斯坦三个独联体国家相继发生"颜色革命"，国家政权被颠覆，反对派纷纷上台。乌克兰"橙色革命"的领军人物尤先科曾是索罗斯基金会在乌克兰的董事会成员；而格鲁吉亚在革命后新成立的内阁成员中更是有1/5（共4名）曾在索罗斯基金会工作过。

二 巧用金融技术手段控"钱袋子"命脉，推动资金"倒流"

美国凭借超强的经济金融实力，佐以金融技术手段，在关键时刻控制"钱袋子"命脉，在"颜色革命"中发挥杀手锏作用。一是利用司法程序予以资金切断。"9·11"之后，美国为颠覆其所谓的"无赖国家"政权，通过组织和法律体制发动金融战争。主要手段是以反洗钱打击恐怖融资为名，重点使用长臂司法管辖等政策，扩大美国在全球范围内的话语权，切断他国与伊朗、朝鲜、伊拉克等国的金融来往，利用美国国内法律监管和控制他国。二是对目标国资本家和财团进行金融威胁与资金控制。在乌克兰"二次革命"中，金融技术组合拳的发挥更是淋漓尽致：2013年底，乌克兰形势陷入僵持阶段，美国发出金融制裁的威胁，亚努科维奇背后的两大财团相继倒戈；因克里米亚问题引发了西方与俄罗斯"新冷战"延续，美再次祭起金融制裁的大旗，引发"钱袋子"恐慌外流。2014年8月，美国总统奥巴马称，俄罗斯2014年以来资本流出规模已经在

1000 亿美元到 2000 亿美元之间，大量"钱袋子"随着资金的外流加速向美欧移民，加速俄罗斯经济"空心化"。三是通过控制商品价格挤压他国国民经济命脉。2014 年下半年，国际油价大幅下挫。俄罗斯受到沉重打击。原油和天然气出口占到了俄罗斯全部出口的 2/3，尽管俄罗斯的石油出口占国民经济比例高，但在全球石油供应量和油价上没有定价影响力。油价远低于平衡俄罗斯预算所需的每桶 114 美元。原油价格每下跌 10 美元，俄罗斯出口将受到 324 亿美元的损失，大约占到该国 GDP 的 1.6%（相当于 190 亿美元的财政收入），意味着极大的经济破坏力。2014 年俄罗斯的 GDP 已经因为油价下跌而抹去了 4.8%（相当于 600 亿美元的财政收入）。此次油价下跌并无预兆，原因众说纷纭。美国原油产量激增是主要表面原因。国际能源署（EIA）数据显示，截至 2014 年 10 月 3 日的一周中，美国日均产油 888 万桶，创 1986 年以来新高。2014 年 12 月，随着石油价格接近 50 美元，俄罗斯不断加息和抛售美元，但卢布仍一泻千里，年内降幅达 50%，俄经济面临崩溃。美国金融制裁的目标也很明确，经济损失最严重的均是与普京关系密切的财团。虽然普京在俄民众支持率仍居高不下，但普京背后的"钱袋子"能否挺得住，还得拭目以待。

三　凭借金融信息垄断胁迫"枪杆子"变心，推动专政机器"倒戈"

对于他国关键人员信息的掌握和利用也是美国进行"颜色革命"的重要手段和关键时刻制胜的"利器"。在"茉莉花革命"和乌克兰"二次革命"的关键时刻，美国正是通过"冻结官员海外资产"等金融制裁手段，准确击中"枪杆子"（军队）

和"刀把子"（警察、情报）等专政部门要害，促使国家专政机器"倒戈"，加速政权"倒台"，不费一兵一卒颠覆政权。一是利用广泛的信息优先和主导权。美国不仅通过全球金融清算系统，还通过互联网企业以及"棱镜计划"等项目全面监控全球金融数据。二是专门成立金融信息情报系统。美国财政部内部建立世界第一个财政系统情报部门——情报与分析办公室（OIA），号称提供情报打击恐怖主义和违法金融交易，负责分析从全世界搜集的所有金融信息，掌握所有国家、组织和个人的金融状况。三是专业金融监控项目。美国国家安全局的"Tracfin"追踪金钱监控项目，专门关注国际金融市场的银行间交易往来，存储从各个金融机构得到的信息。四是专业交易阻断人员。美国财政部海外资产控制办公室（OFAC）拥有170名由律师和情报分析员组成的专业团队，有着非凡的能量和阻断全球美元交易的能力。借此掌握他国大量关键人员，特别是"枪杆子"和"刀把子"等专政机器的短板，关键时刻以"冻结海外资产"等金融制裁手段先发制人。

四 借手国际金融组织迫"旗杆子"更迭，推动政权"倒台"

美国通过对主要国际金融组织的控制，将其作为颠覆他国政权的重要工具。一是乌克兰"二次革命"僵局阶段，亚努科维奇政府希望通过 IMF 筹款解救乌克兰，但美国控制的 IMF 予以拒绝，因为援助的前提是，"乌克兰必须有清晰的欧洲视角"。亚努科维奇向欧盟提出 200 亿欧元的援助款项，欧盟也拒绝了这一要求，提出将会导致乌经济崩溃的协定签署条件，并只承诺在乌克兰签署协议后提供 6.1 亿欧元（相当于 8.38 亿美

元）几近"羞辱性"的所谓宏观经济援助。此举加速了乌政权更迭，乌克兰爆发大规模抗议示威活动，由此引发政治危机，亚努科维奇政权倒台。在乌克兰实现政权更迭后，欧盟则立刻表示将重启救助协议，美国也马上承诺将提供必要的援助，并将引入 IMF 的救助资金但向乌克兰提出了改革"金融体系和反腐"的硬性要求。IMF 很快批准两年内向乌提供 170 亿美元的援助。二是美国和欧洲联手向俄发起了全方位的金融制裁，强度、烈度不断加剧，欲将普京这根"旗杆子"拔掉，美俄金融战场的博弈仍在继续。

第二节　美国利用金融手段对中国实施全方位隐性"颜色革命"

自冷战结束以来，美国一直将中国视作其霸权力量的最大挑战者，中国经济的快速增长更进一步加剧了美国对中国崛起的担忧。近年来，在直接打击和显性对抗越来越不符合时代主题的背景下，通过"民主改造"对中国实施"和平演变"是美国一项长期的国策，特别是近年来其逐渐重视利用金融手段对中国实施全方位隐性"颜色革命"。主要方式包括以下几个方面。

一　以"金融自由化"培养所谓的"金融民主"

一是通过索罗斯基金会等非政府组织促使我国"金融精英"变色。索罗斯基金会曾于 20 世纪 80 年代筹建中国分部，并复制匈牙利搞基金会的模式，成立"改革开放基金会"，每年出资 100 多万美元，资助改革开放学习研究和资助赴美学术交流人员，以培养所谓的自由金融专家，为其"金融民主化"

代言。在中国采取限制措施后，近年改以更为隐蔽的方式，以"扶持医疗、教育和改革研究"等为幌子企图变相资助"金融自由派"。二是借"草根金融"，发展基层组织，推动所谓"金融民主"。美国的金融市场及互联网技术等发展得最好，但其对本国资金、尤其是海外资金的流入及对政治、组织的资助监管特别严格。在中国，一方面，境外金融非政府组织通过与国内机构合作的方式，不断以"扶贫"等为名，利用我国金融机构和基层组织的金融服务缺位，以面向农民无担保的直接小额贷款等金融创新为途径，在农村基层对普通民众进行渗透、教育，培养农村"金融民主"观念。另一方面，以互联网金融为突破口，在舆论上形成P2P等互联网金融是金融民主化的产物，是挑战固有"利益集团"特别是国有商业银行的权威的压力。以所谓"草根金融"挑战传统金融权威，以民意倒逼政府，挑战政府治理能力，推动金融民主化之路。

二 以"金融战争化"在关键时刻先发制人

一是掌握中国核心金融数据。美国通过福特基金会等非政府组织在金融学术领域以提供资助合作学术研究的名义，获取中国核心金融数据。2009年，美国五角大楼在马里兰应用物理实验室举行了金融、经济、军方和情报部门参与的中美金融战推演，通过电脑利用货币、债权、股票和黄金等经济工具相互攻击。核心金融数据成为金融战关键时刻的制胜武器。二是暗查中国关键部门关键人员海外账户。美国情报部门通过拥有金融数据的绝对掌控权，调查掌握中国关键部门关键人员的海外及全球资产状况，在关键时刻可以以冻结海外账户作为向中国施压的筹码。2013年，受美国"颜色革命"老手"开放社会基

金会"等控制的"国际调查记者联盟（ICIJ)"秘密调查了英属维尔京群岛涉及中国的金融信息，并发布题为《中国离岸金融解密》的调查报告，称"两万多名中国内地及香港投资者在避税天堂注册公司"，宣称借此掌握"中国官员和国企腐败的证据"。三是调查中国官员亲属在国际投行服务的情况。近年来，中国企业上市和并购业务激增，大量的"官二代"进入摩根大通、花旗、高盛、瑞信和德银等国际知名投行工作，借此"超常规做法"形成关系通道，帮助各大投行迅速获得中国市场。美国情报部门对此进行长期跟踪和调查，2014年还曾公开宣布调查摩根大通。与此同时，尽管《美国反海外腐败法》自20世纪70年代就开始实施，目前却并未有任何投行或银行家为此而真正受罚。从历史经验看，美国会将手中掌握的情况作为关键时刻先发制人的工具，服务其国家利益。

三 以"香港乱局化"狙击人民币国际化战略

中国香港是最大的人民币离岸交易中心。近年来，人民币国际化进程不断提速，香港扮演着极其重要的角色。想干扰人民币国际化，搞乱香港是必然的战略。西方国家一直将香港作为西化、分化中国的"桥头堡"。近年来更是加大了对香港"民主化"的支持力度，一是支持青年学生以所谓的"雨伞革命""占中"策动香港版"颜色革命"，选在金融机构众多的中环，与内地正面交锋，以扰乱香港社会秩序引发金融恐慌；二是在金融领域暗地与内地"软对抗"，借此削弱香港作为人民币国际化战略支点的定位；三是通过控制媒体大肆宣扬"占中"，借机"唱衰香港"。据不完全统计，从2014年9月"占中"开始的一周时间内，便有12.7亿美元资金从新兴市场的交易所挂牌基金（EFT）中流出。其中以经济趋弱及受香港局势影响的中国大陆和香港 EFT "出逃" 最严重，约 2.78 亿美元净流出。"占中" 不仅旨在 "乱政治"，尤其在政治目的不可能一时完全达到的态势下，实际上也准备长期作战，釜底抽薪 "乱金融"，并反促 "乱政治"。

四　以 "改革激进化" 打乱我国深化金融改革的步伐

美国通过其拥有的全球金融规则的主导权，要求中国的金融改革大幅加快与国际规则接轨的步伐，以此打乱中国金融改革步伐。长期以来，美国一直呼吁中国进行大规模经济改革，对美国出口商开放市场以降低美国对中国的大幅贸易逆差。特别是，美国希望中国允许人民币加快升值速度。美国宣布退出量化宽松政策，大量资金从新兴市场流出，严重冲击母国经济，但美国无视中国金融的脆弱性，通过各种层面逼迫中国人民币加快自由兑换。一是迫使人民币加快升值削弱中国产品竞争力；二是迫使人民币加快升值以稀释美国债务；三是通过干预人民币汇率影响中国崛起。从历史上看，俄罗斯卢布自由兑换后，大幅下跌，上千亿卢布凭空蒸发。"广场协议"、印尼盾过早自由兑换都曾导致日本、印尼经济陷入长期衰退。资本自由兑换固然好处很多，但需要结合自身均衡考虑步骤与节奏。

五　以 "金融民粹化" 破坏正确的社会财富观

美国利用中国社会发展转型期出现的一些问题和迷茫情绪，将 "民粹主义" 粉饰为 "民本主义"，通过草根非政府组织和互联网，在金融领域推动民粹主义抬头，"劫富济贫" 的仇富思想开始盛行，把国家民族的长远利益放在一边，让所谓 "民

意"倒逼政府，以所谓"民意"绑架国家。社会群体割裂现象严重，造成社会问题沸点、燃点极低，引发社会群体性事件甚至"街头革命"风险上升。一是推动金融政策"民粹化"。抵制严谨的"顶层设计"，主张无底线的自由市场。鼓吹"松绑中国金融监管、促进金融创新"，在金融领域打着"人民"的旗号，罔顾金融的风险性和一些政策的不可持续性，企图以"民粹"倒逼金融决策，实为挑战依法治国和国家治理现代化。二是唱衰国家资本，影响公有制主体。片面强调国家资本的不平等、不公平性，无视中国现阶段应以银行为市场主导的金融基础，形成整个社会要求整治国有金融机构的舆论压力。急于将国有资本私有化，忽略了中国自身体制特性和发展阶段的需求。鼓吹美国以资本市场为主导的金融体系的优越性。在舆论上恶化国有经济、国有金融机构与普通民众的关系。

六 以"黄金非货币化"摧毁我国金融安全底线

国家黄金战略作为国家金融战略的重要组成部分，是国家金融安全的防护堤。从国际金融发展和货币史来看，一国货币之所以成为世界性货币，其是否具有相当数量的"最后清偿力"，是不可忽视的基础条件和不可或缺的保障，即黄金的支撑作用至关重要。美国作为世界最大的黄金储备国，黄金储备长期保持在8000多吨的水平，即使在金融危机和政府停摆、美债危机的情况下，美国财政部也从未抛售黄金。但近年来，一些美国经济学家鼓吹"黄金非货币化"和"黄金无用论"，国内一些学者一味附和，认为"美国打压黄金"是纯粹的"阴谋论"，贬低黄金的货币属性，认为"即使增持黄金也无法根本改变现有的外储构成，意义不大"，其实是对黄金历史和现实缺乏基本常识，对金融战争的残酷性认识不足，缺乏底线思维。中国已经是世界第二大经济体，世界第一大外贸国，但黄金储备只占外储的1%左右，远低于美国的75%和欧洲的60%，占全球黄金官方储备的3%左右，远远落后于人民币国际化战略的需要，影响国际社会对人民币的信用信心。

第三节　树立总体金融安全观　应对金融"颜色革命"

防范"颜色革命"是维护社会主义政治安全和政权安全的关键，是保持社会主义江山不变色的根本前提。当今"颜色革命"策动手法不断更新，借金融之手将"颜色革命"引向中国社会的各个领域。因此，应对金融"颜色革命"带来的挑战是中国保障金融安全的重要任务，亟须树立总体金融安全观，要"被动"与"主动"结合，"防范"与"进攻"并举。具体而言，应对金融"颜色革命"需要从以下六个方面着力。

一　以维护政治安全高度防范金融"颜色革命"

一是要提高政治敏锐性和政治鉴别力，充分认识在中国金融领域推行隐性"颜色革命"是对中国实施"和平演变"的又一种新手法，是关乎国家政治、经济、安全的战略问题。金融"颜色革命"不是一个纯粹的技术问题，避免单纯地从金融技术角度处理相关问题，要将金融领域防范"颜色革命"上升到政治安全的高度。二是要树立全局一盘棋的思想，协调各部门，有效应对金融"颜色革命"的挑战。

二　以积极有为的金融措施获得战略主动

对美国在金融领域"颜色革命"实行积极防御的同时，也要积极作为。安分守己并不能自然实现国家金融安全，只有把握并利用国际规则，主动参与全球经济秩序重建和国际货币体系改革，才能将格局演化和规则更新导向更有利于中国的方向。以实施"一带一路"为抓手，用好经济金融手段，通过利益共享和利益共赢将周边经济体带上中国发展的快车和便车，真正打造命运共同体，提振中国的周边影响力。一是要制定"一带一路"中国版金融周边经略。根据"睦邻、安邻、富邻"外交政策的导向，建立中国版金融周边经略，通过利益共享、机会共享来促进中国经济实力转化为政治影响力，谋求与周边的共赢发展。二是逐步建立国际金融中心，争取国际话语权。中国需要在国际金融政策、国际商品定价中有更多话语权，需要逐步建立国际金融中心和国际化市场，使得国际参与者活跃地参与进来，创新资本市场机制，吸引"一带一路"沿线国家企业到中国上市，同时也推动中国的金融机构进一步积极参与到国际市场中。

三　以有效制度规范金融非政府组织行为

一是加强甄别。认清索罗斯基金会、美国国家民主基金会、和平基金会等一些所谓"基金会"打着合作交流、资助科学研究、独立媒体等幌子进行思想渗透的实质，严格限制落地。二是划定活动禁区。对金融非政府组织在中国的活动设立负面清单，严禁窃取金融核心数据、煽动民意、支持街头革命等各类危害国家安全的行为。三是监督资金流动。强化境外非政府组织监管，掌握异常资金流动，切断资金非法流动。

四　以金融底线思维夯实防范"颜色革命"的防护堤

雄厚的外汇储备和稳步的经济增长有利于为中国经济进一步崛起和成为金融强国打下坚实的战略基础，要以底线和危机思维应对美国对我国实施金融"颜色革命"。一是加强外汇储备利用的顶层设计。设立专业化机构，制定国家外汇多元化运用战略，对外汇储备的用途进行筹划、管理，实施不同的投资策略，配备不同的团队，设立不同的激励机制和考核目标。二是要大力建设以银行为主体的现代化金融体系，用足够的信贷增长牢牢守住经济增长底线，防止经济过快下滑引发的社会不稳定。三是要将增持黄金作为国家金融战略的重要组成部分。中国政府在对待黄金储备的问题上，需要从长远考虑，要有战略储备的意识和规划。

五　以理性思维遏制金融"民粹主义"的蔓延

要树立理性思维，倡导正确财富观，即利益只要是合法获得，都是国家社会进步的强力支撑，社会福祉的强力支撑，是国家发展的基础。一是要在社会上树立正确的价值观、财富观，在照顾广大人民福利的同时，承认劳动创造价值的差别性，保护和鼓励财富的合法积累，尊重财产的私有权。二是明确实体经济是整个经济的基础，是社会财富积累的根本。金融机构要加大支持实体经济的力度，支持企业的发展壮大，提升核心竞争力。三是坚持奉行人力资本优先的战略，采取合理而全面的人才激励机制，吸纳各种人才。四是加强政策搭配，慎重开征

遗产税，择机征收脱籍税，避免人民币自由兑换导致中国富裕阶层资本大幅外流。

六　以"金融反腐"增强防范"颜色革命"的免疫力

俄罗斯为防范"颜色革命"，对官员的海外资产进行严格限制，通过立法禁止各级公务员、军人及其配偶和未成年子女拥有海外账户，禁止其在国外拥有或购置不动产，禁止其购买或持有外国公司的有价证券。此举在俄应对美国在乌克兰问题上"冻结海外账户"的威胁时发挥了重要作用，防止"笔杆子""钱袋子""枪杆子"和"刀把子"等关键人员在关键时刻背叛队伍，要充分借鉴俄罗斯在海外反腐方面的成功经验，加强金融海外反腐的配套措施，在官员海外账户、亲属海外经商等方面严肃纪律，方有底气站稳立场，坚决维护国家利益。充分利用大数据、云计算等先进的技术，在金融系统内建立有针对性的资金流动预警系统，特别是监测资金跨境流动，加强反腐国际合作，以准确的金融资金信息推进海外"猎狐行动"和"天网行动"。

第六章 金融与公共安全

——金融反恐

　　"9·11"之后，美国打响了包括金融在内的全面反恐战争，并努力寻求中国的支持。有人会说，美国的全球反恐战争为中国的全面崛起提供了 10 年的战略机遇期。但十几年过去了，恐怖主义向我国迫近了，中国开始主动要求加强国际反恐合作。"去极端化"和"网络反恐"无疑是中国加强国际反恐合作的切入点，但切断恐怖主义的生命线——资金，更是遏制恐怖主义迅速蔓延的有效途径，金融反恐已经成为国家安全保卫战的新战场。

　　受国际泛伊斯兰主义和泛突厥主义影响，中国疆区特别是南疆地区宗教极端思想蔓延，民族分裂分子不断在疆区和内地制造暴恐事件，气焰嚣张。同时，美国在伊拉克、阿富汗发动了两场反恐战争，在击毙本·拉登后，将国际反恐转为强调本土反恐。美国策动"阿拉伯之春"纵容国际恐怖势力发展壮大，伴随着中国崛起和中国"走出去"战略的实施，其有意将国际恐怖主义"祸水东引"，中亚—南亚—中东联通形成了中国西部的"国际恐怖主义弧形带"，中国海外利益和人员成为恐怖袭击目标的现象愈发突出，新疆和内地面临恐情空前严峻。形势如此严峻，金融反恐却在中国国家金融安全战略中处于缺位状态。因此，中国迫切需要树立金融反恐大旗，在国内、国

际两个战场打赢反恐怖主义战役，在当前高压反恐下，避免陷入"越反越恐"怪圈，治标的同时实现治本。

第一节　恐怖主义与金融的关系

恐怖主义活动最早可以追溯到古希腊和古罗马时期，在二战以后，特别是冷战以后，由于南北贫富差距、民族矛盾、宗教歧视、意识形态真空、环境保护、财富分配等原有各种矛盾激化，恐怖主义活动作为这些矛盾冲突的极端形式，也愈演愈烈，日益成为威胁人类社会的毒瘤。在全球一体化的今天，恐怖主义国际化趋势日趋严重。

恐怖主义虽然源于政治目的或意识形态，但其庞大的组织体系，离不开庞大的经济支持。恐怖组织维系其遍布全世界的犯罪网络，离不开资金这一物质基础，资金就是恐怖主义的生命线。据统计，全世界每年洗钱的金额为 5000 亿美元到 10000 亿美元。恐怖组织一直是世界洗钱的主角，主要通过国际金融系统，将犯罪不法收益掩饰、藏匿并转为合法收益，再将合法资金转移到异地或异国用于恐怖活动。资金更是贯穿恐怖主义发展的各个环节，不管是宗教极端思想的传播、网络恐怖主义的蔓延、人员的招募培训、人员的运送和潜伏、暴恐装置的购置、暴恐活动的组织实施都离不开资金流。要想真正有效消除恐怖主义，就要充分利用金融系统这张网络，消除其经济基础是很重要的方面，只有断绝了其经济来源，使其丧失存在和继续行动的基础，方能达到根治的目的。

一 "基地"组织是国际恐怖组织的"旧富"——多元化资金来源

"基地"组织是迄今为止国际恐怖组织历史上最有影响力的组织,成立于1988年,由本·拉登创建,在美军击毙本·拉登后,扎瓦赫里成为一号领袖。"基地"组织在阿拉伯有10多处训练基地,对从各国来到阿富汗的成员进行恐怖活动训练。该组织主要在中亚、中东地区活动。活跃在巴基斯坦、阿富汗边界地区的"基地"组织核心成员有4000~5000人,并将"东伊运"纳入其麾下。同时"基地"在许多地区都有其分支机构,包括黎巴嫩南部、埃及、利比亚、尼日利亚、也门、叙利亚、泰国、印尼、菲律宾、埃塞俄比亚和俄罗斯北高加索地区,甚至将触角伸到中国新疆地区。其资金来源一是投资经营实业。本·拉登早在1991年就在苏丹开办一家名为"瓦迪·阿克基"的皮包公司,为其恐怖活动筹集资金,该公司经营投资公司、贸易公司和进出口生意,另外还经营桥梁、道路建设、房产建筑、糖和棕榈油生意。"基地"组织被摧毁前经营所得年收入超过1000万美元。二是海湾国家富商和基金会。在阿拉伯世界和西方穆斯林地区的伊斯兰慈善机构约有6000个(大部分有合法组织),其不仅资助伊斯兰社会、文化和教育项目,还直接或间接支持恐怖行动。特别是以沙特为代表的富商和基金会,为传播瓦哈比宗教极端思想,向"基地"组织汇入大量的资金。三是通过毒品、军火等犯罪活动筹集资金。"基地"组织从20世纪90年代开始,通过走私坦桑尼亚、塞拉利昂矿石,运到迪拜或香港,从中牟利。"基地"组织还将阿富汗打造成世界上最大的毒品生产国和贸易中心,每年和塔利班从毒品贸

易中获利约 20 亿美元。正是以上的资金收入来源，使得"基地"组织成为世界上最有号召力的恐怖组织，其追随者遍布世界各地，通过资金遥控支持在世界各地开展的恐怖袭击，"9·11"事件更使其达到巅峰。四是操纵金融市场或投资行为获取利润。恐怖组织也利用雄厚的资本实力进行投资，操纵金融市场，赚取利润。在美国"9·11"事件后，十几个国家证监当局官员召开电话会议，就美国发生恐怖袭击事件前后的股市运行情况交换信息，结果发现，恐怖组织预计世界各地股市会在美国发生恐怖袭击事件后暴跌，而采取大量买卖股票的手段牟利，主要涉嫌进行"卖空"法国安盛保险公司、德国慕尼黑再保险公司和瑞士再保险有限公司这三家公司的股票，获取了巨额利润。

二　ISIS 成为国际恐怖组织"新贵"——20 亿美元的助力

2014 年 6 月的一段视频让名为"伊拉克和黎凡特伊斯兰国"（ISIS）名震世界。这是一个以 800 人打残伊拉克政府军 3 万人并在几个月内攻下伊拉克数座城池的武装组织，其屡屡被曝虐杀俘虏、"热衷"斩首的恶迹。如今该组织更名为 IS（伊斯兰国）。目前，这个"国家"控制的地区跨越伊拉克和叙利亚，在伊叙边境两侧占据近 20 万平方公里土地。这是一个由"基地"组织延伸而来最后却与其分道扬镳的恐怖组织，乱局中，IS 武装从无到有，发展极其迅速，它从"基地"伊拉克分支中吸收了大量人员，采取了血腥行动。3 年前叙利亚内战的爆发，再度带给它浑水摸鱼的机会。2014 年 6 月底，它一跃成为与"基地"争抢"恐怖主导权"的极端力量，包括非洲、西亚、中亚和东南亚原先效忠于"基地"组织的分支机构纷纷倒戈，表示效忠 IS。同时，IS 人员也开始向欧洲、美国、澳大利亚等西方国家"回流"，引发了西方社会对再次遭受大规模恐怖袭击的担忧。2014年8月，一直想置身事外的奥巴马政府不得不宣布"重返伊拉克"，开始对IS进行空中军事打击，12月，美地面部队首次与IS交火。该组织的快速崛起与其强大的资金获取和管控实力密不可分。

（一）资金是其发展壮大的基础

为何IS具有如此强的"号召力"，20亿美元资金无疑是首要因素。

资金来源之一主要是油田。根据美国西点军校反恐部门的资料，目前，这个极端组织以20亿美元的资产成为全球最富有的恐怖组织。据报道，早期在叙利亚的时候，IS的资金来源主要依靠油田收入及一些中东国家富翁的资助。后来，IS在伊拉克攻城略地，开始拥有了更牢固的财政基础。现在，IS已经控制了伊拉克最重要的炼油厂，并控制叙利亚富油区代尔祖尔省70%的面积，对于无法控制的炼油厂，它们与当地部落达成协议控制石油出口。在拜伊吉炼油厂的血腥争夺战中，它们安排停火让工人能安全撤离，以便战斗结束后工人还能回来工作。勒索和抢劫控制区的住户和企业是IS另一个资金来源渠道。仅在摩苏尔，该组织每月曾征收800万美元的"革命税"，逃亡的什叶派遗留下来的企业和资产也会被他们征收和变卖。最重大的一次活动是抢劫摩苏尔的国有银行，捞到了4亿美元和大量黄金。第三个资金来源是收取组织"会费"。该组织要求每位穆斯林将2.5%的收入捐赠给福利事业，其实这些捐赠的大部分被用于"圣战"支出。

（二）先进细致的资金管理方式是组织发展的助力

IS的资产管理也十分细致，这个恐怖组织记录自己的所有活动，甚至像跨国公司那样公布年度财务报告，其内部报告详

细记录每次袭击活动的内容及其参与者信息，以方便上层了解每位参与者的家庭状况，以便在他们死亡或者被捕时支付赔偿金。据报道，为 IS 效力的武装人员并非无偿奉献，他们每个人都有"工资"。中国官方也确认，在伊拉克、叙利亚战场已经出现了维吾尔族"圣战者"的身影，甚至出现了维吾尔族"圣战团体"，而资金的支持则是吸引维吾尔族"圣战者"的关键。

三 恐怖组织资金的转移途径

恐怖组织为集中恐怖犯罪活动资金，或者为组织实施恐怖活动，不仅需要资金来源，也需要资金的转移，恐怖主义的资金网络遍布全世界。其转移资金的途径有以下几种。

一是通过银行等金融机构转移资金。全球金融网络的一体化，使资金转移迅捷、简便、灵活，而各国法律制度、金融体制的差异以及一些国家无形划拨资金和转让证券的不透明性，使得股票交易所、货币兑换所、保险公司、电汇系统等都可能被用作洗钱的渠道。利用金融机构进行跨国洗钱、转移资金成为恐怖组织的首选。

二是利用贸易转移恐怖资金。以贸易为幌子，进行大笔资金的转移。例如本·拉登的"AI Taqua"和"AI Barakaat"两家跨国公司。

三是利用慈善机构跨国转移资金。将经济活动与做善事的宗教活动结合在一起，暗中为从事恐怖活动筹资、转账、资助等行为提供保护。这种方式有较大的隐蔽性和欺骗性。例如穆斯林兄弟会就有这样一套完整的网络。

四是经地下金融系统转移资金。有些组织有一套完整、独立的金融转账基础设施。组织严密、秘密，转账程序简易、无痕。例如哈瓦拉（Hawala），伊斯兰世界特有的一种非正式银行网络体系，发款人只需把款交给该组织，就可以凭一个数字密码、一封信和几个数字，在世界各国的"Hawala"系统那里接收到该笔资金，交易记录只保留到交易完成，然后马上销毁。对此，司法当局没有任何线索可循。曾在纽约花旗银行担任执行副行长的肖特·阿齐兹说："在巴基斯坦，每年通过'Hawala'系统流动的资金为20亿到50亿美元，比通过巴基斯坦银行系统向国外汇款的金额还多"。本·拉登和其他伊斯兰极端组织经常使用"Hawala"系统来运作资金。

五是通过直接走私转移资金。直接走私是一种传统但非常有效且常用的洗钱手法。尤其是在当前严格反恐反洗钱的管制下，慈善机构和银行账户都在被不断地严格筛查。"基地"组织和塔利班的财政官员不得不采用直接走私的方式，悄悄将大批黄金运出巴基斯坦，经阿联酋或伊朗运入苏丹境内。

第二节 金融反恐成为国家安全保卫战的新战场

"金钱是恐怖主义的驱动力，没有它，恐怖主义就无法运转"[1]。与历史上传统的恐怖分子不同，现代恐怖分子往往不只靠热情而生活，他们需要大量的金钱。主要的行动准备需要钱，后勤需要钱，武器需要钱，情报需要钱，其活动成员（特别是准军事成员）的支出也需要大量金钱。目前，"基地"组织和IS在国际上对追随者、势力范围和意识形态、网络招募等方面

---

[1] Christopher Dobson and Ronald Payne, "The Terrorists"（New York：Facts on File, Inc. , 1982）, p. 102.

开展了激烈的竞争，并逐渐将触角伸到中国，名为抢占伊斯兰极端世界的主导权，实为抢夺资金的主导权。金钱对恐怖主义的作用是极其重要的，截断恐怖主义的经济来源也就减少了恐怖主义活动的能力。

所谓国际金融反恐，是指通过各国金融系统和机构的运作，切断恐怖组织、恐怖分子的经济命脉，使恐怖组织恐怖分子无法生存或发展，使恐怖活动无法实施。恐怖主义融资是恐怖分子全球网络的"主动脉"，资金链是恐怖活动的"生命线"，金融反恐则是切断恐怖毒瘤的手术刀，金融反恐已成为国家安全保卫战的新战场。

在"9·11"事件发生后，美国将反恐作为国家安全的头等大事，从军事、情报、执法、外交和金融五条战线打响了反恐的全面战争，其中打击恐怖主义融资活动是重要战场，主要采取了以下措施。

一是强化金融反恐立法。"9·11"后不久，2001年10月26日，美国即通过《爱国者法案》，其主旨是"赋予总统和政府一切有效手段，打击恐怖主义"，扩大了和加强了财政部、司法部、联邦调查局和中央情报局等政府机关对国内外金融活动的监督、检查和控制的权力，详细规定了金融机构的客户识别、业务禁止、情报收集和报告等义务，以此加强涉恐资金流向的识别和监控，并使美国调查部门的触角从美国国内伸向别的国家，实际大大扩张了美国司法的管辖范围和溯及力。

《爱国者法》第三章将反洗钱和反恐融资放于一处，法案扩大了没收权限，也包括恐怖融资行为；对涉嫌财产不申报并不能提供合法来源及用途说明就是涉嫌犯罪；只要是通过虚假的身份在金融系统中转移的资金收益一律予以没收；涉及"混合资金"全额没收。

《爱国者法》最具国际影响的莫过于"传票"条款和"冻结没收外国银行资金"条款。"传票"条款是指美国财政部长和联邦总检察长可向任何一家在美国开设代理账户的外国银行发出传票，以获得与该账户有关的记录，包括在国外留存的记录以及外国银行资金存入的有关记录。传票可直接发送给该外国银行在美国的代理人，也可以通过双边或多边国际司法协议进行送达。如果该外国银行拒绝提供合作，则法律允许联邦机构指令美国的金融机构终止与该外国银行的任何合作关系。

"冻结没收外国银行资金"条款是指如果涉嫌资助恐怖行为的资金存放在某一境外的外国银行账户中，并且该外国银行在美国境内的金融机构中设有联行账户，该资金可以被视为存放在后一个账户当中，因而，美国主管机关可以直接针对该账户采取冻结、扣押和没收措施。在此情况下，美国政府不必证明外国银行在美国境内账户中的资金与作为没收对象的、存放在外国银行中的资金具有直接关联，或者说，不要求在上述两项存款间存在着不间断的资金转移链条。

二是重构机构提升金融反恐能力。以国家安全委员会为核心，以国务院、财政部相关机构作为协调部门，以具备丰富执法经验的中央情报局、国土安全部、司法部、财政部来保障打击恐怖主义融资的执法调查，涉及的部门包括证券交易委员会、商品期货交易委员会、税务总署、联邦储备局、国民信贷协会行政部、储备监管处、国际事务总署等部门。重组后的机构，招募大量金融反恐领域的专业人才，实行专业培训，实行情报共享，互相协作，启动对恐怖主义融资的高效打击。机构设置的完成，为美国在国际合作层面、联邦层面、地方层面，以及

行政、立法和司法部门横向层面联合打击恐怖主义融资提供了实质性的保障。

在应对恐怖主义融资的过程中，国土安全部下属的海关和边境保护局主要对进出美国边境的大额现金进行检查；移民和海关执法局（ICE）主要参与涉及跨境活动、贸易、货币或商品流动的恐怖主义融资案件的调查；美国特工处因其设立初衷是用于应对金融犯罪，且积累了不少成功经验，故现今参与对恐怖主义融资案的调查。

司法部内部、联邦调查局（FBI）以及其他部门也具备对恐怖融资案件的刑事调查权。如下属的酒、烟、火器和爆炸物局（ATF）主要调查涉及酒、烟、火器和爆炸物的恐怖主义融资案件，曾参与调查美国真主党（黎巴嫩激进什叶派恐怖组织）通过走私香烟来资助恐怖活动案。反毒执法局（DEA）则参与涉及毒品和其他非法药品的恐怖主义融资案件的调查。

财政部下辖的金融犯罪执法署（FINCEN）是美国的金融情报机构（FIU），主要利用分析工具和信息共享机制协助执法调查，以防止和侦破洗钱、恐怖主义融资及其他金融犯罪活动。财政部国内收入署犯罪调查办公室则从税收管理和执法转向重点调查慈善机构资助恐怖主义案件。

三是制定金融反恐国际标准。强化国际"金融特别行动小组"（FATF）的权力，加强对各国金融制度审查的力度。2001年推出反恐融资9项特别建议，包括将恐怖资金的转移规定为犯罪行为、冻结和没收恐怖分子的资产等，这些措施得到联合国安理会、国际货币基金组织和世界银行的认可，形成金融反恐国际标准，扩大了美国在全球范围内的监管和控制权。

为有效应对世界经济、政治以及军事等方面复杂变化所带来的新的洗钱、恐怖融资以及大规模杀伤性武器扩散融资风险，FATF 近年又对其标准进行了较大的修改完善，于 2012 年 2 月发布了名为《打击洗钱、恐怖融资、扩散融资国际标准》的"40 项建议"，除了将原先的反恐融资 9 项特别建议融入反洗钱40 项建议中，在一些实质内容上也有较大调整，例如明确了反洗钱/反恐融资的基本原则和方法，新增了防止扩散融资要求等。新标准通过"建议 7：与扩散融资相关的定向金融制裁"，在 FATF 建议中首次正式引入了防止"大规模杀伤性武器扩散融资"的内容，要求根据《联合国宪章》第七章有关规定对指定个人或实体实施定向金融制裁。该项建议在新标准中具有较高的独立性，强调了金融机构的反洗钱/反恐融资机制在应对扩散融资中的金融制裁作用，尤其是对特定对象的资金冻结作用，使金融机构的工作任务更加明晰。

四是健全各种交易报告制度。美国财政部金融犯罪执法署（FINCEN）负责监督执行有关反洗钱政策，并承担全美洗钱信息的收集、整理、分析、传递工作。要求金融机构和其他报告义务主体提交可疑交易报告和现金交易报告，并保存交易记录。主体不仅包括金融机构，如银行、保险公司、证券公司、期货公司，也包括非金融机构，如赌场、珠宝商、旅行社。规定从事汇款和签收旅行支票等"货币服务业"的非银行部门，也必须遵守《银行保密法》，向政府报告"可疑的交易活动"。

第三节　金融反恐在中国国家金融安全战略中的缺位

2013 年以来，中国反恐形势日趋严峻，恐怖袭击不仅在疆区呈频发高发态势，而且逐渐向内地蔓延。"10·28"金水桥

事件、"3·01"昆明火车站事件、"4·30"乌鲁木齐火车站事件、"5·22"乌鲁木齐早市暴恐案件等引起了党中央的高度重视。中央迅速召开了第二次新疆工作座谈会，为新疆稳定工作确定了基调。中央决定开展为期一年的"严打"暴力恐怖专项行动，迅速稳定了局面。但在高压严打下，恐怖活动并未灭绝，可能还会存在反弹，"7·28"新疆莎车严重暴恐袭击案、"9·21"新疆轮台暴恐袭击案再次显示新疆重点地区反恐维稳形势仍十分严峻。反恐斗争的尖锐性、复杂性和长期性不容忽视。我们要清醒地认识到，金融反恐在中国国家金融安全战略中还处于缺位状态，未来对恐怖主义实行根本打击还需进一步从金融反恐着手，切断恐怖主义的金融血脉。

值得注意的是，当前中国疆区暴恐团伙不仅有零星化、家族化、个体化的初级阶段特点，也有规模化、系统化、组织化的较高级阶段特点。另外，"基地"等国际恐怖组织对"东伊运"等"东突"暴恐组织加强了资金和人员的支持，"东突"组织纠集成员，组成小组潜入伊拉克、叙利亚参与"圣战"，主动融入国际"圣战"网络，在"实战"后又潜回新疆策划暴力恐怖活动，"东突"暴恐组织的国际化趋势进一步加强。国际恐怖的"旧富"和"新贵"都掺杂了中国因素。如此背景下，中国的金融反恐面临诸多挑战。

一　当前金融系统难以监控瓦哈比宗教极端思想资金的流入

瓦哈比宗教极端思想蔓延，沙特等海湾国家的资金支持扮演重要角色。事实证明，近年来正是瓦哈比宗教极端思想在新疆的迅速传播，导致疆区宗教极端氛围浓厚，维吾尔族"阿拉伯化"趋势明显，为暴恐思想的滋生培育了土壤。一是沙特等国家背景的宗教组织、基金会为服务于输出瓦哈比宗教极端思想的国家战略，通过伊斯兰银行系统提供奖学金、修建清真寺资金及赠送宗教书籍等方式，除推动正常宗教交流外，瓦哈比宗教极端思想也夹杂其中，在疆区加速传播。一些疆区的清真寺不仅没有成为正常宗教活动的场所，反而成为宗教极端思想传播的载体，甚至成为支持暴恐、煽动暴恐的窝点。二是阿拉伯富商的个人捐款。中东地区的一些慈善家至今仍将资金通过伊斯兰哈瓦拉（伊斯兰世界特有的地下钱庄）捐给包括"基地"组织在内的极端组织。据悉，每年通过哈瓦拉系统流动的资金达20亿~50亿美元。另外，一些受宗教极端思想蛊惑的疆区民众通过地下金融机构将钱汇往设在土耳其、巴基斯坦等地的极端组织，支持在伊拉克、叙利亚和巴基斯坦等地参加"圣战"的"同胞"，资金数量难以统计。

二　当前金融系统未能及时预警"伊吉拉特"团伙

"伊吉拉特"又称"迁徙圣战组织"，是一群职业暴力恐怖分子。该组织内的恐怖分子宣称为了真主而背井离乡，抛弃所有财产，迁徙集中到一个地方发动暴力活动，进行"圣战"。目前已发展成为新疆恐怖暴力活动的主要制造者，也是疆区暴恐效应外溢内地甚至国际的主要原因。昆明"3·01"暴恐事件、中国吉尔吉斯斯坦越境案件、越南边界偷渡冲突案件、泰国扣留数百名维吾尔族偷渡人员等均涉及"伊吉拉特"团伙，他们均变卖房产、土地等所有财产，出境"圣战"，或出境不成就地"圣战"。"东伊运"等组织在土耳其、美国的支持下，为"伊吉拉特"团伙建立了偷渡通道，使得携带财产出境"圣

战"的家庭能顺利抵达土耳其并进入叙利亚等地"圣战"。情况显示,不少中国新疆籍"伊吉拉特"团伙已活跃在伊拉克、叙利亚的战场上。这批经过国际"圣战"洗礼的中国新疆籍"圣战士"进一步融入国际恐怖组织网络。通过云南、广西边界出境的"伊吉拉特"团伙数量十分可观,不断有报道称,泰国、马来西亚等国抓获数百名维吾尔族人员,这些人员身上都携带变卖房产家产获得的现金。实际上,国际"金融特别行动小组"早就关注到买卖房地产等环节并做出过具体规定,要求房地产中介机构履行报告义务。但包括我国金融系统在内的机构未能对变卖房产等行为引起重视,未明确规定报告义务,未能及时预警"伊吉拉特"团伙的行踪。

三 我国金融系统对金融反恐观念不能与时俱进

近年来,中国"东突"组织暴恐活动发展出现了一些新特点,金融反恐理念和措施无法适应新的发展态势:一是暴恐活动"自发化"。部分暴恐活动呈现随机性、突发性特点,通过冷兵器或购买民用设备制爆,多通过现金渠道,较难通过金融系统掌握。二是暴恐活动"网络化"。"基地"组织、IS以及"东伊运"等国际恐怖组织通过网络宣扬极端思想、招募人员、发展人员,一些极端分子出现"高知化"趋势,借网络购买制爆设备和原料,借网络筹集资金、借网络煽动策划袭击,单靠金融系统难于发现线索。三是暴恐分子"集团化"。"东突"组织与刑事犯罪集团勾结,不仅通过"金新月"毒源地贩毒获取巨额利润,还通过走私偷渡,抢劫银行、商店等获利,招募人员参加"圣战"。四是暴恐活动"隐蔽化"。一些暴恐分子通过黄金等贵金属转移恐怖资金,但金融反恐的工作往往仅局限于银行系统。

四 我国金融系统发现暴恐组织线索能力不足

2004 年，中国设立了在反洗钱反恐怖融资领域收集和分析金融情报的专门机构——中国反洗钱监测分析中心，收集、整理大额和可疑报告，经甄别和筛选后上报给央行反洗钱局。但由于该中心在法律和实践上存在三大问题：一是中心法律地位不明，职责没有明确规定；二是没有独立的披露信息的权力，金融情报中心的职责受到一定制约；三是其接收的只是金融机构报告的信息。同时业务量剧增，但人员编制有限，工作人员反恐专业能力不足，影响了金融反恐线索的主动发现能力，移交公安机关和破获的反恐案件有限。

五 我国金融系统无法与国际接轨实时监控制裁

联合国的有关决议和金融制裁名单在我国能够通过外交部门、反洗钱行政主管部门以及金融监管部门及时向金融机构转发，但相关名单在金融机构内部不能有效传达和使用。很多机构尚未建立反洗钱/反恐融资电子监控名单库系统，对于以纸质或 PDF 文件等传统形式保存的名单也不能及时转发至各内设部门和分支机构，无法供业务人员比对使用。中国人民银行天津分行于 2012 年 6 月开展的一项调查显示，在津全部 40 家中资银行中有 15 家未建立或上线运行监控名单库系统，25 家运行了监控名单库系统的银行中，有 16 家的系统不能对全部客户业务进行实时监控，14 家不能根据新获得的监控名单对存量客户进行回溯性调查，仅有 5 家的监控名单库系统可同时满足实时监控和回溯性调查两项要求。再以外交部 2012 年前 5 个月转发的 6 个联合国安理会有关制裁决议文件为例，天津市所有 30 家

非总部银行机构中，只有 5 家收到了总部转发的全部 6 个文件，有 11 家全部文件均未收到（其中 7 家且未运行电子监控名单库系统）。①

第四节　亟须将金融反恐作为国家反恐战略的重要部分

反恐不仅是全球命题，也是未来一段时期的中国难题，解决这个难题，需要有全球视角和综合手段。美国主导的全球金融反恐是基于美国国家利益的，我国采取的金融反恐措施不仅要结合国际潮流，也要符合中国国情，"以我为主"，发挥金融手段在反恐战场上的作用，是维护国家利益、保障国家安全的重中之重。中华民族伟大复兴的中国梦是民族团结、社会稳定、和谐发展的复兴梦，用金融手段杜绝分裂和暴力的噩梦，我们才能更有底气地去圆梦。因此，打赢反恐的持久战，需要从战略思想上树立金融反恐大旗，高度重视金融反恐的重要性，此外，还要多管齐下，强化金融反恐的制度设计。

一　需要完善金融反恐立法

一是在刑法上明确"恐怖活动"的界定，利用反恐立法的契机，明确恐怖融资的下游犯罪，提高打击效率。二是建立金融反恐绿色通道，简化冻结涉恐财产的手续，赋予涉恐执法部门更大的权力，第一时间斩断恐怖资金。三是将房地

---

①　数据参考贾科《FATF 标准的新变化及我国金融反洗钱/反恐融资应对策略分析》。

产代理人、贵金属商、公证人、律师、旅行社非金融机构等纳入监管范畴，明确报告义务。四是建立风险引导机制，引导金融机构有的放矢，对高风险领域、客户加强监控。五是划定活动禁区。对瓦哈比宗教极端思想背景的基金会在疆区的活动设立负面清单，严禁传播宗教极端思想、危害国家安全的行为。

二 需要开发全方位金融大数据反恐系统

金融反恐不仅要面对有组织的暴恐势力，还要面对众多潜在个体袭击者。在大数据、云计算时代，个人和组织的行为可以有更为细致深刻的分析研判，可建立"全息"计划，从中央国家安全委员会的角度进行顶层设计，从"人流、物流、金流"三流进行全方位数据分析和监控，通过金融系统大数据分析，汇总身份证明、生物特征、危险品跟踪、消费习惯、资金来往等数据，通过交叉比对，提高主动发现自发性暴恐分子的能力。

三 需要强化部门间金融反恐协作

明确金融反恐行政责任。要将金融反恐作为国家反恐战略的重要组成部分，形成中央和地方、国内和国外、政府机构和金融机构一盘棋的局面，建议在中央国家安全委员会的平台上，协调金融、外交、公安、国家安全、外汇管理、反洗钱的专家，定期进行重大情报会商，分析研判金融涉恐的线索，共同研究措施。对于金融反恐缺位的问题，要进一步强化金融反恐行政责任，明确为渎职的，要严肃追究其行政责任，过失行为导致严重后果的，可追究刑事责任。

四　需要持续加强金融反恐系统建设

应持续推动对《中国人民银行关于明确可疑交易报告制度有关执行问题的通知》和《中国人民银行执行外交部关于执行安理会有关决议通知的通知》等文件的执行，尤其是按照以风险为本的原则，首先重点督促大型银行、保险等金融机构及时传达并有效利用定向制裁名单，加强监控名单库系统建设。

五　需要加强金融反恐国际合作

在当今全球经济一体化的背景下，金融反恐注定要国际化。一是加强与沙特等伊斯兰国家的金融反恐合作，阻断资助恐怖活动的资金流入，规范传播宗教的行为。二是加强与美国、俄罗斯、欧洲等大国的金融反恐合作，互通反恐情报，共同分析、调查、甄别可疑资金，提高我国金融反恐机构人员专业化水平。三是加强与周边国家的金融反恐合作，重点打击恐怖组织与犯罪集团勾结从事"以毒养恐""以黑养恐"的行为。

六　需要通过金融扶持提高周边国家反恐能力

我国周边中亚、南亚、东南亚和俄罗斯等均为恐怖高危地区，且恐情呈互联互通局面。特别是中亚、南亚个别国家经济落后、强力部门执法能力差，不仅让本地恐怖组织借机做大，而且成为"东伊运"等涉我恐怖组织休养生息的场所。建议在加强与当地反恐执法部门国际合作和援助的同时，重点支持提升当地强力部门能力建设等合作，通过优惠贷款或无息贷款等金融输送方式，或者建立"上合组织反恐基金"等模式，将反恐合作长期化，提升打击恐怖组织的能力。

第七章　金融与国防安全

——国防建设新驱动

军费又称国防经费，是国家用于国防军事方面的经费，包括用于国防建设和战争的经费。中国的军费长期依赖中央财政，进入新世纪后，随着国防现代化的提速，国家对国防的投入大幅增加，从 2000 年的 1207 亿元升至 2014 年的 8082.3 亿元，增长近 7 倍，军费绝对数增长可观。

但同时，中国周边安全环境日益复杂，大国地缘战略竞争日趋激烈，恐怖主义、分裂主义、极端主义活动日趋猖獗。维护国家统一、领土主权、海洋权益和发展利益的任务更加艰巨。随着中国"走出去"步伐加速，如何保护好许多"孤悬海外"的投资项目，如何承担更多的国际责任，国防的范畴变得更加宽泛，国防经费的需求更加迫切。

国防作为特殊公共产品，国家财政是保障国防建设的主体。当前，中国经济已进入高速增长转为中高速增长的"新常态"，国防投入刚性需求和财政收支矛盾正在日益加剧。特别在依法治国的原则下，在《预算法》的规制下，"任性"增加国防财政开支或政府发债将受到更多制约。因此，光靠国家财政投入，难以支撑国防和军队建设实现超常规发展。如何发挥金融的作用，让金融有序、合理、合法地进入国防建设领域，发挥金融杠杆放大效应，撬动和运作更多的社会资金，服务国防建设，

使之成为服务国内国防建设、推进国防力量"走出去"的新驱动，将是军队、金融领域的重大课题。

第一节　中国国防建设亟须新的"加速器"

"国富才能强兵"是不变的真理。新中国成立后，中国经济实力不断增强，国防财政投入的绝对数不断增长，但占国家财政和 GDP 的比重却一直处于较低水平。近年来，国防预算成为国内外关注的焦点，西方不断将中国军费的增长作为中国威胁论的有力证据。2015 年，中国国防支出将增加 10.1%，升至8868.98 亿元人民币，但增幅却是自 2010 年以来的最低水平。中国军费到底去哪儿去了？中国军费存在哪些问题呢？中国军费的增长能否跟上形势发展的需要？

一　中国军费用途呈现"多元化"

一是提高国防科技水平。要打赢现代化的战争，国防科技水平是决定性因素。在现代经济中，军事工业是国家战略性的行业，是国防现代化的重要工业和技术基础，也是国家自主创新和国家经济发展的重要推动力。适应推动国防和军队建设科学发展，加快转变战斗力生成模式的需要，必须适当增加高新武器装备及其配套设施的建设投入。二是提高军人待遇。在现代社会中，不仅要靠事业留人，也要靠待遇稳住人心。因此，不断改善我军 230 万官兵的待遇，决定了军费开支中有相当大的一部分都要用于部队官兵的生活费用和薪资补贴。特别是近年我军工资多次调整，各级官兵薪资补贴均有所增长，这也使得国防预算的增长幅度中有很大一部分将用于军队涨工资和改善部队生活条件。三是适应国家经济社会发展情况，缓解物价上涨影响，适当调整部队维持性费用。四是深入推进军队体制编制和政策制度调整改革，推动军民融合深度发展，加快军队管理体系现代化。五是推动反恐维稳、抢险救灾等非战争军事行动能力建设，提高部队应对多种安全威胁、完成多样化军事任务的能力。六是推动军队"走出去"步伐，承担更多的国际责任和义务，有效维护我国海外利益，参与国际维和、联合反恐、国际灾难救援、护航行动等，都需要更多的财力和物质保障。

二 中国军费开支和财政收支呈现"矛盾化"

（一）军费虽绝对数上升，但仍处于较低水平。2014年中国国防预算为8082.3亿元，2015年升至8868.98亿元，但这个数字仍然大大低于美国6000亿美元的军费开支。从宏观上看，2014年我国国防费用只占GDP的1.3%，与世界国防费用占GDP比重2%的平均水平相比，依然比较低。实际上，近15年来我国国防费用占GDP的比重一直在1.3%到1.5%之间，而世界主要大国的国防费用占GDP的比重基本上都是在2%到5%之间，美国基本上在4%左右，俄罗斯在4%到5%，其他主要大国都维持在2%以上。世界主要国家的军费开支占其财政支出的平均值是9.86%，而中国这一数字不到6%。因此，中国军费增长的压力依然十分大。

（二）军费"刚性"需求不断增长。"当前我国国家安全内涵和外延比历史上任何时候都要丰富，时空领域比历史上任何时候都要宽广，内外因素比历史上任何时候都要复杂"，中国国防投入不仅有国内维度的"刚性需求"，即提高国防科技水平、

改善军队待遇、推进军队管理体系现代化、打击恐怖主义，而且有国际维度的"刚性需求"，即承担起越来越多的国际责任和义务，服务"走出去"战略。我国经济面临结构性调整，经济社会各领域发展需求同步快速增长，保持国防建设与经济建设协调发展面临新的挑战。因此，国防投入"刚性"需求迅猛增长与财政收支难度加大的矛盾逐步凸显。

（三）军民融合现代化程度处于较低水平。在"军民融合"思想的指导下，中国国防工业体制机制改革取得了飞速的发展，但长期以来计划经济的思维惯性，政府财政的"大包大揽"仍制约着军民融合的广度和深度。军工企业参与市场竞争、关键和核心技术自主开放能力、军转民、民助军的程度都不能满足现代国防建设的发展、不能跟上大国崛起的速度。目前，很多军事基础设施、后勤保障、人才培养等领域，政府与企业投资意愿强烈，军费投入可以退出这些领域，有利于集中财力保障核心军事能力建设。同时，军事科研、武器装备制造、军事采购等领域的投入对国民经济拉动作用明显，优化军费结构和投资布局，可以一份投入获取多重效益。国防建设中"军"与"民"的"旋转门"亟须打通。

（四）《预算法》对军费的使用效率提出了更高的要求。《国防法》规定"国家对国防经费实行财政拨款制度"，确立了财政在国防建设中的主渠道作用。过去一段时间内，部分军费有使用目标不明、监控不力、效能不高的现象，但往往涉及"国家机密"，难以监督。2015年1月1日修改后实行的《预算法》，首次以法律形式明确了公共财政预算收支中的绩效管理要求，为中国预算体制由传统预算向绩效预算转型奠定了坚实的法理基础。运用到军费管理中，"绩"是军费使用和管理目标的实现程度，"效"则是指军费投入实际达到的效能和效果。这次将绩效理念贯穿于军费分配、使用、监督各个环节，规范预算编制执行，强化经费支出责任，必将有力推动财力有效地向战斗力转化，为实现强军目标提供制度保障。

三　财政在国防建设中要做到"有所为、有所不为"

（一）"有所为"，要发挥财政主渠道作用。国防经济的基本理论告诉我们，国防费用作为货币流通基本是一种单向流动。国家对国防活动所投放的货币，除国防企业的少数税收外，绝大多数是不能通过国防本身收回的。正是国防货币流通的这种单向特点，使得国防科技工业不同于一般的社会经济部门，每年都必须进行国家财政拨款，离开了国家财政拨款，国防科技工业的生产是不能维持下去的。对于一个国家而言，国防安全是第一位的，它关系到民族的生死存亡。而加强国防需要数量多和质量高的武器装备，这就需要大量的国防投入。

（二）"有所不为"，要发挥市场作用。尽管军事工业似乎是最有理由通过计划手段来实现供求均衡的产业，但是，为尽可能降低军品研制和生产的成本，提高军事工业的运行效率，世界各国从来就没有放弃过借助市场手段发展军事工业，总是在不断探索以各种方式刺激军品市场，力求动员全社会的力量参与军品的技术创新和生产，以求充分发挥市场机制在资源配置中的基础性作用和在军工产业发展中的巨大推动作用，使有限的国防预算效益最大化，同时通过政府导向弥补市场的不足，积极引导建立军工产业发展的金融支持体系。除保留极少领域不能商业化外，让更多的领域引入社会资本参与，让金融发挥更多的作用。

第二节　金融可以成为中国国防建设"新引擎"

让我们看一段历史就能了解金融对国防建设的巨大推动作用：1941 年，日本袭击珍珠港，美国剩下了 3 艘航空母舰，1943 年后，美国则拥有了 50 艘航空母舰，原因是美国的资本市场驱动了美国重工业投入国防建设中。因此，战争的背后更是经济制度和金融制度的较量。时至今日，美国依然是当今世界军事唯一的超级大国，无论是军费的开支还是军工企业的产值都占世界的一半以上。由欧洲的国防建设一体化进程不断推进，国防企业整合发展迅猛。由欧美国防建设经验可以看出，国家财政投入是主导，金融资本市场体制创新则是新引擎。

一　金融"看不见的手"为欧美国防工业发展提供动力

国防军工科技具有高技术、高投入、高风险以及回收期长的特征，而欧美国防军工企业多为非国有化企业。因此，欧美各国主要通过金融手段对冲军工企业风险，弥补财政的不足。

一是政府采购扶持军工大企业。美国通过政府向企业采购的形式，将财政资金向国防企业输送，通过军民一体化的传导机制，促进武器装备的研发升级，同时也刺激了民用经济的发展。德国向军工企业实行合同管理，国家提供科研经费和国家担保，并提供补贴和低息贷款。

二是政策性金融机构扶持中小企业。美国扶持民用中小企业为军方开发产品，制订中小企业创新计划，鼓励民用科技在军事领域的创新，利用资本市场，实现企业组织结构的合理化。美国政府专门设立小企业管理局，为中小企业提供优惠贷款。

美国国防部在采购计划中面向中小企业的采购合同额始终保持一定水平。德国制定了《联邦德国订货任务分配原则》，规定了武器装备的总承包商在承包国防任务后必须让中小企业参与竞争。德国储蓄银行、大众银行、复兴贷款银行等均为中小企业提供顺畅的融资渠道。

三是社会风险资本支持军工高新技术企业。美国将社会的风险投资引入对国防经济运行具有基础性和产业支持的行业，有限合伙制投资基金为国防高科技产业发展提供了有力支持。政府为风险投资提供政府补助、税收优惠和风险分担政策支持。英国政府制订了"贷款担保计划"，为中小企业向私人银行贷款提供担保，成立技术协会，直接参与风险投资。英国的信息技术、新材料等技术领域得到迅猛发展，科技成果大量运用到国防领域。

二 金融服务国防是我国国家治理能力现代化的体现

金融作为现代经济的核心，在国家治理体系中发挥重要作用。在国防领域，金融不仅能在推动"军民融合深度发展"方面发挥重要作用，通过调剂资金配置，还有助于增强国防资金动员能力、推动国防信息化建设，实现经济建设和国防建设协调发展，服务国家"走出去"战略。

（一）优化资金配置，增强国防资金动员能力

金融机构作为跨时间、跨空间调剂资金余缺的中介，可以在平抑财政资金临时性供求错配、增强国防资金动员能力方面发挥积极作用。但在国家安全形势相对稳定、国防资金相对充裕时，金融机构可以利用自身在资金和资产管理上的优势，为国防经费周转过程中的沉淀性资金提供保值增值服

务；在国家安全形势较为紧张、国防资金出现缺口时，金融又能发挥杠杆作用，调动社会资金支持国防建设，弥补财政在应急性方面的不足。

（二）助推军队财务信息化建设，健全国防资金管理体制

后勤保障是军队现代化建设的重要支撑。后勤保障的集中化、系统化和一体化对资金的支持结算和监督管理均提出了新的要求。作为军队资金划拨和账户管理的平台，银行可以发挥在信息系统研发及账务管理方面的专长，积极助推军队财务和财务信息化改革，不断适应新形势下军队财务管理现代化和资金运作管理的需要，促进国防资金管理体制的持续优化和完善。

（三）积极提供融资支持，助力军工企业发展

金融机构为军工企业提供融资服务，不仅可以加速国防资金运转，优化资金使用效率，而且银行融资的有偿性也会增加相关企业的压力，激发其创新动力和热情，提升装备的研发和军品的生产质量，助推军队现代化建设。同时，军工企业带有资金和技术高度密集型的特征，除了军民通用性较好的企业外，大部分企业资金来源高度依赖国防经费，从政府采购到产品研制生产，再到产品验收收款，中间环节较长，而商业银行可以有效弥补其资金缺口。金融发挥作用的重点是国防科技工业、与国防相关的交通运输、通信等军民融合领域。

（四）有效维护海外利益，助力军队"走出去"

随着中国"走出去"战略的深化，中国的海外投资利益遍布全球，特别是在局势动荡、恐怖势力猖獗的西亚非洲地区，一旦发生地区形势不稳，撤侨成了维护海外投资和公民利益的唯一选择。海上战略通道和能源战略通道受海盗、恐怖组

织的威胁程度也越来越高。我国军队，特别是海军在海外建立若干个战略支撑点显得尤为重要，金融在合作投资建设、租赁港口设施的投融资方面可以发挥独特的作用。在国际上发生涉及我国重大海外利益事件时，金融系统可通过全球网络调动资金，为军队在紧急期间高效转移我国海外侨民提供资金保障和后勤支持。

（五）开展投资银行服务，支持军工企业整合重组

寓军于民、军民融合是国防产业的发展方向，未来军工企业的整合可能成为大势所趋。这种整合应以资本为纽带，在保证军品的研发生产和保密工作的基础上充分放开，既对现有存量资产进行盘活和重组，又引入新的投资主体，实现投资主体的多元化和优化。商业银行在军工企业整合重组中可提供投资银行服务。通过财务顾问服务，商业银行可以参与到项目的可行性研究、目标企业选择、并购合同谈判以及兼并后的企业资产重组之中；通过融资顾问服务，商业银行可根据企业的财务特征，设计合理的融资结构，代表企业筛选投资人、协商融资条件等。

（六）建立快速反应和灾备机制，为军队提供资金保障服务

金融机构可通过建立快速反应机制和灾备机制等，为军队重大活动和应急资金保障提供服务支持。一方面，若发生地震、洪水等特大自然灾害，金融机构可以保证救灾专项资金划拨的安全、准确和及时到位，满足部队在应急状态下的资金需求。另一方面，金融机构可以通过健全监控预警系统和灾备系统，完善信息灾备体系，防止境内外敌对势力对国防资金管理系统的破坏，保证国防资金和账户的绝对安全和灵活调度。

第三节 "活用金融"和"用活金融" 提速国防建设

当前，中国正处于大国崛起的战略机遇期，国防建设对资金的需求注定大大超过国家财政的增长速度，也决定了其发展离不开金融的支撑。我国内部正处于增长速度换挡期、结构调整阵痛期和前期刺激政策消化期这"三期叠加"的经济"新常态"状态，外部面临国际金融危机的冲击波，都将一定程度制约国家财政供给能力，若国防支出增长严重超出政府财力状况所允许的范围，排斥生产性投资，将会转移政府财政开支中其他需求的支出，影响其他领域的发展，削弱国家的经济基础。金融可以调动企业、社会资金参与国防建设，有效为财政减压。

我们既要充分借鉴欧美大国在金融服务国防方面的先进经验，也要结合我国根本实际。在金融服务国防方面，既要坚持以底线思维，即保留极个别确系关系到国家战略安全关键性、核心性的军工领域由国家完全控制外，又要坚持创新思维，即绝大多数国防建设领域可引入金融，对于有一定现金流来支持还本付息，而且符合国防管理要求可以面向市场的部分，金融都可以参加。在战略层面要"活用金融"，发挥国家政策引导作用，将联系财政的国家信用资源，发挥杠杆放大效应，撬动和运作更多社会资金，把过去由财政承担的部分职能任务适度分离出来，节省财政投入，带动财政集中在关键性重要点位上发挥更大的作用。在战术层面要"用活金融"，运用金融工具和产品，利用风险投资基金、混合所有制改革、军工企业股权结构设计和提供军人金融服务等方式，以微观手段有效服务国防建设。①

一 坚持国家国防财政投入"增量"为基础

要始终坚持国家财政是保障国防建设主体的地位，建立国家稳定的资金增长机制，增加国防科技研发投入，为国防发展提供财力保障。我国国防费用总体规模仍偏小，装备费用占国防费用的比重仍然偏低，这是制约我国军工发展的重要因素。建立合理的国防费用增长机制，使国防费用规模与国家经济实力保持一定的比例，利用国家采购等方式提高国防投入对国民经济建设的推动和刺激作用，适度调整提高国防费在 GDP 中的比例。建议中短期将比例逐步提高至 2% ~ 3%，长期将比例稳定在 4% ~ 5%。

二 坚持国家军事战略引导军队和社会国防科技投入

国防科技工业本身是高科技产业，国防科研是一项高投资的系统工程，其发展需要消耗大量人力、物力资源，需要大量的经费投入，同时国防科技要紧盯科技最前沿，要占领战略科技制高点。光靠国家行政命令执行具有一定的滞后性，国防经费的使用也会有一定的盲目性。《预算法》加大了对国防经费的绩效要求，各项支出要做到有法可依、支出绩效要做到违法必究。因此，要将"依法治国"的理念贯穿到国防科技建设中，改变单纯依靠行政命令决定国防科技和军工企业的发展，

---

① 本节部分内容参考范肇臻《中国军工改革与发展金融支持研究》和吴献东《军工企业与资本市场和政府的关系》。

要通过法律和政策引导，将国防资金引向"网络空间科学与技术、电子战/电子防护、数据决策系统、自主系统、人机系统"等国防科技基础研究前沿技术。通过国家法律和政策，引导社会资本国防投资方向，通过国家采购等方式，保证社会资本进入国防科技领域的积极性，分担国防财政的压力。

三　以金融手段创新国际反恐合作机制

要坚持以强化国内反恐机制为基础，进一步强化国际反恐合作机制，与周边国家现有反恐合作机制的基础上，创新建立"上合组织反恐基金""中巴反恐基金""中阿反恐基金"等基金模式，提升周边国家打击国际恐怖主义的能力，共同维护"一带一路"战略安全。

四　金融优惠政策鼓励高新技术企业参与国防建设

一是建立政策性金融机构为高新技术企业参与国防建设提供信贷资金支持或提供担保、参股等方式进行融资，不以盈利为目的，而是在政府相关政策支配下执行扶持高新技术企业发展的政策，保证专门使用。二是设立军民融合专项基金，鼓励高新技术企业的技术改造、产品的结构升级等军事科技的特定用途。三是设立中小企业柜台市场，为不能在证券交易所上市的中小企业提供融资便利。要调整我国金融结构的布局和金融组织体系，促进金融与科技有效结合。为此，对中小企业进行金融创新研究，加快建立和完善中小企业融资体系，将为我国科技创新、推进科技产业化打下坚实的基础。

五 鼓励设立国防科技工业发展的风险投资基金

风险投资在信息产业时代知识型经济和技术发展的重要驱动源，对于形成国防经济发展的高技术支撑平台和推动国防与军事领域高技术进步和产业升级意义重大。一是大力发展资本市场，形成一个有利于国防科技风险筹资和股权转让的市场经济环境，鼓励私募股权基金参与国防科技工业。二是完善风险投资的政策和法律支持环境，引导和支持风险投资适时介入国防科技研发。三是建立科学合理的风险投资运行机构，灵活运用组合投资和联合投资的策略以分散资金投放风险。

六 创新军工企业股权结构和业务结构，加速军民融合

一是国家绝对控股极少数关系到国家战略安全的军工企业，对绝大多数军工企业实行混合所有制改革，让社会资本和民营企业有序进入军工企业，为军民融合夯实基础。二是在股权设计上，根据军工企业与国家安全联系的紧密度和相关性进行个性化设计，可以采取国有资产绝对控股、相对控股甚至不控股的多种股份分配格局，有所区别地提高其流通股的比重。三是鼓励大型军工企业整体上市，打造具有国际竞争力的现代军工企业。引入包括国有银行、主权基金、社保基金等国有控股机构投资者，通过公司管理体系设计，国有机构派出人员在董事会、监事会和公司高管占一定比例，通过现代公司制度安排确保国家有效管控。四是积极推进军工产业市场取向改革，遵循市场运行规律，引入市场竞争机制，突破以往按照行政隶属关系划分产业的做法，打破军工行业的封闭和垄断，放宽市场准入，扩大军工市场主体范围，重新界定军工科研生产的主体资

格，鼓励全社会具备条件的各类企业承担军工科研生产任务，大力拓宽军工产品科研生产渠道，使武器装备科研生产建立在更广阔的物质技术基础之上。

七　打造军人专属金融产品，实现金融利军惠兵

优秀军队人才是国防建设可持续发展的重要源泉，国家不断提高军队官兵生活待遇，以事业和待遇双轨留人。金融机构可以通过发行军人专属的理财产品，使金融服务进"军营"，针对军队个人设计、发行期限适中、收益较高的专属立场产品，并提供上门服务，让官兵足不出营，切实满足官兵个人资产增值需求。

第八章　金融与经济安全

金融是现代经济的核心，金融安全是国家经济安全的核心，中国经济正处于转型升级的关键阶段，其安全稳定对于社会安全和政治安全的意义尤为重大。西方国家经常利用非政府金融组织进行金融袭击，通常是以对冲基金为代表的国际游资向一些国家发起金融狙击，以达到其经济和政治目的。这种狙击往往是看准了目标国家市场的制度和监管的不完善，以及其经济转型期产生的问题，通过各种手段将问题放大，进行金融狙击。目标市场发生金融危机后，美国控制的国际金融组织或者美国本身就会出面救援，但却会附加苛刻的条件，极易造成受援国资产流失、市场混乱、政策失控，甚至政权颠覆。

中国金融正处于改革进程中，如果金融不稳定，势必影响经济和社会的稳定。20 世纪 90 年代初大多数转轨国家迅猛推进金融市场化改革的沉痛教训今犹在耳，历史经验告诉我们，急功近利的改革设计是危险的，试图将复杂的金融市场化改革一蹴而就，在短期内一步到位地完成利率、汇率和银行改革，是不切实际的。我们必须探索渐进、稳健、有次序的金融改革路线。

金融改革的内容、方式和顺序，没有固定的模板，都需要根据具体的形势来制定。中国真正意义上金融体系的发展仅有

三十多年的历程，其间经历了试错和波折，但在严格的监管和政府指导下，总体比较平稳，并顺利完成了大银行的股份制改革。但随着国际化、市场化和产品创新的发展，以及中国经济发展方式由粗放转向集约、经济增速由高速转向中速的变化，中国金融业亟待进行进一步的改革，完善和平衡管理体制与运行机制，以能更精准地匹配实体经济对金融服务的需求。从国家金融安全角度看，改革的具体顺序极为重要，因为不同的顺序带来的风险因素及风险程度截然不同。中国的金融改革在利率、汇率、资本管理、银行改革等核心问题上，要尽可能防范改革可能引发的市场动荡对中国金融稳定的冲击，分别逐步推进、相互配合促进，逐步完成金融改革。

第一节　金融狙击引发经济危机

一　英国经济萧条，狙击引发英镑危机

欧洲一体化过程一直以来都充满波澜。早在 1992 年 9 月，欧洲货币机制就曾引发金融危机。此前 200 年间，英镑一直是世界的主要货币。20 世纪 90 年代初，欧洲货币体系不稳定，英国为了在当时的体系中求得稳定，采取了盯住德国马克的汇率制度。1992 年，德国经济发展迅猛，德国马克兑美元的汇率不断攀升。但德国政府财政上出现了巨额赤字，担忧引发通货膨胀，于 1992 年 7 月把贴现率升为 8.75%。英国政府受到欧洲汇率体系的限制，必须勉力维持英镑对马克的汇价。但英国当时经济萧条，不足以支持稳定的金融制度，并且债券利率较低，银行利率也很低。英国需要的是实行低利率政策，以刺激经济

的增长，盯住德国马克，其实十分勉强。

到了 1992 年 9 月，投机者开始进攻欧洲汇率体系中那些疲软的货币，英镑首当其冲。过高的德国利息率引起了外汇市场出现抛售英镑而抢购马克的风潮。

索罗斯首当其冲。他拿出全部量子基金的资金，甚至还筹借了几十亿美元，先买后抛。1992 年 9 月 15 日，索罗斯大举放空英镑，英镑对马克一路狂跌。16 日清晨，英国政府无奈宣布提高银行利率 2 个百分点，几小时后又宣布提高 3 个百分点，将当时的基准利率由 10% 提高到 15%，并同时大量购进英镑，希望可以吸引国外短期资本的流入，以增加对英镑的需求以稳定英镑的汇率。尽管英国央行购入了约 30 亿英镑以力挽狂澜，但未能阻挡英镑如雪崩般的跌势。16 日收市，英镑对马克的比价在一天之内大幅下挫约 5%，英镑与美元的比价也跌到 1 英镑等于 1.738 美元的低位。英国央行还在手忙脚乱，索罗斯已加大手笔抛售英镑，兑换德国马克。英镑继续暴跌。英国的各大银行在承接英镑的同时，卖出了相对应的货币，主要是德国马克。随着英镑下跌，马克暴涨，英国的外汇储备已经吃紧，向德国求救，但被德国拒绝。一个月内，英镑再度重挫 20%。英国政府不得不宣告这场货币保卫战以失败告终，并同时宣布英镑退出欧洲汇率体系，开始自由浮动。

二　东南亚经济泡沫，泰铢沦陷

20 世纪 90 年代，东南亚各国经济高速发展，对外资注入十分依赖，游资也纷纷炒作股市、楼市，造成许多泡沫，其经济实质并不稳定。但东南亚大部分国家还沉浸在资产盛宴中，对自身经济体制的漏洞并无察觉。

泰国在 20 世纪 80 年代的 GDP 年平均增长率超过 8.2%，而 1984 年至 1995 年 GDP 增速达到 10%，曾被视为亚洲经济奇迹，而整个泰国也似乎跨入了富裕国家的行列。泰铢具有在东南亚各国流通性良好、风险较小但资产泡沫巨大等特点，这种货币很快就成为金融狙击的突破目标。1997 年，索罗斯囤积泰铢，然后向股市、楼市注入资金，大幅拉高股价和楼价。1997 年 3 月，泰国央行宣布国内数家财务公司及住房贷款公司存在资产质量不高以及流动性不足等问题。以索罗斯为代表的空头将其视为采取行动的信号，下令抛售泰国银行和财务公司的股票，导致泰国银行储户在泰国所有财务及证券公司发生挤兑。之后他们狂抛股票、楼盘和泰铢。很多泰国人在股市、楼市被套牢。5 月，泰国政府动用了 300 亿美元的外汇储备和 150 亿美元的国际贷款试图挽救这场危机，但这笔数字相对数量庞大的游资而言，无异于杯水车薪。1997 年 6 月，索罗斯再度出兵，下令旗下基金组织出售美国国债以筹集资金，扩大"空袭战"资金规模，并于当月下旬再度向泰铢发起了猛烈进攻。最终耗尽泰国的外汇储备，还大举借债。泰国宣布放弃固定汇率机制，实行浮动汇率机制。

泰铢沦陷后，狙击手们并不满足，反而决定再下一城，继续扩大战果。菲律宾比索、印度尼西亚盾、马来西亚林吉特相继成为国际炒家的攻击对象。1998 年 2 月 11 日，印尼政府宣布将实行印尼盾与美元保持固定汇率的联系汇率制，以稳定印尼盾。此举遭到国际货币基金组织及美国、西欧的一致反对。国际货币基金组织扬言将撤回对印尼的援助。印尼陷入政治经济大危机。新元、马币、泰铢、菲律宾比索等纷纷下跌，危机迅速席卷了印尼、菲律宾、缅甸、马来西亚等整个东南亚。这些地区央行的救援均陷入"弹尽粮绝"的境地，外汇及其他金融市场陷入混乱，经济局势完全失控，很多国家也相继出现了社会和政治动荡。

三 "日本时代"梦碎

日本在 1953～1973 年短短二十年里，从一个大型的农业经济国转型为世界上最大的钢铁和汽车出口国。20 世纪 60 年代，日本成为世界第二经济强国，在 60 年代至 80 年代的 GDP 增长率超过 7%，石油危机后的 1974～1980 年期间 GDP 年平均增长速度均超过了 10%。日本人借石油危机的机会大力开发节能技术和高新技术产业，不但缓解了石油价格暴涨带来的打击，而且恢复和强化了高速发展的基础。到了 80 年代日本进入鼎盛时期，"日本制造"遍布全球，日本企业在全球范围内大量投资和收购。1985 年，日本取代美国成为世界上最大的债权国。日本的海外投资大量涌向金融、保险与房地产业，三菱公司买下了纽约洛克菲勒中心，索尼买下了被称为"美国灵魂"的哥伦比亚电影公司。许多人认为，"日本时代"将来临。

在日本自身经济失衡、尚未做好升值准备的时候，美国适时而动。1985 年 9 月，美国联合德、英、法三国逼迫日本签署了《广场协议》，仓促地使日元升值，大量热钱流入日本，两年内日币升值一倍，导致其出口制造业面临极度严重的亏损。1987 年 12 月 10 日，美国联合十二个国家签订了《巴塞尔协议》，由于银行信贷规模缩减，日本的对外收购和扩张陷于停顿。日本调低利率，流动性泛滥，形成大量泡沫。不仅如此，美国要求日本开放金融业，当时日本的银行与当今中国一样，

全球排名都是数一数二，于是就答应了。

1987 年 10 月，纽约股市崩盘。贝克向日本首相中曾根施加压力，让日本继续下调利率。很快日元利率跌到 2.5%，大量廉价资本涌向股市和房地产，东京的股票年成长率高达 40%，房地产甚至超过 90%。1985 年末，日经 225 股价指数收于 13083 点，1989 年末收于 38916 点，四年间日经 225 指数累计上涨 197.45%。1987 年底，日本股票市值占全球股市总市值的 41.7%，赶超美国，成为世界第一。1989 年底股票总市值继续膨胀至 896 万亿日元，占当年国民生产总值的 60%。日本房地产价格也不断上涨。据日本不动产研究所的调查，日本城市房地产价格在 33 年间上涨了 100 倍，而同期名义国民生产总值上涨却不足 40 倍，制造业工人的平均工资上涨不到 20 倍。1990 年高峰期时，东京商业区的地价涨至 1985 年的 2.7 倍，住宅区地价则涨至 1985 年的 2.3 倍。东京一个地区的房地产超过了当时美国全国的房地产总值。

巨大的金融泡沫开始形成，狙击手们也开始准备实施外部破坏。1989 年年底，日本股市达到了历史巅峰，日经指数冲到了 38915 点，大批的股指沽空期权终于开始发威。由高盛等投行带头，通过丹麦政府将股指期权卖出，并承诺在日经指数走低时支付收益给"日经指数认沽权证"的拥有者。该权证立刻在美国热卖，日本股市不可遏制地暴跌，市场一片恐慌。

日本从此陷入低谷。1992 年的股票市场总市值跌至 289 万亿日元，比 1989 年下降了 52.7%。到 2003 年 4 月最低跌至 7607 点。累计跌幅高达 63.24%，创造了日本股市历史上最大的下跌幅度。房地产连续 14 年下跌。整个国家的财富缩水了近 50%。日本经济增长率从 1990 年的 6.0% 降至 1992 年的

1.1%，暴跌的股价和地价使居民持有的金融资产价格严重缩水，个人金融资产的暴跌所产生的逆资产效果导致消费信贷收缩，居民消费锐减。1991年，日本轿车销量增长率也出现了自1981年以来的首次负值，全国公寓销量年比减少41.3%，为14年以来的最低。股市下跌导致了金融体系风雨飘摇，也使日本经济陷入"失去的十年"萧条时期。

这场狙击战在日本引起的恶性后果堪比美国30年代的大萧条。① 在日本股市泡沫与房地产泡沫破灭的同时，日本银行业也遭受了灭顶之灾的报复与打击。上市银行再融资受阻，不动产贷款成为呆账，银行不良资产剧增。80年代的泡沫经济直接为90年代中期日本银行赤字风暴与东南亚金融危机埋下了历史隐患。

第二节　金融改革失当是遭受狙击
引发经济危机的根源

从世界各国的经验看，自20世纪80年代开始，从发达国家到新兴市场国家，开始了一轮金融自由化改革，大大促进了经济发展。但各国金融背景不同，路径不同，效果不同。因此，各项改革措施要明确重点，设计合理的先后顺序②。

一　为解决金融抑制问题过度自由化引发经济危机

南美是典型，以阿根廷为例，20世纪70年代之前，阿根

---

① 在《金融战败》一书中，作者吉川元忠认为就财富损失的比例而言，日本1990年金融战败的后果几乎和第二次世界大战中战败的后果相当。

② 本节参考了张兴胜《"次序"至关重要》一文。

廷信贷资金价格严重扭曲，金融体系无序且被压抑，资本流动也受到限制。1976 年阿根廷开始了金融市场化改革，当年放开了大额可转让存单利率，次年全面加快改革进程，到 1977 年时所有存贷款利率已全部放开，银行信贷管制被取消，一直推行的 100% 的高准备金制度也废止了。与此同时，新的审慎的管理条例也开始制定和实施，这场迅速的金融自由化改革一时举世瞩目。但过快的自由化随后引发了危机。1980 年 3 月，阿根廷一家大银行倒闭，成为金融危机开端。储蓄存款向少数几家看来更安全的银行转移，其他银行在挤提的威胁下噤若寒蝉，惶惶不可终日。5 月，政府被迫对其他金融机构进行干预，到次年 5 月，60 多家金融机构被清理。阿根廷政府面对的经济形势十分严峻：实际汇率高估、大量资本外逃、财政赤字增加、通货膨胀率上升、经济衰退以及金融体系和其他部门的大量国内、国外负债。鉴于形势岌岌可危，阿根廷政府放弃了金融改革计划，大多数种类的存款利率被重新修订，存贷款利差进一步扩大，重新推行严格的金融管制政策。

二 为适应快速经济发展而过快开放市场引发经济危机

类似阿根廷的金融改革失当具有普遍性。智利、菲律宾、印度尼西亚等国均在金融自由化改革过程中引发严重金融危机。以 20 世纪 80 年代日本金融危机和 1997 年东南亚金融危机为代表的亚洲金融危机主要是这些国家经济发展较快，大量外资流入，过剩的资金涌向了股市、汇市和房地产市场，推高资产价格，加速本币升值，形成多重套利机会，进一步带动国内资金从实体经济中流出，对实体经济形成重创，泡沫经济出现后，资金集中离场，金融资产价格大幅走低，本币急剧贬值，贸易逆差快速放大，金融危机全面爆发，对本国和周边国家经济产生极大损害。金融危机爆发后，日本、泰国、马来西亚和印尼的股指、房地产价格大幅下挫，国家经济十几年都未完全恢复。

21世纪初，阿根廷走出阴霾，重新快速增长，成为拉美第三大经济实体。阿根廷全面实行金融自由化，银行不仅私有化，而且为外资控制，10大私有银行中，7家为外资独资，2家为外资控股，外资控制了商业银行总资产的近70%，资本也是自由流动的。受东南亚金融危机外溢效应影响，阿根廷经济不景气，进出口能力大幅下降，在阿根廷的外商投资企业和银行赢利能力下降，加上比索价值高估，大量外资抽逃，吸引外资的难度加大。2001年初以来，阿金融形势不断恶化，数次出现金融动荡，7月份危机终于爆发。证券股票一路狂跌，国家风险指数狂升不止，资金大量外逃，国际储备和银行储备不断下降，同时，政府财政形势极端恶化，已经濒临崩溃的边缘。

三 政治综合因素导致的激进式改革引发经济危机

20世纪90年代初，推行"休克疗法"① 的俄罗斯进行激进的金融市场化改革，"野猫银行"② 的金融投机蔚然成风，当局货币管理失控，引发了空前的通货膨胀。

1990年5月，苏联最高苏维埃第三次会议上《关于国家经济状况和向可调节市场经济过渡的构想》的报告正式提出向

---

① "休克疗法"的创始人是美国哈佛大学的经济学家杰弗里·萨克斯。所谓"休克疗法"，原本是医学上的一种治疗方法。后来经济学家用来指采取一步到位的激进方式实现从计划经济向市场经济的过渡。

② 美国俚语：指在偏远地开设的银行。因为这些银行开业的地区过于偏僻，借此故意逃避顾客用其自身发行的银行券兑现铸币或黄金的业务。

"可调节市场经济"过渡的改革方案。这标志苏联经济体制改革的目标模式发生了新变化。这时期，苏联理论界就向市场经济过渡问题展开大讨论。以阿巴尔金为首的"温和派"主张向市场经济"温和过渡"，要建立"具有俄罗斯特色的社会导向的市场经济"，强调"改革的社会方向"，并把"获得最大可能的社会成果"视为向市场经济过渡的目的和基本标准。"激进派"则主张根本改造苏联整个社会经济关系，即以市场经济取代计划经济，加速经济改革。他们认为，"人类还没有创造出比市场经济更为有效的东西"，只有尽快过渡到市场经济，才能摆脱危机。

当时在学术界占主要地位的是激进过渡思想，即认为俄罗斯经过短期的激进改革就可以进入市场经济。最后，俄罗斯决定从1992年1月2日起正式实施"休克疗法"，采取的主要措施有：一是价格自由化，即一次性全面放开价格；二是实行紧缩的财政货币政策；三是实行大规模私有化；四是实行对外经济贸易自由化。

实行"休克疗法"后，经济形势普遍恶化。私有化后迫切需要建立社会保障制度，俄罗斯政府不得不进而把像石油、天然气这类垄断利润颇丰的国有公司和国有银行的金融股权全面向国内私人企业家和外商转让。触目惊心的是，转让过程中国有产权出现严重贱卖的现象。

"休克疗法"实行不到半年，就遭到俄罗斯国内外的普遍反对。1992年12月，俄罗斯第七次人代会未批准叶利钦提名代总理盖达尔任政府总理的人选，以切尔诺梅尔金为首的新内阁组成，宣布"休克疗法"以失败而告终。

但经济危机已经形成。从1992年"休克疗法"的改革直到 1999 年俄罗斯经济持续 7 年严重衰退，1998 年俄罗斯的国民生产总值比 1990 年下降了 44%，工业总产值减少 54%，消费品生产则下降 58%，俄罗斯的经济在泥泞中一直徘徊到 2000年，从 1987 年世界第 5 位下降到世界第 13 位，GDP 总量还不到美国的 1/10。在那个失去的年代，俄罗斯居民生活水平一落千丈，健康状况和平均寿命也在恶化，从一个经济大国沦为了一个经济弱国。

四 金融"改革次序"对经济稳定发展至关重要

从其他国家的先行经验来看，金融改革的顺序至关重要。发展中国家金融改革大致可以分为三个时期。从"金融抑制论"的挑战，到"金融深化论"的实施，在金融自由化的旗帜下，掀起了世界性的金融改革浪潮。但迅猛手段推进金融市场化改革触发了严重金融危机，各国重新审视金融自由化的风险，提出"经济市场化的次序"论。

一是"金融抑制论"阶段。二战以后，发展中国家普遍推行金融抑制政策，通过利率管制、信贷干预、高存款准备金制度等，为新兴部门或其他政府优先发展的行业和部门提供融资支持及租金补贴。这些政策确实曾对重点产业、重点行业的发展起到了至关重要的推动作用，但它抑制了资本利用效率，强化了发展中国家市场中一直存在的"条块分割"，抑制经济增长的同时也导致了银行机构的普遍脆弱。随着金融开放步伐的加快，迫切需要进行金融市场化改革。

二是"金融深化论"阶段。20 世纪 70 年代以来的"金融深化论"恰好回应了这种现实需求，其在理论上对金融市场化改革的必要性进行了深刻的论述。正因为如此，它一问世便赢

得了发展中国家的强烈反响，随即出现了金融自由化的改革浪潮。这场改革的本意在于放松金融管制，提高金融效率，进而提高国内银行的竞争能力。遗憾的是，进入20世纪80、90年代，一些实施金融深化的国家相继爆发了金融危机，引发通货失控、信用紧缩及资本外流等问题。

三是"经济市场化须有次序论"阶段。在以上背景下，一直强烈主张金融自由化的麦金农教授重新审视了金融自由化的风险，提出了"经济市场化的次序"理论，要求转轨国家在金融自由化之前，首先平衡政府财政，具备强大的金融保障能力。国际货币基金组织专家博采众长撰写的《金融部门改革的次序》一书，更是深化了这一论题，对金融自由化改革的风险、困难及成功的条件进行了详尽的论述，将金融改革"次序"问题的研究推进到了一个新的高度。

第三节 中国金融改革势在必行

不同经济发展阶段对金融服务的需求也不完全相同。中国经济正在由高速增长阶段转而进入中高速增长阶段，经济的发展条件、发展模式发生变化，相应地，实体经济对金融服务的需求也由以前对铺摊子、求数量的规模诉求转向配置效率的提高，这就需要通过改革建立一个更加高效、市场化、富有弹性的金融体系。

一 中国金融体制发展滞后于结构调整和经济转型需要

（一）中国金融体系功能错位

中国经济过去的三十多年以粗放型发展模式为主，其基础是充裕的资源供给，因此，金融体系特别强调动员资金的功能。利率、汇率等资金价格以及资本项目可兑换的管制，金融机构准入的限制，间接融资体系等都是为了能够迅速动员、集中力量"办大事"。当前，生产要素投入面临瓶颈，经济转型的重心转向提高资源配置效率，实体经济对金融配置的要求超越规模诉求。但中国金融体系的很多方面还停留在为传统经济增长动员资金的定位上，忽视了金融内在的提升资源配置效率和降低系统性风险的功能，突出表现为经济体系中存在小微企业、轻资产的服务业、农业、转型升级中的企业等大量得不到金融服务的薄弱环节。

（二）中国金融体系结构失衡

一是间接融资的比重太大导致风险过于集中。目前中国金融体系仍以间接融资为主，直接融资的比重虽然不断增加，但大量债券实际还是由商业银行持有，因此风险并没有从银行体系中得到充分的转移和释放。这不仅降低了金融资源的配置效率，也使风险高度聚集于银行体系。尤其是一旦遭遇经济下行周期，或面临产业结构调整，银行的资产质量可能出现下滑，这对于中国金融稳定将是严峻考验。从长远发展来看，推动更多金融资源通过资本市场进行配置，提高直接融资比重，是全球金融体系发展的趋势，也是中国经济和社会发展的必然要求。

二是直接融资的缺乏不利于转型升级。特别是当前中国经济正处于结构调整和转型升级的阶段，直接融资体系的风险共担、利益共享、定价市场化和服务多层次的特性，使其更有利于推动中小企业和创新型企业成长壮大，从而有效地促进经济转型。美国的纳斯达克市场和韩国的柯斯达克市场在本国经济转型中的巨大作用都是较好的例证。

二 市场化是中国金融改革的方向

从国际经验和中国实际看，未来中国金融改革的主要内容包括利率市场化、汇率市场化、资本项目可兑换、金融机构准入的放开、金融市场的完善以及大型国有银行的深化改革等方面。

一是利率市场化。利率市场化是一个国家金融深化质的标志，是提高金融市场化程度的重要一环，它不仅是利率定价机制的深刻转变，而且是金融深化的前提条件和核心内容。利率非市场化带来的"双轨制"问题，会产生明显的金融抑制，严重影响经济效率。中国目前仅剩下全面放开存款利率上限这最后一步。随着存款保险制度等新的机制逐步建立，未来中国将分阶段、分步骤地全面实现利率市场化，让市场在资金流向和配置中发挥基础性作用。

二是汇率市场化。汇率市场化的目标是让汇率的形成按照市场化方式进行。中国虽然名义上实行管理浮动的汇率制度，但实际上目前是盯住美元。对汇率的有管理的浮动，包括盯住美元的策略，维持下去成本太高，汇率市场化势在必行。

三是人民币资本项目可兑换。人民币已经在经常项目下实现可兑换，但还没有实现在资本项目下的可兑换。不能自由兑换是人民币国际化进程中最大的拦路虎，因为我们的贸易伙伴不能用人民币自由地在中国投资，也不能自由地兑换成其他货币，如果只能从中国进口货物，它们就没有太强的动机持有人民币。

四是金融机构准入放开。中国经济发展的多层次，也需要银行体系发展的多元化多层次。金融系统需要让各种性质的金融机构能够共生共荣，使多层次的金融体系得以培育。放开金融机构准入的稳妥推进，会激活中国银行业的竞争力并增加其服务实体经济的能力。

五是大型国有银行的深化改革。深化金融机构的产权改革和治理结构改革，培育更加透明和更具市场约束的投融资主体，为深化利率汇率市场化等提供坚实的微观基础①。适当降低国家对金融机构的持股比例，通过金股等国际通行的股权形式和有效监管，体现国家的控制力。在城市商业银行等区域性金融机构经营状况总体稳定的情况下，及早推进并购重组和股权多元化，以控制和化解风险隐患。

三 审慎把握"次序"对当前中国尤为重要

对于以渐进式为核心特征的中国金融改革而言，顺序的选择更是尤为重要。

30多年来，中国经济突出的增长绩效得益于渐进改革战略的推行。在渐进改革进程中，我们逐步加快价格、生产资料及劳动力要素的市场化进程，对金融资源的市场化则保持了谨慎的态度。持续的金融管制政策使得国有银行低成本动员了居民部门庞大的金融剩余，使重点产业部门获得了巨大的融资支持和租金补贴，弥补了日益扩大的公共部门赤字。渐进式改革从这个角度讲，实际上也可称为分领域渐次推进的改革，金融市场化被放在改革的最后一步。

目前，中国已渐次进入金融改革攻关阶段。在产业资本平均利润率走低、商业银行传统业务衰退和资产包袱沉重的背景下，金融改革更需要恪守适当的"次序"。在保持金融稳定的

---

① 本节部分内容参考了巴曙松的文章：《深化金融改革的思路与重点》。

前提下推动银行运行机制的改革，在强化社会信用环境建设的基础上发展商业银行的风险文化和风险管理技术。尤其重要的是，要有充足的思想准备和耐心，去有效掌控金融改革的诸多风险。

从目前国际经济学界的研究成果看，除个别新自由主义经济学家外，学界倾向性的意见是：特定的金融部门改革应有适当次序，协调进行，并反映各方面改革的技术联系。改革的次序失当，则会陷入"裙带资本主义"的深渊，引发金融恐慌。由管制金融体系向市场金融体系过渡"犹如在雷区行进，你的下一步很可能就是你的最后一步"，金融改革就是要在诸多挑战中寻找艰难的平衡，实现货币控制与信贷市场发展良性互动、审慎监管与银行及企业重组协调、资本项目自由化与宏观经济稳定化相结合。对当前的中国经济改革而言，审慎把握"次序"更为重要。

第四节　中国金融改革合理的次序选择

改革应充分权衡，从收益最大化和风险最小化两方面共同考虑，在利率、汇率、资本管理、银行改革等金融核心问题上，不能按成熟、发达经济体的惯例一步到位。要尽可能避开、防范改革可能引发的市场动荡对中国金融稳定的冲击，分别逐步推进、相互配合促进，逐步动态完成金融改革。通过有序的金融改革，提高中国的金融体系效率，支持经济结构的调整，壮大实体经济的实力与竞争力，并进一步给金融体系的发展提供更多的支持和创造出更多的需求，从而扶植、培育中国金融体系的整体竞争力，逐步形成"金融强国"实力。

一　汇率改革要早于资本项目可兑换

汇率市场化的目标是让汇率的形成按照市场化方式进行。我国名义上虽然实行管理浮动的汇率制度，但目前实际上是盯住美元。对汇率的有管理的浮动，包括盯住美元的策略，维持下去成本太高，汇率市场化势在必行。

目前，人民币汇率逐步接近均衡水平，市场对于汇率波动也较适应，汇率市场化的条件已基本具备，资本项目可兑换的条件日趋成熟，但何时实现完全可兑换仍需谨慎。开放顺序上汇率改革应当先于资本项目可兑换。操作上，适时放开有组织的场外外汇交易市场，让市场形成价格；逐步放宽每日外汇市场交易价格的最大浮动幅度，直到最终取消。

诚然，在完全实现资本项目外汇自由兑换之前，汇率不可能实现完全的市场化。在各国实践中，即使名义上实现汇率市场化，政府或多或少也会通过各种手段影响汇率，并不存在纯粹的汇率市场化。国际经验表明，新兴市场国家太快全面放开外汇管制带来的风险较大。国际货币基金组织等相当多的国际组织和金融学者普遍认为，资本项目可兑换并非一定能够支持经济发展。一些新兴市场国家贸然放开的教训深刻，更提醒我国对资本项目可兑换要保持谨慎。

在我国，基于对社会稳定等可能产生的影响考虑，更需保持政治上的高度警惕。未来十年之内，能否完全放开无特定目的的短期资本流动，须视情况而定。西方金融理论证明一个国家只能同时实现资本自由流动、货币政策独立性和汇率稳定性中的两项，而不能三项同时拥有。综合考虑我国实际情况，可暂时延缓资本完全自由流动的目标，而转向进行逐步推进，步

骤为：先放开长期资本项目，后放开短期项目；先放开直接投资，后放开资本市场投资；先债券，后股票，再衍生产品；先放开 QDII、QFII，再放开居民对外直接投资。各种局部开放的措施还要不断推进。

二 国有银行改革、民营银行发展的进程不能落后于利率市场化

全面推进利率市场化，就是让市场主体（包括资金供求双方）在市场博弈中形成均衡利率。最近十几年，我国在利率市场化方面取得了显著进步，但其关键部分，存款利率市场化，还远远没有到位。但是，要放开对人民币存贷款利率的管制，让市场在资金流向和配置中发挥基础性作用，需要逐步推进。利率市场化的实现需要许多外部条件。即使是美国这样高度市场化的国家，直到 20 世纪 80 年代才开始放开存款利率，而且至今还在反思利率市场化过程是否有些操之过急。利率市场化一步放开会导致银行之间特别是小银行之间的恶性竞争，并引发大规模银行倒闭的风险。对中国来讲，在存款保险制度正在征求意见、民营银行刚刚起步、约束机制尚未建立的情况下，必须注意改革的节奏，完善配套制度。相比较而言，银行机构准入、治理、监管方面的市场化，不能落后于利率市场化。

一是银行业必须真正走向市场化。银行业改革可首先放开准入、促进竞争。党的十八届三中全会通过的《中共中央关于全面深化改革若干重大问题的决定》（简称"决定"）明确指出："在加强监管前提下，允许具备条件的民间资本依法发起设立中小型银行等金融机构"，进一步明确了成立民营银行和金融对内开放的金融市场化改革方向。放开民营银行的准入，发展

多样化的银行类金融机构，规模各异，全国性和区域性各有侧重。形成社区银行、民营银行、村镇银行、贷款公司等共同发展的多元化行业生态。政策上适当倾斜，在城镇化过程中支持中小银行的发展。适当控制大银行分支机构营业网点扩张，缩小大银行与中小银行差距。同时，排除阻力，加强对国有银行的改革。改变大型国有商业银行的治理结构，实现经营管理层的职业化，充分发挥优秀管理人才的作用。

二是市场化的同时加强监管。参考美国沃尔克规则，研究对国有商业银行主要业务的市场份额（存贷款、结算和托管等）和混业经营等做出适当限制。在放开银行准入的同时，要注意预防民营银行的风险，防止实业与金融的混业。保持民营银行与股东及其业务的独立性。如有必要，可以考虑在放开初期实施一些特别的监管措施，适度限制民营银行大股东的权力。加强银行监管部门的人力，监管力量重点向新设立的民营银行倾斜。

三　加快发展证券市场，深化市场化改革，改善金融体系结构

应逐步改善现有的金融体系结构，加快发展证券市场，改变直接融资与间接融资的比例失衡问题，提高金融体系抵抗危机传染和扩散的能力。

当前的发展重点应适应目前的经济发展方式。价格市场化是证券市场长期发展的必由之路。但在条件不成熟的情况下贸然进行价格闯关，风险较大。可优先发展多层次资本市场，效果明显，风险较小。过去 20 年集中资源发展交易所公募市场，下一阶段，应将发展资本市场的战略重点转向多元化、多层次

资本市场的发展。从证券监管的一般原则以及全球实践看，证券行业加强竞争有利于增强行业能力。中国证券公司牌照数量可适度放开，尝试单牌照或专业牌照证券公司。在进行券商牌照管理改革的过程中，应控制节奏，逐步推进；把握风险控制的底线，重点是坚持保证金第三方存管和适当杠杆率。证券行业的对外开放也势在必行。但是国际经验表明，对外开放之前应该对内开放。避免由于外部压力匆忙开放，影响国内机构的竞争力。

第九章　金融与金融安全

——金融制裁

当前全球格局正发生深刻变化，军事战是美国维护国家利益的底线选择，通过经济制裁打击敌对国家则是优先选项。而金融制裁是最为严厉的经济制裁形态，已成为美国捍卫国家核心利益、维持全球霸权的重要工具，是金融实力真正转化为全球政治威慑力的关键。正如美国财政部公开宣称，"金融制裁是21世纪全新的战争手段"。冷战期间，美国纠集北约对苏联实行长期的经济金融制裁，加速了对曾经最大的社会主义国家的"和平演变"。近年来，美国联合其他国家有针对性地对不符合美国利益、不同意识形态和不听话的"三不"国家实施了海外资产冻结、金融交易限制等制裁措施，对打击和颠覆政权起到关键作用。2014年，美欧对俄罗斯的金融制裁使得俄经济面临崩溃边缘。不仅如此，美还将制裁不断微观化、深入化，甚至将金融制裁的大棒挥向"盟友"欧盟，对法国、德国和英国等商业银行实施制裁。旨在逼迫全球金融机构和系统与之统一步伐，共同"对敌"。华盛顿正通过华尔街将金融制裁的靶心对准中国金融机构，威胁我国金融安全，应引起我国高度重视。

第一节　美国缘何频频施行金融制裁

美国借助其全球金融霸权、美元霸权动辄对敌对、敌视国

家祭起金融制裁的大旗，频频得手，屡屡生效，正如前美国财政部副部长尼尔·沃林说，美国是不可替代的经商场所，意味着美国可以要求金融机构在美国与被其制裁的国家之间选边站队。用金融制裁遏制和打击对手，是美国的常用手段之一，也是美国资本集团玩弄世界经济的公开秘密。

一　国家利益至上是美国金融制裁的原则

与传统的贸易禁运政策相比，金融制裁可以实现精准打击，同时减少对第三方造成不必要的伤害，达到打击敌对、敌视国家经济，进而遏制和摧毁其政权的目的。根据美国国家利益的分类，敌对国家往往包括"三不国家"：

一是不符合美国政治经济利益的国家。美国政治利益归根结底就是维护其主导的国际政治秩序，在全球推行其"民主和人权"所谓的"普世价值观"；美国经济利益归根到底就是为了维持其主导的国际经济秩序，即美元霸权。只要触及美国政治经济利益，美国将毫不客气进行金融制裁。2013 年，美国认为乌克兰亚努科维奇政权拒绝向西方靠拢，威胁到美国地缘战略格局，毫不犹豫地采取了准确的金融制裁手法，使其身边金融寡头倒戈，加速其政权倒台。

二是不同政治制度和意识形态的国家。美国将自身政治制度和意识形态作为典范，对不同制度不同意识形态的国家，出于政治战略的需要，尽可能遏制其经济发展，采取金融制裁的手段。美国对苏联和建国初期的中国采取的金融制裁手法，便完全出于政治制度和意识形态的需要。

三是不听美国话的国家。美国根据其全球战略的考虑，将伊朗、朝鲜等极力发展核武器的国家列为"流氓国家"，并采取了极为严厉的金融制裁手段，在金融领域"宣战"，不仅针对伊、朝本国的银行，而且针对世界上任何一家有意同伊、朝的银行做生意的金融机构。即使是对欧洲"盟友"，美国也毫不手软，2012 年，美国对其铁杆盟友英国的银行操起金融干戈。汇丰银行被指控帮贩毒集团洗钱。渣打银行则被指控"帮助伊朗机构躲避美方制裁监管"，违反了美国《反洗钱法》与《对伊制裁法》。2014 年 7 月，美国对法国巴黎银行处以 89.7 亿美元的巨额罚款，并要制裁德国最大商业银行——德意志银行。

二　美国实施金融制裁采用的手法[①]

随着金融全球化的加强，美国将金融制裁作为维持其全球霸权的支柱，利用其在金融领域超强的实力，建立起一整套金融制裁的机制。主要手法如下：

一是以舆论开道扰乱市场。在开展实质金融制裁前，美国通过掌控的全球大多数金融信用评级机构降低目标国市场、金融机构等信用等级，引起市场恐慌，进而再威胁进行经济、金融制裁措施，导致市场进一步恐慌，引发资金外逃。在"乌克兰危机"中，美国充分使用了媒体，威胁对俄罗斯金融、能源等领域进行制裁，导致市场不稳定情绪加重，资本外逃严重。

二是阻断被制裁国国际支付体系。在目前以美元为主的国际结算体系中，切断国际支付系统，意味着被制裁国金融陷入了瘫痪。美国财政部拥有一个情报分析部门，负责分析全球金融情报信息，制定金融制裁措施。在实施金融制裁措施后，该机构利用美国控制的环球银行金融电信协会（SWIFT），总部设

---

① 参考《环球时报》文章"美国用金融制裁控制世界三种方式封锁他国"。

在瑞士的国际清算银行 BIS，美国三大信用卡公司维萨、运通、万事达，CHIPS 和 FEDWIRE 等 5 家美国国际清算系统准确掌握和收集与被制裁对象进行金融交易的银行和公司名单，搜索被制裁经济机构经常使用的账户信息，准确实施定点打击。美国国防部官员也参与金融制裁的程序，一位负责军控事务的高级官员制定破坏这种秘密金融网的"实施细则"，进一步将金融制裁"战争化"。

三是冻结相关国家的金融资产。美国财政部下属的外国资产控制办公室负责发布《特列国外机构清单》，并每周更新一次。在美金融机构，不论是美国的还是外国的，包括银行、信用社、保险公司、证券公司甚至进出口商，都要将自己的客户名单和这份清单一一对照。一旦发现某个客户"榜上有名"，必须马上冻结该客户资产。而且为了更大限度地予以打击，法律规定，如果这个客户存款，银行必须接受，然后冻结。此后，相关机构须马上详细向外国资产控制办公室提送报告。不遵守此法规的金融机构，外国资产控制办公室有权对它处以 5 万到 100 万美元不等的罚款，以及对当事人最高 12 年监禁的刑事处罚。2014 年，美国对俄罗斯进行了数轮的金融制裁，将靶心对准俄罗斯领导层核心人员和与普京关系密切的企业，试图瓦解普京执政集团，并警示国际社会。

四是冻结相关的金融服务。美国作为世界金融中心，成为各国企业争相上市融资、开展金融业务之处。美国利用废除与制裁对象有关联者的信用证来对之进行制裁和威慑，严禁美国金融机构为其做出口担保。信用证是现代国际贸易中最常见的一种支付手段。买卖双方签订合同后，买方向其所在地银行申请开立信用证，银行同意其申请后，即成为开证行。开证行将信用证传递给卖方所在地相关银行，再由当地银行转交给卖方，卖方收到信用证后，据此发货，并凭发货单据向当地银行直接索取货款。当地银行垫付货款后，再凭发货单据向开证行索回垫付货款，开证行收到单据后再向买方收款。买方用货款换回发货单据，再用这些单据去提货，即完成整个交易。在这个复杂过程中，如果美国银行不能开出信用证，很多企业业务将急剧"缩水"，因此，很少有人愿意冒此风险。

第二节　中国已渐入美国金融制裁靶心范围

2014 年以来，美国全方位对俄罗斯进行金融制裁，下一步会不会是中国呢？单从中美之间的经济金融联系而言，中国已拥有近 4 万亿美元外汇储备。根据美国财政部 2015 年 3 月 16 日发布的国际资本流动报告（TIC），中国 2015 年 1 月持有美国国债总额为 1.2391 万亿美元，仍是美国国债第一债权国，因而美国对中国开展金融制裁是一把双刃剑。但即使如此，就美国对华金融制裁的可能性而言，我们更应该从底线思维去考虑。自 2008 年后，以美元本位为主的国际货币体系日益暴露出缺陷，改革国际货币体系呼声高涨，全球开启了"去美元化"的步伐。美国政府和智库评估认为，"三大因素"加速全球"去美元化"进程，已危及美全球金融霸权的核心"美元霸权"，而中国实际上主导了"去美元化"进程。

一　中俄联手加速"去美元化"引领了去"美元霸权"的步伐

自 2013 年底以来，乌克兰危机的爆发，美国联合欧盟对

俄罗斯进行了金融制裁，将俄逼向了"去美元化"的前台。为应对美欧越演越烈的金融制裁，俄罗斯总统普京提出了打造本土支付系统的设想，并暂时改用中国银联系统解决支付问题，旨在彻底切断对美国维萨、万事达等国际支付系统的依赖。在外汇储备方面，俄罗斯减持美国国债，降低外储中美元资产比重，增加对人民币债券的持有比例。在贸易结算方面，俄政府大力推动外贸领域直接用卢布进行结算。与中国正式签署货币互换协议，改变了中俄跨境贸易结算75%使用美元的局面。2014年10月，李克强总理访问俄罗斯，以金融为保障，在能源、铁路等领域的合作不断推进：中国人民银行与俄罗斯联邦中央银行签署了规模为1500亿元人民币/8150亿卢布的双边本币互换协议。俄罗斯方面预计，2015年俄中贸易额将达到1000亿美元，2020年达到2000亿美元。中国作为能源消费大国，与全球最大的能源出口国俄罗斯之间的交易额由美元结算变成人民币结算，不仅能解决俄罗斯的现实问题，也在客观上有利于中国人民币的国际化和更密切的中俄经济关系。两国间的货币互换协议将使双方得以增加以本国货币进行的贸易，并在双边支付中减少对美元的依赖。在西方的金融制裁下，俄罗斯金融机构开始试图更多地与中国的银行合作。10月13日，俄罗斯外贸银行（VTB）和中国进出口银行就开放信用额度签订了框架协议。中国农行与俄罗斯银行也签订了合作备忘录。俄罗斯标准银行宣布开始发行中国银联支付系统的银行卡。银联卡将采用卢布币种发行，有效期为5年。美国评估认为，中国正是利用美俄"鹬蚌相争"而得"人民币国际化"之利，加快对抗美元霸权的"中俄金融去美元化联盟"的形成。

二 "中欧金融合作"撼动了"美元霸权"的根基

2014 年,随着习近平主席和李克强总理访欧带动了中欧金融合作升级。2014 年 3 月,习主席访德期间中德政府签署了在法兰克福建立人民币清算机制的谅解备忘录,人民币离岸市场深入到欧洲大陆最重要的金融中心。6 月,李总理访英期间签署了在伦敦设立人民币清算行的协议,英国成为 G7 集团中首个与中国政府签署双边互换货币协议的国家。6 月,法兰西银行与中国央行签署了在巴黎建立人民币清算安排和合作备忘录。国家外管局2014 年 9 月 30 日宣布,即日起在银行间外汇市场开展人民币对欧元直接交易。人民币与欧元可直接兑换,不必借助于中介货币,这一举措不仅可以降低企业和个人的汇兑成本,促进中欧贸易,并相应增加欧元在中国企业包括个人资产账户中的持有量。更重要的是,由于欧元是世界主要货币之一,欧元可直接兑换后,人民币与全球主要大国的货币能够实现直接兑换的比重达到了 95% 以上,这意味着未来不仅中欧经贸往来可以用人民币进行全球支付、结算,而且中国对外贸易包括投融资都可以在全球外汇市场更为方便地进行,真正实现市场化。德法英"欧洲三驾马车"与中国的金融合作为推动中欧贸易和投资提供了更好、更稳定的金融服务和货币选择,"人民币国际化"再进一步。

三 "三行共进"破坏了"美元霸权"的规则

中国新一届领导集体主动谋划,推出以经济金融手段为重要内容的外交新理念,以"一带一路"打造"命运共同体",其中重要的一环即"三行共进"中的"三行",即金砖国家开发银行、亚洲基础设施投资银行和上合组织开发银行。2014 年

7月，金砖国家签署了成立开发银行的协定，西方普遍认为，"金砖国家开发银行的成立将挑战美元霸权的组织保障——世界银行和国际货币基金组织的权威"。2014年10月，亚投行在北京宣布筹建，外界认为，"亚投行的成立，将使中国成为欧亚大陆的新轴心，以美元为核心的后布雷顿森林体系受到严峻的挑战"。11月APEC北京峰会上，习近平主席宣布中国将出资400亿美元成立"丝路基金"。"三行"和"丝路基金"将推动中国的经济影响力以金融形式放大其威力，并真正转化为周边的政治影响力。2015年3月，美国在欧洲的盟友英、法、德、意等顶住美国阻挠，相继宣布作为意向创始成员国"入伙"亚投行。美国智库评估，"三行共进"的格局将进一步夯实"人民币国际化"的组织保障。

第三节　美国已启动对中国金融制裁"四大战术"

不可否认，美国已悄然谋划对中国的金融制裁：针对中俄联手加速"去美元化"和中俄日益扩大的合作领域，美国对俄罗斯金融制裁的领域可能进一步扩大；"中欧金融合作"推动法兰克福、巴黎、伦敦等人民币离岸市场已撼动美元霸权的核心利益。美国政府多次派人到德法英等国，施压当地政府暂停人民币离岸中心的建立和货币互换协议的签订，逼迫金融机构缓推人民币业务；美国已动用全球舆论机器唱衰金砖国家开发银行，联合日本等盟国，对亚洲基础设施投资银行潜在伙伴进行私下会谈，阻挠其"入伙"，并让日本控制的亚开行开出更优条件"挖墙脚"。种种迹象显示，美国正酝酿大招，对"人民币国际化"进行严厉反制。

一　以"金融信息垄断权"打响对中国金融机构"信息战"

近年以来，美国司法部、财政部、证券交易委员会、中央情报局、联邦调查局等机构利用全球金融清算系统、互联网企业以及"棱镜计划"等项目搜集全球金融数据，扩大跨境税务监管等"长臂司法管辖"。华尔街控制着大多数顶级投资银行、评级机构、会计师事务所、律师事务所，这些机构通过多年与我国国有企业合作掌握的大量核心金融数据，已形成了可用以开展金融制裁的基础数据，在关键时刻抛出将对我国金融机构形成极大的杀伤力。

二　以"唱衰中国国有银行"打响对中国金融机构"舆论战"

近年，在美国利用其全球媒体控制权，不断"唱衰"国有银行，鼓吹"混合所有制改革就是私有化"的理念，企图动摇公有制主体的地位。通过开展与中国官方的金融学术课题合作或在网络上鼓吹美国以资本市场为主导的金融体系的优越性，无视中国以银行为主、贷款为主的金融基础，否认银行利润过低对实体经济的影响，攻击中国国有银行垄断、利润过高，形成整个社会要求整治国有银行的舆论压力。对我国国有银行经营不断抛出负面消息，企图在舆论上抹黑国有银行，影响上市公司股价，冲击我国金融安全。

三　以"金融监管模式调整"打响对中国金融机构的"规则战"

2014 年 2 月，美国政府将金融监管模式由"母国监管"改

为"东道国监管"，规定外国银行在美国开展业务必须在美国持有自有资本，接受美国政府监督。美联储这一举动十分具有进攻性，但美国是全球最大的金融市场，各国金融机构不得不考量庞大的在美业务，因此不得不接受美国的指令。目前，美国正将"东道国监管"的"规则战"对准在美均设有分行的中国五大国有银行。据悉，美国政府支持的美国秃鹫基金已将中国工商银行美国分行告上法庭，要求冻结工行对阿根廷核电项目的投资资金。另外，美国金融监管机构已将中国建设银行美国机构的监管等级降级，金融制裁的步伐正在迫近。

四 以"炮制合法程序"打响对中国金融机构"法律战"

近年以来，美国利用金融监管的政策规定，对不少在美国上市的中国企业打"法律战"，指控中资企业或人员违反内线交易、操纵市场等金融监管规定法律，并操纵媒体抹黑造势，利用法律程序起诉，借助美国"集体诉讼"等法律规定处以天文数字惩罚，以"法律战"拖垮和击垮我国企业或负责人。另外，美国秃鹫基金已开始对我国国有金融机构搜集证据，包括对国有银行在阿根廷等项目融资情况进行调查，凭借"长臂司法管辖"和美国司法体系优势伺机发起法律诉讼。

第四节 强化底线思维应对金融制裁

美国对俄罗斯和欧洲盟友挥起金融制裁，是在一定程度上警告中国。对中国国有金融机构的小动作不断，不能孤立看待，应从全局、战略角度看待，其实质既可视为美国针对中国打响的金融控制权争夺战的开端，也是美国对我国应对金融制裁的压力测试。可以预见，未来中美两国的较量将更多打"金融战""制裁牌"，对美国可能采取的后续动作，我国应早作筹划。

一　谋大局，推进金融制裁与反制裁顶层设计

加强研究美国金融制裁的手法和经验，加强国际金融与国际法律复合型人才的培养，从战略角度做好中国版金融制裁与反制裁模式的顶层设计，真正使中国的金融实力转为全球政治影响力。研究梳理美国"东道国监管"金融监管体系调整和"长臂司法体系"可能对我国在美经营金融机构的影响和冲击，做好详细应对预案。

二　广参与，制衡美元霸权

坚定不移地加速推进国际金融秩序重建，积极参与 IMF 改革，在现有以美国主导的国际金融体系中争取更多的发言权。以金砖国家为核心，以周边国家和新兴国家为支撑，以欧洲国家为突破，破解美国在金融危机后排斥中国同时搞国际金融新秩序"小圈子"，共同构建"去美元霸权化"的国际金融新秩序。以"三行共进"态势构建以我国为核心的国际金融秩序新力量，稳步推进"人民币国际化"的进程。

三　巧突破，遏制美国金融信息和货币支付垄断权

配合人民币国际化进程的深入，进一步完善在美元全球结算系统之外的人民币结算系统建设，突破美国金融信息垄断权和货币支付垄断权。根据把上海建设成为以人民币为主要货币的国际金融中心的国家战略，借助上海自贸区的东风，稳步推进人民币资本项目开放，加速完善人民币国际支付清算系统（CIPS）并落户上海。

四 引导向，创造有利我国金融安全的舆论环境

要正确引导传统媒体及新媒体的舆论导向，杜绝金融民粹主义和唱衰国有金融机构的论调蔓延，关键时刻能稳定金融市场信心。建立真正具有国际影响力的中国金融评级机构，摆脱美国评级机构操纵市场信心的行为。在逐步夺回国内评级市场主导权的基础上，在国际评级市场上能发出"中国声音"，维护我国经济安全和金融安全。

五 击痛处，建立有效反制金融制裁的预案

一是密切关注美国金融机构及其他知名银行在华经营的漏洞，制定切实有效、击中痛处的反制措施。二是要将我国掌握的庞大的美元储备和美债作为反制美国制裁的有效工具，同时避免对我国美元资产造成巨大损失。三是进一步在法律上强化中国版"长臂管辖"的设计，作为反制金融制裁的"武器储备"。

第十章　金融与网络安全

——金融捍卫"第四空间"主权

近年来，世界各国都将互联网空间视为继领土、领海、领空之后国家的"第四空间"，并将互联网战略上升为国家战略，同时互联网产业已对传统的行业产生冲击和促进。2014 年 2 月 27 日，习近平总书记主持召开了中央网络安全和信息化领导小组第一次会议并发表重要讲话，将网络安全和信息化上升到事关国家安全和国家发展、事关广大人民群众工作生活的重大战略任务，提出建设网络强国的目标。这个战略充分体现了中国最高层全面深化改革、加强顶层设计的意志，显示出保障网络安全、维护国家利益、推动信息化发展的决心。"网络安全和信息化对一个国家很多领域都是牵一发而动全身"，互联网已融入了社会生活的方方面面，而作为同样融入社会生活方方面面的金融，如何找到与网络安全的交汇点？金融与网络安全到底存在什么关系？金融在国家网络安全和信息化战略领域能扮演什么样的角色？这些问题都需要金融站在互联网时代的维度，以互联网时代的思维，发挥金融的优势，捍卫中国在"第四空间"的主权。

第一节　网络安全成为影响国家安全重要因素

1994 年，第一根网线由北京中关村接入互联网，中国开

启了与世界各国共建共享互联网的时代。20多年过去了，中国已拥有超过6亿网民、12亿手机用户、5亿微博用户、5亿微信用户，每天信息发送量超过200亿条，中国网站达400万家，上网已成为人们必不可少的生活形态。同时，美国等西方国家凭借着技术优势，在互联网上对其他国家的主权、安全和发展利益肆无忌惮地侵犯，将互联网作为传播其意识形态，实施渗透、干涉、颠覆他国的武器。中国互联网时代面临严峻的挑战。

一 互联网对我国国家安全的"三大影响"

（一）影响我国国家主权安全

从斯诺登事件透露出的信息，美国自2007年以来对中国境内目标进行网络监控活动，包括中国前领导人、政府部门、军事单位、银行和通信设备公司。美国掌握互联网90%以上的核心技术，负责全球互联网业务管理的13个根服务器均在美国，我国维护"信息安全"和反制"信息霸权"难度加大。一方面西方国家通过对新媒体的控制，弱化我国对信息传播的控制力，从内部挑战我国"信息主权"；另一方面通过嵌入间谍软件和植入"后门"，对我国政治、经济、军事、民生等要害部门中枢和指挥平台"技术渗透"，从外部侵犯我国以"信息主权"为代表的新型国家主权，我党执政面临内外牵制。

（二）影响我国政治制度安全

2011年底，在西方国家的支持下，以新媒体传播为手段的"茉莉花革命"，颠覆了突尼斯、埃及等国的政权。2013年，美国继续利用媒体控制权，加速对乌克兰实施"二次革命"。西方国家企图以此为样板，借对新媒体掌控将"颜色革命""祸水东移"，在我国周边不断策动"颜色革命"。泰国英拉政权已被颠覆，缅甸、越南、老挝、柬埔寨、吉尔吉斯斯坦等周边战略支点国家正面临着"变色""变天"的威胁。2014年，在美国幕后推动下，台湾地区青年学生利用智能手机连线现场直播的方式将"太阳花革命"向大陆、中国香港等地推广。在香港，美国国务院更直接介入指导香港"占领中环"，将"颜色革命之父"吉恩夏普等"非暴力抗争"理念通过新媒体迅速传播，企图以香港为桥头堡，在我国国内煽动非法聚集，引发街头革命。

（三）影响我国意识形态安全

一是借助新媒体平台，美国利用我国社会发展转型期出现了一些问题和迷茫情绪，通过草根非政府组织和互联网，在经济领域推动民粹主义抬头，"劫富济贫"仇富思想开始盛行。无视国家民族的长远利益，让民意倒逼政府，以民意绑架国家。社会群体割裂现象严重，造成社会问题沸点、燃点极低，引发社会群体性事件甚至"街头革命"风险上升。二是借助新媒体的应用平台，抹黑我党执政现状。境外反华势力鼓吹"用私有制代替公有制，用自由化和市场化取代宏观调控，用民企代替国企，用西方文化取代社会主义价值体系和中华民族传统美德"，妄图潜移默化地影响我国民众尤其是对新媒体依赖性加强的年轻人的意识形态、文化内涵，使之对社会主义理念产生动摇。

二 互联网对我国国家治理模式的"三大挑战"

（一）恐怖主义借互联网新媒体"传播"

与传统媒体相比，新媒体主体隐匿、传播便捷迅速、自

由性强，易被个别组织和别有用心人员利用。一是新媒体打破了时空对恐怖活动的限制，恐怖分子可以在第一时间组织、策划、控制恐怖活动；同时，实施网络恐怖活动资金消耗低，行动更隐蔽，攻击更有效，涉及面更广。与之相对应，网络反恐难度则更大。据报道，"东突"等分裂势力在境外网站发布的暴恐音视频数量较往年大幅增加，不断通过各种渠道传入境内。这些音视频大肆宣扬"圣战"等暴力恐怖、宗教极端思想，煽动性极强，危害极大。暴恐分子利用网络"传经授道""交流心得"，提供"圣战思想""组装炸弹和汽车炸弹"等网络资料下载。二是利用网络进行极端分子的招募。IS（伊斯兰国）屡屡通过新媒体发布恐怖视频，成为当前最炙手可热的国际恐怖组织，对世界各地的极端组织形成了巨大的吸引力，中国境内"伊吉拉特"团伙出境赴伊拉克、叙利亚参加"圣战"大多受新媒体传播的视频影响。三是通过发起网络恐怖攻击造成信息系统和基础设施瘫痪，制造社会恐慌，破坏公共秩序。

（二）"和平演变"借互联网新媒体"传送"

境外势力利用西方互联网新媒体技术优势，不断拓展网络渗透新方式，通过"在线调查"和"民意调查"等方式对我国实施全方位的舆论战。以推广"翻墙"技术为手段，在我国敏感事件或节点传播大量敏感信息，将信息"数字化"，发到我国境内民众的微信或 QQ 账号中，以形成对我国公众更直接的心理冲击。在台湾"太阳花革命"、香港"雨伞革命"中，青年学生利用手机，将所谓的"自由民主抗争"通过手机即时通信软件传入大陆，将"街头革命"借新媒体传送至境内。境外势力在中国积极推动所谓的"公民独立调查"与互联网技术相结合，以"理性""煽情"来影响网民，争夺网络虚拟社会话语权，培育壮大网络"公民社会"。

（三）舆论导向借互联网新媒体"传导"

互联网新媒体逐渐成为舆论导向的新战场。2013 年发生的"云南昆明市民反对 PX"、2014 年"广东茂名 PX"、"兰州水污染事件"等群体性事件中，微信、短信、网络等新媒体均扮演了重要角色。以"网络意见领袖"为代表的发起者、组织者，以"维权人士"为代表的主力军，先通过虚拟空间传递信息、寻求共识，进而强化群体认知、聚合政治目标、协调行动、筹集资金，进而将网络政治推向现实。借助新媒体，网络意见领袖成了社会舆论中的"话语权中心"，网络舆论场成为社会舆论"最重要策源地"和海外舆论的"中国声音"，网络政治对现实政治的干预力不断增强，对我国国家治理模式提出挑战。

第二节　金融与网络安全到底有什么关系？

网络安全成为影响国家安全的重要因素，这一点很容易理解。但是，金融与网络安全有什么关系呢？一方面，在互联网时代，金融和网络虽然超越国界，但同时也关系到主权。通过互联网攻击金融系统，不仅影响到社会稳定，而且能摧毁国家军队战斗力。另一方面，在大数据、云计算时代，互联网金融的信息是关系到国家信息安全的重要因素，通过金融的互联网、互联网金融和互联网消费掌握的人流、物流、资金流能为国家治理提供大数据支持，而同时一旦泄露也将成为国家核心信息安全的重大隐患。

一 金融业是网络攻击的重点目标

（一）金融业成为"网络犯罪"的重灾区

根据国际证监会组织与世界交易所联盟联合做出的一项调查报告，近年来针对金融市场的网络犯罪数量正在急速上升，金融机构和证券交易所已成为主要受网络攻击目标。针对金融行业的网络攻击主要可以分为信息类和系统类两大目标。针对信息类攻击的例子包括：制作传播虚假的市场消息；通过社交媒体进入公司的个人数据库搜集客户信息；窃听电脑、手机里的敏感信息。而针对系统的网络攻击往往是旨在破坏或摧毁支撑金融流程、交易的信息系统。例如篡改一些企业支付系统的信息、关停交易平台、攻击企业的服务器使其网站和在线服务瘫痪。

（二）金融业成为"网络恐怖主义"攻击的重要目标

从 2012 年 9 月开始，美国多家金融机构相继遭到网络攻击，力度异常强大，而且越来越频繁。这一系列攻击已经令几十家金融机构出现间歇性网络连接中断，损失了数以百万计的美元。摩根大通公司遭受了一起攻击，导致网站无法访问。韩国银行和电视网络也受到强力网络攻击，导致 3.2 万台电脑出现故障。政府官员和专家们表示，制造这些攻击的人似乎是要令金融交易和运转陷入瘫痪。一个自称为"伊兹丁·卡桑旅"的组织声称对攻击负责，原因是对传到 YouTube 网站上的一段反伊斯兰教视频实施报复。美国国防部长表示，对金融市场、电网和政府系统发动网络袭击会成为"下一个珍珠港事件"。奥巴马总统批准了一份行政命令，宣布若金融和商业市场被跨国犯罪组织渗入，全国将进入紧急状态。国会拨款议案要求对金融恐怖主义构成的风险进行调查。

（三）金融业成为"国家网络战争"的重要领域

作为资金流通的渠道，金融业越来越依赖网络，在战争时期，摧毁一个国家的金融网络等同于摧毁了一个国家军队的战斗力。早在2003年，美军通过发动网络战攻击伊拉克金融系统，使其经济陷入崩溃边缘。"9·11"事件之后，小布什政府开始制定网络战战略，组建正式网军，作为独立兵种。2009年6月国防部下令组建三军统一的网络司令部，隶属美军战略司令部。美国网络司令部2012年用于进攻与防御等网络安全与网络技术的资金高达34亿美元。美国国防部多次举行网络战演习，将金融系统作为攻击的重点目标。

二 互联网金融大数据的安全对国家安全意义重大

互联网金融大数据的安全对国家安全具有重大意义，在金融与互联网密不可分，金融、互联网又与社会生活密不可分的今天，数据及云计算给中国国家安全带来的冲击不可轻视，网络信息包含了重要金融大数据，即完整的"人流、物流和资金流"，一旦泄露将对国家安全构成重要威胁。

由于金融已经在社会中无处不在，通过消费数据的搜集和分析，几乎已经能够拥有一国所有人员、所有系统的单个档案和行为预测情报。金融的互联网、互联网消费、互联网金融三者使消费数据覆盖之广、累积之深前所未有，尤其是互联网的云计算技术拥有极强的数据挖掘能力，这使得金融大数据的搜集和掌握变得更为可能，人员的一举一动、行踪轨迹、行为偏好、日常习惯等都尽在掌握，无形中已经成为有史以来最为强

大的情报搜集和分析系统。

一是对社会整体情况的掌握。互联网对我国家安全的影响基本上都是从"人"入手，以进行意识形态、价值观方面的灌输为基点，从而策反、集中或者组织相应社会团体和群体事件。而金融数据提供了其行动的现实基础。除了对战略关键人物和重要物流的掌握，对普通人流物流的掌握也相当于有了中国社会学研究的数据，因此可以对社会经济收入、消费习惯、人流动向、物品集散等了如指掌。而反社会心理、恐怖主义倾向等往往都能在此间找到线索。这使得互联网对我国安全的影响更有实质基础，更有的放矢，更能提高效率，对我国安全的破坏性更大。

二是对人员的掌握。通过金融大数据挖掘可建立中国要害人员个人档案。要害人员的生活轨迹、兴趣爱好、社会关系都很容易被标记，通过分析，其性格禀赋、隐私秘密和心理缺陷也极易显现。我国关键和敏感部门人员，如军队军官、国防、外交、经贸等领域人员，可能成为对方优先关注和掌握的对象。而一旦个人信息全数被掌握，对方的其他活动，如威胁利诱等就会更有针对性，也更易得手，极有可能对国家安全造成重大影响。大数据也会披露国家领导人的个人隐私，危及国家及领导人个人安全。

三是对物的掌握。通过大数据挖掘建立起中国战略资源的流转及节点图。大数据本身就包含各种商品流转的数据，通过各种商品的流转很容易分析出国家各种资源的流转，由此绘制出中国各种战略资源的流转及节点图，包括各种战略资源流转的全部流程、转化的产品形态、持有人、关联系统及相关的地点、时点、数量产能。有了这样一份战略资源的流转及节点图，中国战略资源的薄弱环节就会清晰地展现出来。显然，无论战时还是平时，这样一份战略资源的流转及节点图都可用作瓦解国家安全的导航图。

三　通过金融方式实现监管

大数据的搜集既是技术手段上的考验，也是战略手段的考验。美国拥有全球最大的资本市场，吸引了诸多国外优秀公司前来"吸金"，但在美国上市，也就意味着要受到美国金融监管部门的监管。这也意味着，上市公司可能需要按照要求向美国政府提交与调查有关的用户信息。美国对互联网公司索求个人隐私信息已不是新闻，谷歌等悉数与美国政府合作过，而中国公司，尤其是一些互联网商业巨头，其拥有的庞大数据几乎已经涵盖全中国所有地区和所有人员，将成为美国政府的下一个目标。

第三节　金融多渠道捍卫中国"第四空间"安全

互联网是一个没有硝烟的战场，输赢背后是国家实力、国家主权和国家尊严的得失，要想在互联网时代占据战略先机，就必须提高互联网科技水平、壮大互联网科技企业。金融作为资金融通的重要工具，要发挥导向作用，从多渠道捍卫中国"第四空间"安全。

一　加大金融对中国互联网高科技产业风险投资支持，实现中国互联网科技"自主可控"

美国对互联网技术拥有绝对的控制权。信息安全的关键技

术基础软件和芯片被美国牢牢控制，而国外计算机和操作系统等基础软件的大量应用，大量数据特别是涉及国家安全的数据大量流失，严重威胁我国的信息化安全。中国信息产业虽然取得了长足的进展，但"大而不强"，核心关键技术受制于人的局面没有得到根本改变。在技术标准上，要做到真正的"自主可控"，既要"中国制造"，更要"中国标准"。当前网络空间采用美国技术标准产生的所谓"100%国产"的产品绝对不是真正意义上的国产，更谈不上"自主可控"。只有真正实现中国制造、中国标准，才能实现自主可控，才能最终实现国家网络空间治理的战略目标。

互联网科技企业存在投入大、周期长、风险高等特点，金融企业出于利润的考虑对其投资比较谨慎。因此，在国家层面要建立对互联网技术企业的倾向性扶持机制，完善国家对互联网技术企业的风险投资机制。转变低技术发展模式，尽快将资金、人力转向新型战略产业上来，把金融扶植具有"自主可控"国际标准的创新型企业作为重要的战略举措，在技术标准方面培养科技"龙头企业"。

二　加大推动互联网企业境内资本市场上市力度，实现"利益内享"

互联网公司大多具有创新型、成长型特征，既是最需要得到市场资金支持的企业类型之一，也是与风险投资理念最契合的企业类型之一。但我国创业板市场从 2009 年设立至今，一直难觅互联网公司的踪迹。新浪、搜狐、网易三大门户网站与聚美优品、京东、智联招聘等互联网企业以及近期引起市场高度关注的阿里集团都选择了直接赴美上市；还有很多境内互联网企业采用 VIE（协议控制）模式，实现了间接赴美上市。在互联网公司资本高度多元化的情况下，如果互联网行业某一领域被外资所垄断，一旦垄断企业滥用市场地位就可能威胁国家信息安全、社会稳定、行业发展以及民众利益，甚至动摇执政党执政基础，后果不堪设想。因此，如何创造条件促进互联网企业在国内上市就成为当前亟待解决的问题。

建议监管部门推动 IPO 从审批制向注册制转变，并进行相应制度创新打造国内的互联网企业上市板块，支持尚未盈利但符合一定条件的互联网企业公开上市，为互联网企业在境内上市打通通道，为国内民众分享互联网成长红利创造机会。让拥有金融大数据的互联网企业尽可能在中国内地及香港上市。

三 加大对互联网中小企业融资扶持力度，实现"百花齐放"

互联网一度是中国最充分竞争的市场之一。在经历自由、自然竞争阶段之后，以百度、腾讯、阿里巴巴为代表的企业，分别占据入口、用户、交易三大环节，逐步形成了中国互联网垄断支配格局，但三大互联网企业均在美国上市，且最大控股方分别为美国、南非、日本的企业或个人，难保关键时刻我国的掌控力。另外，进入互联网市场的新企业，必须依附于上述企业才能顺利发展，并被其赚取大部分收入分成。在中国互联网行业离世界先进水平尚有相当差距的背景下，垄断对公平的抑制显然不利于行业健康可持续发展。

建议互联网行业主管部门利用《反垄断法》规制互联网企业遏制创新、滥用市场支配地位的垄断行为，打破互联网行业多年垄断的局面，鼓励多元化竞争，加大对互联网中小企业融

资的支持。制定互联网服务规范和业务互联互通标准，确保不同经营者的同类产品和服务能够实现互通和相互可操作，防止个别企业利用技术壁垒和用户规模形成垄断，为新企业创造充分的发展空间，形成"百花齐放"的格局。

四 完善互联网及互联网金融的监管，增加国家对互联网业"有效控制"

对互联网金融的监管，既涉及国家金融产业布局，也涉及国家信息产业布局，建议国家加大对互联网金融资本市场的监管，逐渐增强对互联网企业的影响力。

经济外交战略

金融国际经略篇

古今国势，必先富而后强，中华民族伟大复兴的中国梦是强国梦，强国需要富国、富民和富邻。"国之大略，三分在外，七分在内"，外交是内政的延伸，必然要服从于内政。中国虽然已成为世界第二大经济体，但面临的国际环境也更加尖锐复杂。如果说，改革开放的前35年是考验中国领导人的国内治理能力，那后35年则更要考验中国领导人的国际经略能力。随着经济全球化进程不断深入，国际政治中的重心已渐渐从外交、军事等"高政治"领域转移到经济、社会、文化等"低政治"领域。金融实力的较量，成为国与国之间较量的新战场。因此，赢得国际社会尊重，全面提升国际地位，始终是大国崛起过程中需要深谋远虑的国策，而用金融手段协助实现中国梦之目标，则是金融国策之重要内涵。新一届中央领导开拓进取，在国际经略上充满"大智慧"的"大手笔""大动作"不断，不论近邻还是远亲，不论新朋还是老友，不论对手还是伙伴，充分运用经济金融手段打造"命运共同体"，取得了新突破。

　　在国与国的交往中，金融不仅仅是经济，金融更是政治。金融不仅能将国与国之间的利益实现捆绑，更能将经济利益效应放大、持续，最终将经济实力转化为政治影响力。为了增强中国梦的国际认同，中国需要进一步使用金融手段，先予后取。甚至在特定条件下，使用金融手段时，要将政治考虑置于经济收益之上，促进经济实力向政治影响力和周边主导力的转化，最终在追梦、圆梦的过程中实现和谐崛起。站在新的历史起点上，金融国际经略亟须构建"六大经略筹谋"，即金融战略智慧、金融战略主动、金融战略布局、金融战略定位、金融战略载体和金融战略先行，系统推进金融国际经略。

第十一章 "先予后取"

——金融战略智慧

"存在得道，而不在于大；亡在失道，而不在于小"，国家的成败兴衰往往不受国家大小的影响，而单单取决于一个"道"字。"致远，亲邻，国之道"，历史上，中国对周边国家有"政治＋经济＋文化"三重影响力，而现在，中国是经济大国、贸易大国，却对全球事务缺乏足够话语权，对周边事务缺乏绝对影响力。本章的讨论主题，是如何巩固和拓展成果，更好地将经济影响力向政治影响力转化？中国存在转化问题的原因是什么？曾经碰到过类似问题的美国和日本又有怎样的应对经验值得借鉴？本章将逐一求解。

第一节 经济影响力不等于政治影响力

一 中国具有世界领先的经济影响力

改革开放以来，中国坚定不移地推进和完成了一系列具有里程碑意义的重大经济金融体制改革，有力地支持和促进了国民经济持续健康发展。中国经济实力加速提升，金融体系快速发展，共同形成了世界领先的经济影响力。

一方面，中国社会主义市场经济体制不断完善。近十年来，

社会主义市场经济体制改革在一系列重要领域和关键环节不断取得新进展，在各个方面都取得了巨大进步，经济实力快速增强，世界影响力不断上升：2013 年中国国内生产总值 56.9 万亿元人民币，位居世界第二，经济总量占世界的份额由 1980 年的 2.17% 提高到 2013 年的 15.43%，对世界经济增长的贡献率超过 20%；人均 GDP 达到 7575 美元（国家统计局 2014 年 12 月修正数据），是 2000 年的近 7 倍，是 1980 年的 21 倍，已进入中等收入国家行列[1]。主要农产品和工业品产量已位居世界第一，成为世界第一制造业大国；进出口贸易总额跃居世界第一位。2013 年，全国公共财政收入 12.9143 万亿元，比上年增加 11889 亿元，增长 10.1%；外汇储备接近 4 万亿美元，连续七年稳居世界第一位。这些成就充分展现了改革开放的伟大力量。

另一方面，中国金融改革取得了巨大的成效，在国际金融市场的影响力不断提升：金融市场体系不断健全。中国积极稳妥发展货币市场、股票市场、保险市场等各类金融市场，初步形成了多层次、多元化的金融市场体系。先后推出了短期融资融券、信贷资产证券化产品、中期票据以及债券远期交易、人民币利率互换等衍生产品。2002～2013 年，中国社会融资规模由 2 万亿元扩大到 17.29 万亿元，扩大了 8.6 倍。其中当年人民币贷款和外币贷款新增占社会融资规模由 95.5% 下降到 54.8%，而其他融资占比由 4.5% 上升到 45.2%。2013 年债券市场余额 29.6 万亿元，是 2002 年的 11.2 倍，年均增长率达 20% 以上，高于同期全球债券市场 9.79% 的平均增速近 10 个百分点。根据国际清算银行的统计，中国债券市场规模排名从 1997 年的大致第

---

① 国际比较数据来源于 2014 年公布的 IMF 世界经济展望数据库。

20 位跃升到 2013 年底的第 4 位。截至 2012 年底沪深两市共有上市公司 2494 家，比 2002 年末翻一番；总市值约 23 万亿元，比 2002 年增长了近 6 倍。2014 年底，在中国股市强劲反弹后，在世界交易所联合会（WFE）的全球市值排名，由 2002 年的第 13 位跃居 2014 年 12 月的第 2 位，仅次于美国。2013 年保险业总资产 8.288 万亿元，是 2002 年底的 12.7 倍；实现保费收入 1.722 万亿元，较 2002 年增长 5.5 倍，年平均增长近 30%，保费收入世界排名由 2002 年的第 11 位上升至 2013 年的第 4 位。

二 中国的政治影响力相对不足

尽管在改革开放之后，中国经济金融快速发展，积累了雄厚的经济实力，形成了世界领先的经济影响力，但中国的经济影响力并没有有效转化为地区战略影响。西班牙皇家埃尔卡诺研究所曾于 2012 年公布了"全球存在指数（又称埃尔卡诺指数）"，该指数用来衡量各国在全球化进程中的地位，除综合国力外，"全球存在指数"还包括各国在经济、军事、科学、社会和文化等领域内的影响力。结果显示，美国居世界第一位，德国第二位，英国第三位，法国第四位，中国第五位，日本第六位，俄罗斯第七位，荷兰第八位，加拿大第九位，意大利第十位。尽管中国已经是世界第二大经济体，但中国的"全球存在指数"排名依旧低于欧洲强国。不过，中国与美国之间的巨大差距也在快速缩小，1990 年，美国的"全球存在指数"是中国的 17 倍，到 2011 年降至 3.4 倍。无论如何，中国在世界的综合影响力是明显低于经济影响力的。

再看中国对周边的政治影响力。2010 年 5 月，新加坡内阁资政李光耀接受日本媒体采访时公开表示，东盟国家目前比较

倾向于支持美国。2010年4月，英国广播公司发布的国家形象调查结果也表明，中国在国际和东亚地区层面的吸引力都较弱。在周边国家中，只有巴基斯坦的受访者较为认可中国的影响力。而在其他参与调查的东亚国家中（泰国、印尼、韩国、日本），认为中国影响力是积极影响的受访者比例均未超过45%，平均为35%，其中日本最低仅为18%，而认为中国影响力是消极影响的比例均超过30%，平均为43%，其中韩国最高，为61%。相比较而言，在上述四个国家（泰国、印尼、韩国、日本）中，认为美国影响力是积极影响的受访者比例均超过了34%，平均为46.5%，其中韩国最高为57%，而认为美国影响力是消极影响的比例均低于40%，平均为32.5%，其中日本最低为18%。在菲律宾，则有82%的受访者认为，美国的影响力是积极影响，只有8%的受访者认为美国的影响力是消极影响①。

三 经济影响力需要转化为政治影响力

中国强大的经济实力没有转化为相匹配的政治影响力和综合影响力，即便周边国家在经济上越来越依赖中国，也并未体现出足够的尊重。特别是在东南亚国家，出现了政治上靠美国"老大"，经济上依赖中国"大哥"的现象。我们认为，促进中国经济影响力转化为政治影响力的首要之举，就是要搞清楚转化问题产生的原因。

中国的经济影响力难以转化为战略影响，一是因为在经济起飞初期，等量转化的条件还不具备。首先，改革开放政

---

① 本段参考借鉴了孙学峰2010年6月1日发表在《环球时报》上的文章"中国的经济优势不等于战略强势"。

策本身意味着中国力图加快融入以西方（美国）为主导的世界经济体系之中，中国产业、公司和劳工日益卷入全球的生产网络并内化相应的组织运作逻辑。这个阶段中国经济的发展在于采纳西方发达国家的既定规则，而非源于自定规则；其次，改革开放之后，中国经济增长模式主要是依靠海外市场的拉动，内部消费需求始终难以发挥应有的作用，结果导致许多国家对中国经济可持续崛起的疑虑较为严重，也担心中国商品冲击本国市场；最后，中国企业对外投资忽略环境保护和社会诚信等社会效益，结果使得许多发展中国家的民众认为，经济上强势崛起的中国"可畏而不可亲"。因此，在中国经济实力积累到足以主导世界经济体系之前，在中国内生经济增长模式确立之前，中国经济影响力向政治影响力的转化必然会打折扣。

二是因为中国以往将自身经济发展放在战略首位，而未能主动去承担区域领跑者的责任。改革开放三十多年来，全力实现国内经济快速增长和迅速发展构成了贯穿中国对外政策的唯一主线。这一思想使得中国更加着力维护对外关系尤其是与美国关系的稳定性。与此同时，中国尽可能地避免与复杂国际事件发生纠缠，并把国际领导甚至区域领导的位置留予他人。也就是说，在经济起飞阶段，中国尚没有乱中有为、主导周边事务的强烈主观意愿。

三是因为未能在处理周边关系和国际事务时表现出"先予后取"的智慧。"中国撼动了世界，但并没有塑造世界"[1]，主

---

① 引自智库欧洲国际经济政策中心（ECIPE）的高级研究员德仲齐耶（Guy de Jonquières）。

要是因为"在大部分场合，中国的表现都更像是个不愿出钱的出纳员，比起利用其经济实力换取地缘政治上的优势，中国显然对其出资能否实现相应的回报更加在意。中国的所言所行与到处咆哮、耀武扬威的超级强权者相比区别甚大。中国是一个忧心忡忡的投资人，它时刻担心会被卷入混乱的政治金融雷区，并急切希望由他人带路"①。中国并没有在周边表现出"长者"的足够气度，仅仅重视对外投资的经济回报，而忽视了对外投资的战略作用，并没能在自身经济飞速发展的过程中让周边经济体共享到足够的利益，进而使其对中国的区域领导力缺乏认同。

目前，中国已经走过经济实力积累的初级阶段，伴随着经济结构调整和增长方式转变，中国经济增长的内生性不断增强，未来的发展也无须继续完全遵从别国主导的现有规则。此外，后危机时代恰是全球经济秩序、国际货币体系深度调整的时期，循规蹈矩已经难以保障国家利益，乱中有为才能有所作为，这个时候，中国崛起已经不再以经济增长为唯一核心，增强中国的全球影响力和区域领导力已经成为新的战略重心，特别是新一届中央领导提出了"命运共同体"倡议、推动"一带一路"战略、加速推进"三行战略"和"丝路基金"，为经济金融实力转化为政治影响力奠定了良好基础。如此背景下，促进中国经济影响力转化为政治影响力的关键，是主动调整实施"先予后取"共赢战略。

经济强大并不等于政治强势。只有通过利益输送和利益捆绑真正做到利益共同体、责任共同体和命运共同体，中国经济

---

① 引自亚太财经与发展中心网站《世界权利的转移与中国影响力》一文。

实力才能最大限度地转化为影响力，才能在周边博弈中占据主动，将博弈导向更有利于自己的方向，才能真正实现"共赢"。至于如何才能做到"先予后取"，可以先看看美国和日本的两个案例。

第二节 "先予后取"的国际经验

二战后，美国利用马歇尔计划[①]（The Marshall Plan）成功实现了"先予后取"的战略意图，"先予"了 130 亿美元，就"后取"到难以估量的霸权收益。20 世纪 80 年代中期，日本利用"黑字还流"计划（Capital Recycling Program）也成功实现

————————

[①] 马歇尔计划，官方名称为欧洲复兴计划（European Recovery Program），是二战后美国对被战争破坏的西欧各国进行经济援助、协助重建的计划，对欧洲国家的发展和世界政治格局产生了深远的影响。二战欧洲战场胜利后，美国提出凭借其在二战后的雄厚实力帮助其欧洲盟国恢复因世界大战而濒临崩溃的经济体系，并同时抗衡苏联（USSR）和共产主义势力在欧洲的进一步渗透和扩张而提出马歇尔计划。该计划因时任美国国务卿乔治·马歇尔（George Marshall）而得名，但事实上真正提出和策划该计划的是美国国务院的众多官员，特别是威廉·克莱顿和乔治·凯南。该计划于 1947 年 7 月正式启动，并整整持续了 4 个财政年度之久。1948年 7 月，经济合作总署（OECD 前身）开始进入正式运作。同年，这一组织发布了它的使命声明，内容包括：推进欧洲经济进步、促进欧洲生产发展、为欧洲各国货币发行提供支持以及推动国际贸易（特别是与美国，因为其经济利益需要欧洲足够富裕，以有足够的市场容量以输入美国商品）。马歇尔计划涉及的资金通常都先交付给欧洲各国的政府。所有资金由所在国政府和经济合作总署共同管理。每个参与国的首都都会驻有一名经济合作总署的特使。这一职位一般都由一位有一定声望的美国籍商界人士出任。经济合作总署不仅鼓励各方在援助资金的分配上进行合作，还组织由政府、工商业界以及劳工领袖组成的磋商小组，对经济情况进行评估，同时决定援助资金的具体流向。马歇尔计划按原定计划于 1951 年如期终止。此后，因美国介入韩战并面临日益增长的军备开支，试图延续马歇尔计划的努力都未能成功。

了"先予后取"的战略意图,"先予"了650亿美元,就"后取"到周边的尊重和认同。

一 马歇尔计划的"先予":130亿美元

马歇尔计划的实行,为美国日后深度影响欧洲的政治、经济,并获得全球大格局的主导权,奠定了坚实的基础。马歇尔计划结束后,美国对欧洲国家的其他形式的援助始终没有停止过。

马歇尔计划的成功主要原因有四方面:一是经济投入十分合理。自1947年马歇尔计划启动至结束,西欧各国通过参加经济合作发展组织(OECD)接受了美国包括金融、技术、设备等各种形式的援助。在马歇尔计划中,美国"先予"的经济援助合计130亿美元,若按美国1947年2499亿美元的GDP规模看,这一援助占美国一年经济总量的5.2%。此外,根据计算,1947~2013年,美国总的通胀率是1195%,考虑通胀因素的话,这笔130亿美元的援助相当于2013年的1554亿美元。应该说,这笔"先予"的金额对美国而言尽管不算小数字,但也完全是可承受的。

二是政治意图得到了很好的实施。马歇尔计划最初曾考虑给予苏联及其在东欧的卫星国以相同的援助,条件是苏联必须进行政治改革,并允许西方势力进入苏联的势力范围。但事实上,美国担心苏联利用该计划恢复和发展自身实力,因此美国故意提出许多苏联无法接受的苛刻条款,最终使其和东欧各国被排除在援助范围之外。经济合作总署(以及马歇尔计划)的另外一个没有被官方承认过的目标,则是对苏联势力在欧洲不断扩张的影响进行遏制,特别针对捷克斯洛伐克、法国和意大利共产党势力的增长。

三是羊毛出在羊身上。欧洲人将大多数来自于马歇尔计划的援助资金用于输入美国生产的商品。欧洲国家在二战中几乎消耗光了它们的所有外汇储备，因此马歇尔计划带来的援助几乎是它们从国外进口商品的唯一外汇来源。在计划实行的初期，欧洲国家将援助大多用于进口急需的生活必需品，例如食品和燃料，但随后大宗进口的方向又转向了它们在初期也需要的用于重建的原料和产品。随后的几年内，在来自美国国会的压力以及朝鲜战争爆发的双重逼迫下，美国还是投入了大量资金用于重建欧洲各国的军备，且这一数字逐年增长。据统计，截至1951年中期，在提供的共130亿美元的援助资金中，有34亿美元用于输入原料和半制成品，32亿美元用于购买粮食、饲料以及肥料等，19亿美元用于进口机器、车辆和重型设备等重工业品，还有16亿美元用于输入燃料。

四是成功的配套辅助项目。同时设立的还有对应基金（Counterpart Fund），这一项目的作用是将马歇尔计划的援助资金转换成为由当地货币构成的资金。按经济合作总署的章程规定，不少于60%的基金数目应用于制造业的投资。这一点在德国最为突出。在当地政府的调控下，这部分基金大多用于向私人企业贷款，从而使它们在推动重建的进程上起到了重要的作用。这笔基金在德国的再工业化过程中也起了核心作用。以1949~1950年为例，德国采煤业投资总额的40%是由这个基金提供的。对贷款的企业来说，它们须按期偿还贷款。而在偿还后，这部分资金又会很快被再次贷出。在当时，这一过程是假借德国国有银行德国复兴信贷银行的名义进行的。这一基金后来转由德国联邦经济部管理。到1971年，其数目仍有100亿西

德马克。到了 1997 年，这个数字已经达到了 230 亿德国马克了。通过这一循环信贷系统，截至 1995 年年底，这一基金中已有大约 1400 亿德国马克的资金以低息贷款的形式贷给了众多德国公民。而剩下的 40% 对应基金则用于偿还外债、稳定货币以及投资非工业项目。法国对对应基金的使用最为广泛。他们主要将这笔资金用于抵消财政预算赤字。不过在大多数其他参与国家的内部，对应基金中的款项大多被作为政府的一般收入，而不是像德国一样用于反复循环的对民间贷款。

二 "黑字还流"计划的"先予"：650 亿美元

"黑字还流"计划于 1987 年至 1991 年日本财政年度内施行，计划主要包括三期。这一计划中，日本"先予"的成本合计总额约为 650 亿美元。

从构成来看，"黑字还流"计划混杂了政府发展援助和商业性日元贷款等两类业务。其中，政府发展援助包括向国际金融机构出资和通过日本海外协力基金向海外提供具有援助性质的日元贷款等两类。商业性日元贷款业务可分为日本进出口银行的海外日元贷款业务，以及日本商业银行参与的由日本进出口银行或国际开发性金融机构组织的海外日元银团贷款业务。

从资金来源看，"黑字还流"计划资金主要通过政府发展援助预算资金和私人储蓄资金等两方面筹集。政府发展援助预算资金主要包括两类：一类是一般会计预算，全部来源于国家税收，属于无成本资金，另一类是财政投融资，属于有成本资金，主要来源于向国民借入的邮政储蓄、国民年金、养老保险、发行国债，均为日本政府向家庭的融资，属于需要还本付息的低息资金。政府发展援助预算资金主要用于向国际金融机构融资以及为海外协力基金的援助性日元贷款融资，其中30%来源于无成本资金，70%来源于低息资金。私人储蓄资金主要来源于家庭和企业的储蓄，属于高成本资金，主要通过商业银行存款、日本进出口银行发债以及外国政府和国际机构发行日元债券等途径筹集，主要用于向日本进出口银行和日本商业银行发放的商业性日元贷款融资。总体而言，私人资金是"黑字还流"贷款的主要来源，在650亿美元中有460亿美元来自私人资金，占比约为71%。

三　马歇尔计划和黑字还流的"后取"

马歇尔计划是一个经济政策，但效果远远超出了经济领域。表面上，欧洲是马歇尔计划的直接受益者，而实际上，美国从马歇尔计划中"后取"的战略利益更为巨大。从本质上看，马歇尔计划是杜鲁门主义的落地战略，在经济上扶助欧洲的同时，美国成功地获得了西欧的认同，并有效地孤立了苏联，将全球博弈主导至冷战格局，甚至为美国赢得冷战对峙奠定了基础。因此，马歇尔计划130亿美元的"先予"，让美国"后取"到了重要盟友的尊重和支持，以及宝贵的大格局主导权，并最终帮助美国确立了霸权。

"黑字还流"计划在2000年左右已经全部完成。虽然该计划存在一些问题，但计划在维护日美关系和推动日本金融体系国际化方面确实发挥了积极作用，而且在取悦周边、化解仇恨，为日本崛起削减周边压力的同时，也实现了日本自身产能过剩和增长放缓压力的释放。特别是该计划通过日元海外贷款这一手段，不仅推动了日本国内资金大规模向海外流出，加速了日元国际化，还支持了日本企业"走出去"。

第三节　中国周边困局

　　尽管中国周边形势总体上保持了和平稳定的良好局面，但依旧存在不稳定因素，近年来，这些"常态化"的不稳定因素不断加剧，另一些新变化也给中国周边安全带来了潜在威胁，中国周边困局正在缓慢形成。为突破周边困局，中国既要用好政治手段、外交手段，也要用好经济手段和金融手段，多管齐下，实现中国经济影响力向政治影响力的转换，形成并巩固中国在周边博弈中先发制人的主导地位。

一　中国周边关系既重要又复杂

（一）中国周边环境历来有复杂性

　　几千年来，周边国家关系在中国的地缘战略中始终占有非常重要的位置。然而和世界其他大国相比，中国周边地缘环境比较复杂。一是中国地处欧亚大陆东部，陆地边界线长达22000多公里，与15个国家相接壤，海岸线总长18000公里，与8个国家的大陆架及200海里专属经济区相连接。周边国家的国土面积总和为3258万平方公里，人口22亿，占世界国土面积和总人口的22%和37%。二是中国和周边不少国家有着历史恩怨，和个别国家甚至还发生过战争，现在还在影响着相互关系。三是周边国家社会制度不同，发展水平各异，文化、民族和宗教多样。四是中国周边是世界大国利益交汇处，冷战时期曾形成了不少"热点"，至今仍有影响。因此，当中国的发展进入目前的关键时期，制定符合国家现实和长远需要的周边经略尤显重要。

（二）美国将其战略重心移到中国周边地区

近几年来，美国这个世界老大对中国的战略疑虑在上升，奥巴马政府以"亚太再平衡战略"将重心重返亚洲，挑动周边国家与我国制造争端。一是在政治上，奥巴马在巩固和强化亚太传统盟友关系的同时，重点加强与中国的互动，并积极参与亚太区域对话与合作。二是在军事上，美国加速从伊拉克和阿富汗撤军，重点加强在日、韩、关岛等地的军事部署，增加美国海军在亚太区域的巡航，并首次向澳大利亚派驻地面作战部队，凸显美国在亚太的军事存在。三是在经济上，美国通过启动"跨太平洋战略经济合作伙伴关系"（TPP）谈判，牵头制定高标准的自由贸易协定，抢占亚太经济规则的制高点和主导权。四是在金融上，美国以推出和退出量化宽松货币政策（QE）继续主导世界经济发展节奏，另外限制中国等新兴国家在国际货币基金组织和世界银行中谋求更大的发言权，并对中国"人民币国际化"的推进予以狙击，以维持其全球霸权的核心——"美元霸权"。

（三）和平、稳定和发展的周边是中国国家发展的重要条件

进入新世纪，周边国家在中国地缘战略中的重要性变得更加突出。一是从政治上看，周边是中国维护国家安全和发展经济，以及发挥国际作用的主要依托。周边多为发展中国家，与之能在许多国际和地区的重大问题上达成共识，并在国际舞台上相互支持、相互配合。二是从经济上看，周边国家是中国改革开放，开展互惠互利经济合作的重要伙伴。中国的发展给周边带来机遇，周边的繁荣也会使中国从中受益。三是从安全上看，周边是中国维护社会稳定、民族和睦的直接外部屏障，周边环境历来对中国国内形势以及发展战略有直接牵动作用。

可以说，周边稳，以及中国同周边国家关系稳定，中国才稳；周边安，以及中国同周边国家关系安好，中国才安；周边富，以及中国同周边国家提升经济关系，中国才富。一个和平、稳定和发展的周边是中国国家发展的重要条件。正因为如此，中国把加强同周边国家的睦邻友好定为国家对外关系的重点和外交的优先目标。

二　中国周边困局缓慢形成

尽管中国周边形势总体上保持了和平稳定的良好局面，但依旧存在不稳定因素。从近况看，不仅朝鲜半岛问题、钓鱼岛争端、南海问题、阿富汗问题、恐怖主义威胁等热点问题仍然突出。"五个变量"也给中国周边安全环境带来新的潜在威胁。

一是西部恐怖主义威胁上升。美军击毙本·拉登后，美逐步调整全球反恐战略，从伊拉克完成撤军，并加速从阿富汗撤军。阿富汗局势存在着诸多不确定性，那么阻止恐怖势力外溢特别是严厉打击三股势力，就成了阿富汗周边各国的共同任务。另外，美国对伊拉克和叙利亚新国际恐怖主义中心的形成持纵容态度，导致 IS（伊斯兰国）做大，特别是"东伊运"等"东突"暴恐势力派人赴叙利亚参加"圣战"，通过"圣战"不断培养反华恐怖分子，并逐步融入国际恐怖组织网络，将针对中国的"圣战"纳入国际恐怖主义的目标。美国乐见恐怖主义"祸水东引"，特别是在我国"丝绸之路经济带"的沿途国家多是国际恐怖主义高危国家，通过与该经济带的人员、物资往来，我国西部面临国际恐怖主义威胁也将上升。

二是日本加速右倾化和军事化，引发东亚局势持续紧张。自安倍第二次执政以来，日本政治右倾化加速发展。从安倍的

"侵略定义未定论"到桥下的"慰安妇必要论",再到麻生的"效仿纳粹修宪论",安倍政府在政治右倾化的道路上越走越远。安倍及其阁员发出否定侵略历史的言行,引起周边国家的强烈不满。日本政府试图否认和篡改日本侵略历史,并在参拜靖国神社问题上采取纵容与支持态度,加剧了日本与邻国的政治对立。日本以周边安全形势复杂恶化为由,借口与中国、俄罗斯以及韩国的领土纷争及朝鲜的"核威胁"大力发展军事能力,增加了与邻国发生潜在武力冲突的能力和可能性。

三是美国与东南亚国家军事关系大幅提升,对中国周边安全造成潜在威胁。美国显著强化盟国和准盟国在其东南亚战略中的支柱地位,与菲律宾、泰国、新加坡军事关系进一步提升;作为同盟关系的重要补充和加大在东南亚军事存在的主要着力点,其大力发展与印度尼西亚、马来西亚、越南等国的军事关系,"新战略关系"取得很大进展;通过改善与柬埔寨、老挝、缅甸等国军事关系,介入各国军事现代化和职业化进程,使美国在东南亚的军事链条趋于完整。

四是南海形势趋向紧张。越南和菲律宾是南海问题中立场最强硬、制造摩擦最多的两个国家。2013年,菲律宾借助国际社会施压中国,2014年,越南在南海问题上也出尔反尔、挑衅中国,加剧了中国周边局势紧张。

五是中南半岛在大国博弈中的地位日益凸显。泰国再现动荡,缅甸国内民族冲突加剧,越南、老挝和柬埔寨均面临着"颜色革命"的威胁,给中国周边稳定造成冲击。中南半岛长期以来一直是亚太地区多个大国力量的交汇地带,近年来该区域在大国博弈中的地位日益凸显,美国的"亚太战略再平衡",日本的"价值观外交",印度的"东向战略",俄罗斯的亚太战

略新构想及中国的周边战略，都在中南半岛碰撞交集。随着泰国、缅甸国内动荡加剧，中国周边战略在中南半岛的推进也遇到了较大阻力。

第四节　世界需要平等共赢的"一带一路"

从危机后的全球经济复苏来看，过程曲折、增长渐缓，在2008年金融危机爆发6年之后，全球经济依旧没有彻底走出危机的阴霾，全球经济增长率不仅长期低于历史趋势水平，还连续低于市场预期，特别是新兴市场经济体，增长"失速"的风险不断积聚。如此背景下，世界需要新的经济复兴计划，来优化全球范围的资源配置，激发世界经济特别是新兴市场经济的潜力，实现危机后真正的、可持续的"全球复兴"。而从实际可能来看，只有中国可以担当这一重任。2013年，习近平主席在访问哈萨克斯坦和印尼时，提出了共建"丝绸之路经济带"和"21世纪海上丝绸之路"的战略构想。"一带一路"是面向世界的大国战略，本质上完全不同于以谋求霸权为目的的"马歇尔计划"，是强调互利共赢，不加任何条件、不谋求霸权，先予后取，公平透明，合作互惠的。"一带一路"不是经济援助计划，也不是基于地缘政治考虑的结果，而是基于地缘经济与基于比较优势基础上的全球产业分工体系，不仅可以帮助世界经济复兴，还是中国突破周边重围的希望所在，将影响全球地缘政治结构与未来世界秩序的重建。

一　新兴市场需要"一带一路"

在目前的经济环境下，新兴国家，尤其是其基建项目急需

"一带一路"战略带来的动力。发展中国家基础设施获得长期融资十分困难，随着"一带一路"战略的推进，将有望迅速弥补这些资金缺口，给新兴市场经济强劲复苏和可持续发展提供有力帮助，并给全球经济最终走出危机阴霾奠定基础。

一是将会提高新兴市场就业率。基础设施投资能在短期内给那些受危机影响最严重的产业部门直接带来大量工作机会，如建筑业和制造业，基础设施项目还会给相关产业部门提供间接就业机会，这些新增的直接或间接就业岗位将增加居民家庭的收入和消费。

二是将会驱动新兴国家经济发展。基础设施的改善会通过多个渠道影响一个国家的产出。在建设期，基础设施投资会给地方经济带来就业机会和经济增长。在完工后，基础设施会提高生产率，促进私人资本形成，加快聚合经济效应的出现等。跨国研究证明，基础设施投资对新兴发展中国家的经济增长有重要影响。有研究估计，相比 1991~1995 年，基础设施投资使 2001~2005 年新兴发展中国家的年均增长率提高了 1.6 个百分点。

三是将能有效弥补巨大的市场供需缺口。新兴发展中国家存在较大的基础设施缺口。全球大约有 14 亿人的生活没有电力，8.8 亿人的生活没有安全的饮用水，26 亿人不能获得基本卫生服务，估计有 10 亿农村居民的住所与公路的距离在 2 公里以上。在未来，新兴发展中国家对基础设施的需求还将快速增长。随着世界人口在 2050 年接近 90 亿，以及更多人口迁往城市居住，全球的建筑存量预计到 2050 年还将翻番。有研究估计，新兴市场基础设施的融资缺口为每年 4000 亿~6500 亿美元。亚洲开发银行 2012 年测算则称，2010 年到 2020 年，32 个

亚开行成员国需要基础设施投资 8.22 万亿美元，每年平均需投资 8000 亿美元，每年亚洲的建设资金缺口有 600 多亿美元。

二 "一带一路"主要引擎非中国莫属

"一带一路"主要引擎只有中国能一力承担，是因为发达国家存在巨大的财政巩固需要，而除中国外，其他新兴市场经济体，特别是金砖国家都面临着巨大的经济增长压力和金融市场震荡。利用 IMF 的预测数据进行测算，2013～2018 年，全球债务总量可能将从 58.7 万亿美元扩张至 69.3 万亿美元，年均复合增长率高达 3.38%，如果按照这一速度持续扩张，2023 年，全球债务总量将超过 80 万亿美元，2025 年则将达到 87.5 万亿美元，绝对规模十分巨大。从结构看，发达经济体的债务风险将明显高于新兴市场经济体，2018 年，发达经济体政府负债率预估值依旧高达 104.3%，始终高于 100% 的技术破产线，不具有以主权形式对外大幅投资的可能性。此外，2013 年下半年以来，印度和巴西面临局部金融危机的挑战，俄罗斯则深陷乌克兰危机和美欧金融制裁泥潭，只有中国经济表现稳定，且保有规模庞大的外汇储备可用于对外投资。

某种程度上，目前中国在对外交往方面，同 1945 年二战刚结束的美国面临的环境和机遇窗口是类似的。当时美国拥有全球的最多黄金储备，占当时西方世界黄金储备的 48.5%，为法意德英日的 4.5 倍；而目前中国拥有全球最多高达近 4 万亿美元的外汇储备。当时美国拥有全球最大的工业产能，二战中美国由中立到参战，成为"民主国家的兵工厂"，至 1948 年，美国工业已占世界总产量的 53.4%，世界出口总值的 32.4%；而中国现在存在普遍的过剩产能，在 500 个主要产品产量中有 220

种居世界前列。因此，带动周边国家和地区发展的引擎只能是中国。

第五节　中国经略周边需要"先予后取"

破解周边困局，最关键的一点是，中国要用好经济金融手段，把巨大的经济影响力转化为周边政治影响力，在经济崛起的同时获得周边的情感认同和政治尊重。尽管"一带一路"已在推进之中，但仍需在"一带一路"领导小组的领导下，有效协调各部门各地方力量，统筹国际、国内两个方向，形成合力。只有在构建顶层设计的基础上，积极推动"睦邻、安邻、富邻"的周边外交政策，加快提升开放型经济水平，建立与周边国家的共同市场，采取"先予后取"的主动式地缘战略，与周边国家互通有无，中国才能最终实现同周边国家的共同安全和共同繁荣，才能确立自己在周边秩序建设中的主导地位。

一　"一带一路"的做大做实需要顶层设计

"一带一路"是以政策沟通、设施联通、贸易畅通、资金融通、民心相通为主要内容，以资本输出形态带动商品、劳务、技术和标准"走出去"的大计划，是以经济影响力换政治影响力的大战略，需要借助清晰、明确的顶层设计来做大做实。具体建议如下。

（一）计划目标

"一带一路"实施的目标一是实现睦邻、安邻、富邻的周边外交战略，削减中国崛起的周边压力；二是将巨额外汇储备变为国家影响力的源泉，提振中国在周边国家和新兴市场中的

形象和地位；三是刺激出口并减轻国内产能过剩的压力；四是增强亚洲区域凝聚力，培育区域金融市场，增强中资金融机构参与和主导周边经济金融事务的能力和经验等。

（二）计划实施方式

中国经略周边需要提升经济开放度、建设共同市场、采取"先予后取"的主动式地缘战略等。

（三）计划实施时间

"一带一路"初期实施期间为 2014 ~ 2020 年，以配合促进"十二五"规划和"十三五"规划对外开放战略目标的实现。

（四）计划资金来源

资金来源分为两部分，一部分是外汇储备，属于无成本资金，总金额为 1000 亿至 2000 亿美元；另一部分是财政投融资，属于有成本资金，主要来源于政府向私人部门借入的邮政储蓄、国民年金、养老保险、发行国债，均是需要还本付息的低息资金，总金额与外汇储备出资额相等。在不同投资项目上，两部分资金的投入份额将有差异，遵循"优化资金结构、用好储备资金，保障民间投资安全"的原则，操作方案将由"一带一路"领导小组视具体情况确定。

（五）计划投资方向

投资方向是全球范围的新兴市场经济体，以周边新兴市场经济体和投资潜力巨大的新兴市场经济体为重点方向，向西推进丝绸之路经济带建设，向东南推进 21 世纪海上丝绸之路建设，并向更远的非洲加大战略覆盖。

（六）计划投资中介

投资中介可以是中国主导的、中国国有金融机构参与的区域性投资机构，建议构建以金砖国家开发银行、亚洲基础设施投资银行、上合组织开发银行和丝路基金为主导，以三大政策性银行和中国五大国有商业银行为主体的"一带一路"的具体执行"银团"，并成立"中国国际开发计划署"统筹整个"一带一路"的战略落实。

（七）计划战术配合

为了配合"一带一路"的深入推进，中国应当全力推动各种规格的自贸协定谈判。截至2013年12月，中国正在建设18个自贸区，涉及31个国家和地区。已签署12个自贸协定，另外六个自贸协定正在谈判，《海峡两岸服务贸易协议》也已经签署。在多边方向上，积极推动服务贸易协定、政府采购协定、信息技术协定等谈判，加快环保、电子商务等新议题谈判。中国还应该主动回应参与高标准自贸区建设，推进中美、中欧投资协定谈判，最终形成对外开放与改革发展良性互动格局，实现"一带一路"的战略目标。

二 采取"先予后取"的主动式地缘战略

中国经略周边的核心战略是"先予后取"的主动式地缘战略。"先予后取"是一种互利共赢的联合战略，旨在通过一系列先"富邻"的外交经济政策，促进和巩固与周边国家的睦邻友好关系，从而为后来与周边国家共同开发和利用其战略资源奠定坚实的基础，实现地缘环境优化，促进经济影响力向政治影响力的转化。中国经略周边需要采取"先予后取"的主动式地缘战略，具体包括以下内容。

一是扶植周边国家具有比较优势的产业。中国应对周边国家具有比较优势的产品降低关税，而且给予较为落后的周边地区以减免关税的待遇，促进周边国家的经济增长，首先实现

"先予"的"富邻"政策。中国要和周边国家尽量错开产业竞争层次，进一步扩大进口。中国应对与周边石油开发项目有关的产业给予一定的出口信贷额度，放宽外汇管制、提供低息贷款。可通过在周边国家投资办厂、承包工程和劳务输出等方式，扶植周边国家能源业、农业和畜牧业等具有比较优势的产业，立足于扩大与东道国的共同利益，寻求长期共同发展。

二是逐步撤销周边贸易区的行政管制。中国要增强企业特别是国有企业在周边国家战略性投资的灵活性，必须简化政府有关部门投资审核的程序和时间，并尽可能保持国有企业管理层的连续性，建立高效的政策支持、协调体系。

三是对高耗能产品实行零关税进口，根据周边国家的发展阶段、现状与需求，将新增重工业创造性地转移到周边国家生产。中国正处于工业化中期阶段，工业占经济比重超过50%，其中高耗能、高排放行业在工业中占比较大。因此，在中国产业结构调整过程中，应逐步鼓励一些符合周边国家发展阶段特点的产业转移到周边国家生产，并对周边国家高耗能产品的进口采取零关税政策。同时，中国应加快发展新能源和节能环保等绿色产业，这不仅将创造出新产品、新技术和新产业，而且将派生地创造出对绿色产品、节能环保技术和设备等方面的大量需求，带来更多的区域贸易和投资机会，改变中国能源贸易的传统格局。在新增重工业转移的过程中，中国要大力发展服务业，实现制造业优势与服务业发展相结合，提高服务业在第三产业中的比重，优化产业结构，降低能源资源消耗，提高经济效益。中国应从依靠第二产业带动的经济增长方式逐渐过渡到依靠第一、第二、第三产业协调带动的新模式，全面提高国际竞争力。

四是加快建设与周边国家的运输通道。中国应积极参与和大力推动中亚、泛亚、南亚、东北亚等周边区域国际交通运输通道的建设，加快推进陆上能源资源战略安全大通道建设，形成与周边国家和地区基础设施互联互通网络，推动区域资源整合和利益共享，不断拓展国际发展空间。

三　加快提升开放型经济水平

中国经略周边需要提升经济开放度。提升经济开放性既是对外开放的基础，也是建立外部影响的基础。

一是政策上鼓励开放型经济。除了税收扶持政策，还可以考虑改革绩效评价体系，如变 GDP 考核为 GNP 考核，鼓励投资企业使用人民币结算，建立独立自主的人民币清算系统等。加快实施自由贸易区战略，进一步加强与周边主要贸易伙伴的经济联系，促进投资贸易便利化，积极推进与周边区域、次区域合作、国内区域发展战略的对接，从而用经济手段促进政治问题的解决。

二是优化出口结构。要发展对外贸易，优化进出口结构，转变外贸增长方式，努力缓解外贸顺差过大的矛盾，支持具有自主品牌和高附加值产品出口，扩大服务产品和农产品出口，控制高耗能、高污染产品出口，促进加工贸易转型升级。要增加能源、原材料以及先进技术装备、关键零部件进口，加强国家口岸管理和检验检疫工作。

三是优化进口结构。要做好利用外资工作。注重提高引进外资质量和优化结构，更多地引进先进技术、管理经验和高素质人才。引导跨国公司把高端制造和研发环节转移到中国，吸引外资加快向中西部、东北地区等老工业基地和符合产业政策的领域扩展。大力承接国际服务外包，提高中国服务业发展水

平。加强对外资并购的引导和规范。优化投资环境，规范招商引资行为，纠正一些地方违法违规变相给予优惠政策和层层下达分解指标的做法。

四是优化企业合作。要引导和规范企业对外投资合作。完善财税、信贷、外汇、保险等政策措施，支持有实力、有信誉、有竞争力的各种所有制企业"走出去"。加强引导和协调，避免企业在境外盲目投资和恶性竞争。发展对外承包工程与劳务合作。办好境外经济贸易合作区。推动多哈回合谈判进程，积极参与多边贸易规则制定，稳步推进双边和区域自由贸易区建设。

五是重视能源外交。鉴于能源安全的重要性，中国应借鉴北美自由贸易区的模式，积极推行周边能源外交并努力在东南亚和中亚地区寻求稳定的油源和开发新的运输通道。当前中国具有利用东南亚和中亚石油资源的地缘政治优势。中国和这两个地区的所有国家都保持着良好的政治关系和经贸关系，中国可进一步强化与这些地区国家在石油领域的交流与合作，围绕着石油资源开采和运输问题，与之协调地缘关系，以此来提高获取国际石油资源的安全系数，以弥补中国石油资源的不足。

第六节　建立"人民币国际化"新平台
——离岸证券交易市场

一　"一带一路"沿线国家亟需直接融资渠道

"丝绸之路经济带"和"21世纪海上丝绸之路"（简称"一带一路"）建设，是党中央、国务院根据全球形势变化，统筹国内国际两个大局做出的重大战略决策。"一带一路"要做到"五通",货币资金的互通是重要部分。不仅要做到货币互换,还要通过丝路基金、亚投行等投资机构加强投资活动。与此同时,我们还应当考虑配套提供资本市场的融资服务。

沿线 65 个国家大部分是新兴和发展中国家,经济发展阶段有所不同,区域金融抑制广泛存在。许多国家资本市场发展缓慢,优质企业缺少安全和高效的直接融资渠道;总体经济实力有限,建设互联互通的基础设施缺乏资金和融资支持;"一带一路"涉及多个国家、多个币种的广泛跨境金融合作,目前却缺乏有效的多边合作框架;此外,由于地缘政治、经济博弈非常复杂,建设并完善区域货币稳定体系、投融资体系和信用体系还存在一些现实困难。

遵循"重视沿线分化、掌控政策机动、活用创新思维、发挥金融作用"原则,吸引沿线国家企业到中国上市,是推进人民币投资货币化的关键,也是切实破题"一带一路"的"牛鼻子"。

二 金融创新思维下的离岸证券交易市场(国际板)构想

顶层设计上,建议充分发挥金融作为国家软实力的先行优势和引领作用,集中金融力量办好"一带一路"这件大事,将"创新思维、创业心态"贯彻到底,在战略安排上体现"四个结合":一是"引进来"和"走出去"相结合,既要积极推动中国金融机构走出去,也要大力吸引沿线国家企业走进中国金融市场;二是利益共享和金融反制相结合,促进沿线国家实体经济与中国资本市场的深度结合,在共赢模式下切实提升中国在"一带一路"沿线的金融控制力和政治影响力;三是宏观目

标和微观利益相结合，保障宏观战略的推进具有坚实的微观基础；四是整体推进和机动灵活相结合，既要全面加强与沿线国家的金融互动，还要根据多重分化的区域特征区别对待，特别重视与中国关系复杂的国家建立密切金融关系，让金融成为减轻中国崛起压力和破解周边难题的利器。

舆论引导上，建议处理好境内离岸证券交易市场（国际板）与香港资本市场的关系，强调互利共赢的关系而非零和博弈关系，通过"沪港通"和"深港通"等渠道让香港共享利益。

具体创新上，建议在上海自贸区或者前海推出离岸证券交易中心（即国际板），通过相应制度设计吸引沿线国家的重点企业赴中国上市，从而建立沿线国家实体经济与中国资本市场的直接联系，提升境内投资者在国家战略实施中的利益分享，并用金融手段切实增强中国在"一带一路"推进过程中的影响力和主导地位。

三　具体建议

第一，依托沪深交易所或者新三板，在上海自贸区或深圳前海设立离岸证券交易中心（国际板），允许境外公司，特别是"一带一路"国家的公司，发行股票并上市交易。

第二，该市场为离岸市场，与目前的 A 股市场有较大差别。境外公司可以普通股形式直接挂牌上市；以人民币计价，同时境外投资者可以不受外汇规模、外商投资比例限制，自由买卖；境内合格的投资者也可参与该市场。

第三，境外企业境内上市，如直接嫁接在目前的 A 股市场，难度较大。前些年上交所筹备国际板，目前已经暂停；上海期货交易所下属的上海能源交易中心开展原油期货交易中心，目前进展顺利。其经验教训值得借鉴。设立离岸市场，与 A 股市场相对独立，比较容易操作。法规上，可以在目前《证券法》的框架下，通过国务院颁布规定的方式制定规则。

第四，遵循循序渐进的原则。在"沪港通"和"深港通"推动国际资本有序进入中国资本市场的基础上，先行先试，干中学，逐步调整，先开口子，再择机全面推进；先小范围，再逐步扩大范围；先小额度，再慢慢加大力度。

第五，在推动"一带一路"沿线国家企业赴中国上市过程中，积极鼓励并支持由中国券商、投行和商行提供相关金融服务，适当减少欧美金融机构的参与度，既保障这一过程的风险可控，也给中国金融机构的国际化提供更有力的帮助。

第六，制度上允许各国的境外企业挂牌上市，包括欧美大型企业、红筹公司、"一带一路"公司，等等。但是政策上要把丝路基金支持的相关项目、对所在经济具有系统重要性的沿线国家企业、和中国业务往来密切的相关企业，优先安排上市。

第七，要加强对上市公司的协同监管，以维持良好的市场秩序，保护投资者。为此，必须与相关国家建立良好的司法合作机制，并发挥中国证监会在协同监管中的核心作用。此举可在保障投资者利益的同时，用金融手段强化中国在"一带一路"推进过程中的影响力和主导地位。

第八，发行交易以人民币计价。可以增强境外投资者持有人民币资产的信心，推动人民币国际化。促进沿线国家与中国的贸易往来更多地使用人民币结算、计价；支持沿线国家人民币离岸中心建设，促进人民币在岸市场与离岸市场互动。

第九，该市场可以同时发行交易境外企业的债券及其他证券产品。

第十二章　多样性金融经略

——金融战略布局

国际金融格局总体呈"东升西降"趋势，美国为维护全球金融霸权地位对中国金融崛起全面狙击，中美两国为金融产生摩擦不可避免；俄罗斯因受美欧严厉金融制裁陷入困境，全面寻求中国金融领域支持；因监听风波和斯诺登事件等因素影响，美国和欧洲的战略互信受到一定损害，欧洲各国"去美元化"趋势凸显，美国对欧洲祭起金融制裁大旗，欧洲国家顶住美国阻力"入伙"亚投行；发展中国家面临基础设施落后、资金缺口大的问题。中国金融国际经略面临错综复杂的国际环境，如何在乱中寻序、乱中寻机，多样性的金融经略是实现我国全球金融战略布局的关键。

第一节　对美金融经略

——"斗而不破"

金融霸权是美国全球霸权的核心，在可以预计未来的一段时间内，美国面对中国金融崛起的挑战，必将全面出击。

一是继续遏制人民币国际化的进程，重新打造强势美元，使国际资金流动重回美国。二是继续限制中国在美国主导的国际金融组织 IMF、世界银行中的话语权，遏制中国利用金砖国家开发银行、亚洲基础设施投资银行、上合组织开发银行为国际金融秩序注入新动力的雄心。三是遏制香港国际金融中心的战略布局，扰乱香港。四是将金融制裁的矛头对准中国。

对于中美两国在金融领域的对抗，我们要有清醒的认识。美国不但具有公认的超强硬实力，还在实际上控制着全球服务，以及以其霸权为主导的国际制度和机制架构，以美国为首的西方国家在现有的国际经济秩序中居于核心地位，主导出台一系列有利于自身的国际贸易和金融规则。中国必须具有战略定力，抓住用好中国的战略机遇期，要继续坚持构建中美新型大国关系，达到分而化之的目的，避免中美两国间某一领域（如地区安全领域）的阶段性摩擦影响到其他领域。中国只要坚持"斗而不破"，对美国在非原则问题上有退有进，以柔克刚，同时宣示坚决捍卫国家核心利益，积极有为，强调对话，加强沟通，就能在中美关系的复杂博弈中取得更多的话语权。

一是推动国际金融治理体系改革。主动参与 IMF 的改革进程，承担与大国地位相符合的责任和义务，进一步争取在美国主导的国际金融治理中发挥更大的话语权。二是推动以我国为核心的国际金融新秩序的建设，利用金砖国家机制和联合发展中国家，进一步打破美元霸权地位，促进国际储备货币多元化发展。三是完善金融制裁与反制裁顶层设计。以"斗而不破"为指导的同时，要以底线思维应对中美可能爆发的"金融战"，及时做好各项预案措施。

第二节　对俄罗斯金融经略
——"雪中送炭"和"互利共赢"并重

2013 年底以来，因乌克兰危机引发的美欧联手对俄罗斯

进行数轮的经济制裁，直接打击能源、国防与金融三大俄罗斯经济关键领域。特别是美国、欧盟和日本的金融制裁措施，引发了美元融资市场最终将完全对俄罗斯关闭的担忧，不但会导致俄罗斯银行融资困难，信贷环境恶化，还将打击投资者对俄罗斯经济复苏的信心。俄罗斯 2013 年经济增速不及 2012 年的一半，2014 年上半年仅增 1%，资本净流出目前已超 2013 年全年水平。国际货币基金组织预计，如果乌克兰局势持续紧张，2014 年俄罗斯资本净流出超过 1000 亿美元，经济增速只有 0.6%。金融制裁的巨大威力加速了俄罗斯"去美元化"进程，并迫使俄罗斯在国际舞台上继续向中国靠拢。

一 俄罗斯企业将人民币作为优先结算货币

一是俄罗斯企业正着手用其他货币替代美元进行资金交易，而人民币是其中首选。俄罗斯一家大型天然气和石油公司表示，该公司面向亚洲的业务将提供跨境人民币结算，减少对美元的依赖。二是俄罗斯大型企业将一部分现金转移到亚洲的银行，其中有一部分分流到了中资银行。俄罗斯第二大移动通信运营商 Megafon 表示，已将 40% 的现金储备兑换成港元，存放在几家中资银行，剩下的 60% 则以卢布形式持有。40% 现金储备兑换成港元和存放于中资银行是因为港元"即便在市场波动期，也是美元的有效替代物"，同时兑换成港元存放于中资银行使得其和中国电信业巨头华为的结算更加容易。三是俄罗斯企业在香港银行开设资金账户的需求增大。考虑到欧美有可能进一步扩大制裁，从而导致企业资金被冻结，俄罗斯企业和银行大客户纷纷将其资金账户转至香港避险。

二　俄罗斯优先选择人民币支付系统

2014 年 3 月以来，VISA 与万事达因美欧对俄制裁而停止对俄罗斯多家银行提供支付服务，使得俄罗斯政府"痛定思痛"，决心搞自己的支付系统，同时与中国银联合作，希望重新创建本国支付体系。中国银联正在俄罗斯境内积极扩大本行信用卡的使用范围，中国国有银行也加大通过俄罗斯银行发放本行银行卡的力度。迄今为止，俄罗斯农业银行、俄罗斯外贸银行、俄罗斯圣彼得堡银行以及俄罗斯天然气工业银行已开始使用中国银联的信用卡支付服务。俄罗斯工业通讯银行（Promsvyazbank）计划在 2015 年上半年启动中国银联服务。而受制裁冲击的俄罗斯外贸银行也计划扩大与银联的合作，已经在自己的支付机网络中提供银联卡服务，并计划开始在贸易网络中提供服务。2016 年和 2017 年将是银联卡在俄罗斯集中发放的高峰期。

三　俄罗斯将中国作为优先的融资市场

美欧每一轮的制裁都直指俄罗斯融资渠道，数家俄罗斯银行被禁止向欧盟公民和公司发售期限超过 90 天的新债券或股票。这使得俄罗斯面临的中长期融资限制，从美国资本市场扩大到欧洲市场。至此，每年可收获上百亿美元的融资市场对俄罗斯关闭了，为替代这巨大的资金来源，俄罗斯不得不加快向亚洲，特别是向中国进军的速度。向来倾向在伦敦上市的俄罗斯企业重新探讨到香港上市的机会，部分俄罗斯企业主动向港交所查询来港上市的要求。除联邦储蓄银行外，俄罗斯四大主要银行均已在香港发行债券，俄罗斯外贸银行还宣布将考虑发

行人民币债券。虽然债券市场难以完全满足俄罗斯的资金需求，但毫无疑问，中俄经济金融合作近期明显加强。

四 俄罗斯将增加人民币作为储备货币

2013 年 10 月到 2014 年 3 月期间，俄罗斯抛售了接近 500 亿美元美国国债，相当于总持有量的约 1/3。而这其中有一半发生在 3 月，俄罗斯在当月出售 260 亿美元美国国债。随着美欧对俄罗斯制裁的逐步升级，卢布大幅贬值，截至 2014 年 12 月初，卢布在年内已贬值超过 50%，俄罗斯大幅加息和抛售美元打响"卢布保卫战"。一方面，俄罗斯继续增持黄金储备。俄罗斯增加了自 1998 年地方债务违约以来的最大黄金储备量，黄金持有量达到至少 20 年以来的最高点。2014 年 11 月，俄罗斯黄金储备增加了 18.9 吨至 1168.7 吨，超过了瑞士和中国，世界排行第 5 位。另一方面，俄罗斯考虑增加人民币作为储备货币的比例。据俄罗斯商业银行高层称，俄罗斯高层要求加大购买人民币国债和企业债的力度，以应对不断贬值的本币和石油价格。

五 "雪中送炭"和"互利共赢"相结合

一是高层定调稳定俄罗斯市场信心。中国国家领导人对俄罗斯在危机时刻向中国靠拢给予了积极的回应，习近平主席在会见俄罗斯客人时强调"中国永远不会制裁俄罗斯"，增强了俄罗斯应对金融制裁的信心。2014 年 12 月俄罗斯经济面临严峻挑战时，我国外交部长和商务部长表态："中国会力所能及向俄罗斯提供帮助"，进一步稳定了俄罗斯的信心。二是通过中国国有银行向俄罗斯企业提供人民币贷款。在资金方面给予俄罗斯企业和银行予以支持，帮助其渡过难关。三是继续加速人民币支付结算系统（CIPS）建设。在加速直接使用俄罗斯卢布和人民币结算等方面进行合作。中俄在投资银行、银行间贷款、贸易融资、资本市场交易方面避免使用美元。以此加速人民币结算系统（CIPS）的推出。四是将香港作为俄罗斯境外融资和企业上市的中心。鼓励香港在发行俄罗斯企业债券和俄罗斯企业上市方面提供配套服务，不仅有利于推动人民币国际化，也有利于香港国际金融中心的建设。

第三节　对欧洲金融经略
——"错位竞争""以点带面"

欧洲作为中国第一大贸易伙伴、第一大技术供应方和第四大投资来源地，欧洲债务危机的爆发并没有对双边经贸产生不利影响。在摆脱危机束缚、平衡全球经济的道路上，欧洲和中国走在了同一战线上。欧洲和中国都有进一步加强金融领域深层次合作的意愿，改变由华尔街控制的国际金融秩序。近年来，中国和欧洲在人民币国际化合作方面不断推进且成果不断，包括设立了人民币清算行、签订了货币互换协议和发行了人民币国债等。

同时，欧洲国家金融业务基础雄厚，各国就人民币业务开展了良性竞争，英国伦敦、法国巴黎、德国法兰克福、卢森堡、瑞士苏黎世等地都发挥各自优势，争当欧洲人民币离岸中心，这种竞争的态势也为人民币在欧洲的国际化进程助力。欧洲国家众多，但德国、法国和英国为欧洲经济"三驾马车"，起到主导欧洲的作用。对欧金融经略要坚持"错位竞争"的原则，

要充分发挥欧洲"三驾马车"各自的独特作用。一是发挥英国伦敦外汇交易的优势。伦敦是国际金融中心，外汇交易市场特别强大，吸引了全球 1/3 的外汇交易量，在没有推动人民币业务之前，已有相当规模的人民币业务需求。要借助伦敦的交易优势，推动人民币交易业务。二是发挥德国法兰克福"贸易和实体经济"支撑的优势。德国是中国的第三大贸易伙伴，是中国最大的对欧洲投资国，德国实体经济发达是其经济长盛不衰的秘诀。实体经济对人民币离岸业务的需求是法兰克福成为人民币离岸中心的最大优势。德国的金融业与工业结合紧密，德国大众汽车公司、德意志银行、商业银行等对人民币离岸业务的需求巨大。要借助德国实体经济和金融融合的优势，支持中国实体经济的发展。三是发挥法国巴黎人民币储备货币化优势。2014 年，近 22% 的中法贸易采用人民币结算，10 家左右的法国著名企业已经发行了人民币债券，当地人民币存款规模达到了 200 亿元，日均兑换交易达到了 20 亿美元左右。人民币在法国市场上正由结算货币向交易及储备货币发展。四是发挥卢森堡人民币资产海外管理中心的优势。中国银行、中国工商银行、中国建设银行欧洲总部都设在卢森堡，卢森堡拥有欧洲最多的人民币存款。此外，卢森堡人民币"点心债"的发行规模超过欧洲任何一个金融中心。如果中国放松资本流动管制，那么卢森堡很有机会成为人民币计价投资和资产海外管理中心。

从欧洲和中国的经济发展形势看，欧洲需要有 3 ~ 4 个大的人民币离岸交易中心。因此，对欧金融经略，要以欧洲"三驾马车"为引领，建立多个人民币离岸交易中心，并兼顾地域因素，"以点带面"，共同带动欧洲与中国经济金融互动。

第四节　对周边国家金融经略
——"多层次""多载体""多方式"

增进周边及亚洲金融合作，既有利于亚洲国家的稳定发展，也有利于带出中国过剩生产能力，提高我们在周边国家的影响力。

"多层次"原则是指中国周边国家众多，类型多样，包括以下几类：一是与我国关系密切的战略支点国家，如巴基斯坦、柬埔寨、老挝、缅甸、哈萨克斯坦等。二是与我国存在海洋或其他争端的国家，如越南、菲律宾等国。三是美国的盟友，包括日本、新加坡、韩国等。在推进周边国家金融经略过程中不仅要考虑到经济、金融利益关系，而且要考虑到政治因素。

"多载体"原则一是要充分利用周边区域多边机制，如东盟机制、上合组织机制、金砖国家机制等；二是要充分利用战略构想，如"丝绸之路经济带""21世纪海上丝绸之路经济带""中印孟缅经济走廊""中巴经济走廊"；三是要通过金融扶持基础设施建设、人民币离岸市场建设、经济特区建设。

"多方式"原则一是支持各区域货币、"货币同盟"的研究和发展，积极主动参与规则制定，促使亚洲各国政府更多签署双边本币互换协议和一般贸易本币结算协定，鼓励金融机构为本币结算提供便利和服务；二是以各种方式，特别是以推进亚洲基础设施投资银行筹建为契机，支持亚洲金融合作，实现区域性风险救助机制；三是牵头组织、推动亚洲债

券市场的发展。亚洲是全球经济最具增长潜力的地区，亚洲又是高储蓄、外汇储备最多的地区。通过发展亚洲美元债券市场，推动亚洲经济的发展，不仅对亚洲经济、对中国经济与金融战略的实现是有利的，而且可迂回制约主要国际货币滥发的现象。

第五节　对拉美、非洲国家金融经略
——"利益共享""路径影响"

拉美、非洲等远亲不仅在国际事务上扮演了中国坚实后盾的角色，而且为中国提供了稳定的能源、矿产供给。这些国家经济对外资、贸易依存度较高，资源型产品出口依赖度高。随着近年来，美国退出量化宽松政策，外需乏力，资本流入缓慢，拉美、非洲地区国家经济不确定性因素上升，就业问题突出。加之，西方势力一直渲染中国威胁论，民众对中国印象有所改变，认为与中国的关系正从"南南合作"向"南北合作"转变。因此，在金融经略上要坚持"利益共享""路径影响"的原则。一是金融支持基础设施建设，特别是惠及民生的工程项目。二是金融支持发展实体企业，解决当地民众就业问题。三是建立以我国为主导的面向非洲等不发达地区的"医疗基金""自然灾害基金"，树立负责任大国的形象。如建立类似"抗击埃博拉病毒医疗基金"，以改变西方国家主导的模式，有效回击西方媒体对我国所谓"新殖民主义"的恶意攻击。四是完善金融合作模式，如以"原材料（能源）换贷款"模式，同时确保我国国家能源和经济安全。

第六节　对特定国家的金融经略
——"政治考虑置于经济之上"

对古巴等社会主义国家要从维护社会主义阵营稳定的战略定位考虑，采取特殊的金融策略。古巴经济长期实行高度集中的计划经济体制，国内市场狭小，市场经济发育处于萌芽状态。受美国长达半个世纪的经济制裁，古巴与其他国家经贸往来缓慢。另外，美国又加大了对古巴实施"颜色革命"，通过放松侨汇等政策，积极参与古巴建设，企图利用金融霸权等手段对古巴"和平演变"。特别是 2014 年年底，美古关系实现了正常化的情况下，我国对古巴的金融经略要立足维护社会主义阵营稳定的战略方面考虑，避免单纯从经济利益的得失考虑：一是对古巴金融经略，要以国家为主导，为中国金融机构不愿投资古巴扫除障碍。国家要对中国金融机构和社会资本投资实行特殊政策，鼓励投资，扩大贸易，并提供政策性补贴。二是国开行等政策性银行要加大对古巴投资的支持力度，中信保要在担保条件上适度放宽。三是积极参与古巴经济建设和基础设施建设，推广中国金融模式，抢得先机。

对阿富汗、巴基斯坦、叙利亚、伊拉克和中亚国家等要从打击恐怖主义，维护我国西部稳定的战略高度考虑，采取特殊的金融策略。2014 年 10 月，中国同意向阿富汗提供 5 亿元人民币无偿援助，未来三年中国还将继续提供 15 亿元人民币的无偿援助。两国签署了经济技术合作协定，中方承诺未来五年将为阿富汗培训 3000 名各领域专业人员，此举充分体现了中国作为大国国际经略的担当和胆量。阿富汗、巴基

斯坦、中亚国家等周边国家地缘战略因素错综复杂，"三股势力"活动频繁，但如若不介入则相当于我国西部直接面临"动乱之源"的威胁。因此，利用经济金融手段先行，不仅能实现利益共享，而且为我国争取了战略先机。在金融经略上要注意以下几点：一是金融经济手段深度介入主导当地经济重建；二是发展当地经济优先于为我国获得资源供给的原则；三是金融服务底层民众与金融支持执政者并重的原则；四是在项目合作基础上，要以国家政策支持为主、商业银行提供服务支持为辅；五是通过金融支持，通过建立反恐基金的合作模式，提高当地军警维护社会稳定的能力，资助建设联合反恐培训基地，维护西部稳定大局。

第十三章　金融软实力输出

——金融战略主动

当前，周边环境恶化与大国安全困境加剧，成为影响当前中国外部环境的最大变数。从钓鱼岛、南海问题到中南半岛"民主转型"、中亚"三股势力"猖獗、西亚非洲恐怖势力上升、乌克兰乱局，从维护领土完整、海洋权益、能源安全、海外投资利益到捍卫国际关系准则，中国在现实安全利益和观念两方面都身处激烈博弈。国内对是否要放弃中国外交长期坚持的"韬光养晦"和"不干涉内政"的原则陷入了争论，"不干涉内政"是不是已经束缚了中国"走出去"维权的步伐？中国新一届领导集体"命运共同体"的倡议巧妙回答了这个问题。在国际经略中，如何真正将中国的经济实力转化为政治影响力，不仅需要人民币国际化稳步推进、国际金融新治理体系加速构建，还需要"先予后取"的金融战略智慧，更需要将金融的威力真正放大，影响国家政策。"人"是决定因素，在国际上强化中国金融软实力输出，倡导共赢的中国金融义利观，培养认同中国金融理念的国际人才，才能在关键时刻获得战略主动。

第一节　美国的金融"第五纵队"

金融手段、外交战略和军事力量是构成美国全球霸权的三

大支柱。现代社会是金融社会，金融已融入社会的方方面面。一国的主权不仅体现在领海、领土的管辖与治理权，更重要的还集中在经济金融的自主决策权。美国之所以能成就世界霸权，是因其在关键时刻真正掌握了战略先机，而战略先机的获得则是美国遍布全球的"第五纵队"。

"第五纵队"[①] 是国际政治学界一个通称的俗语，用来描述那些隐藏在敌人（国）后方的内应力量。它们不属于正规军队编制，但却起着远比正规军队更大、更广泛的破坏作用。中性地说它们是敌方政治思想盟军更贴切些。

二战时，从前期几次不流血征服，到战争爆发后对众多国家的大规模入侵，德军每次行动胜利几乎都和能得到不同国家内部"第五纵队"的协助密不可分。这引起了英美的不断反思，在理论和实践上对"第五纵队"的重要性和关键作用有了新认识。二战后，美国对国际政治的本质有了全新认识，其世界观和战略理论也随之发生了根本性转折，改变了以军事征服为主的征服方式，突出经济、文化力量，特别是突出了金融作用，"第五纵队"也随之在新领域展开了新篇章。

所谓美国海外"金融第五纵队"包括两个层次。一是"金融精英"。美国通过政府间交流、提供奖学金、非政府组织合作等方式培养符合美国利益的国外金融利益集团，进入所在国的金融政策机构或金融机构，能对国家的金融政策制定和决策起重要作用。二是"金融草根"。身份非金融从业人员，

---

① "第五纵队"一词来自西班牙内战时期。佛朗哥的一位将领率领四个纵队的法西斯军队，进攻共和军控制的首都马德里。战前在回答记者提问时，该将领说他会用四个纵队围城，但另外还有一个潜伏在城内的纵队会做内应。从此，"第五纵队"就作为敌后内应力量的总称，流传开来。

但深受美国意识形态影响，高度认同美西方"金融自由化"和"金融民粹化"的思想，能通过网络等方式迅速动员和凝聚起来。

100多年前，美国伊利诺伊大学校长詹姆士就曾提醒当时的总统希奥多·罗斯福："哪一个国家能够成功教育这一代中国青年，哪一个国家就因此在精神与商业两方面收获最大的回报。如果美国在35年前能成功吸引中国的留学潮流，并使其壮大，那么我们此时就能以最圆满和最巧妙的方式控制中国的发展，那就是以知识和精神支配中国领袖的方式。"他认为：为赢得中国青年而付出的成本和代价，即使从物质利益的角度来说也是完全值得的。与军旗相比，道义与精神将更有力地支配商业。和军事战场上的刀光剑影不同，经济和思想战场上的较量是暗战无声，但却更加致命[1]。金融领域的"颜色革命"更是将战争的威力放大到极限。

第二节　美将金融利益集团视为控制中国经济金融的利器

美国总统杜鲁门曾经提出"哪里存在利益的分歧，哪里就有利益集团的可能性"，正是这位美国总统提出了"杜鲁门计划"，通过干涉别国内政开启了"冷战"的序幕，也正是这位总统，批准了"马歇尔计划"，奠定了欧洲复兴和美国全球霸权的基础。以金融资本主义为主要特征的美国，早就将在全球构建符合美国国家利益的金融利益集团作为其国家战略的重要

---

① 参考国防大学戴旭：《中国最大的威胁》。

组成部分。

金融业是现代经济和社会运行的关键性行业，金融安全对国家总体安全具有决定性的作用。随着我国改革开放政策的实施，吸收外国先进的经验和吸收外资成为当时社会的风向标，中国金融业加快与国际接轨成为决策层的共识。而美国正是利用了这一点，通过全球金融规则和全球资本的主导权，将在中国建立符合美国国家利益的金融利益集团作为影响中国的重要战略，影响经济金融自主决策权。其具体途径在本书的国家金融安全篇中已有具体涉及，故不再展开说明。这里，对其影响再赘述几句。

一 在外资"引进来"方面渗入重要行业

中国在外资进入中国行业方面出台了有关的法律法规，但美国通过金融利益集团运作规避政策限制，进入重要行业。一是政府公关。利用金融利益集团的运作，与政府就行业的发展进行合作课题研究，通过顾问费等利益输送方式，以提供行业金融可行性解决方案的方式影响政府决策。二是迂回控制。通过与境内金融利益形成利益捆绑，外资由其出面迂回进入涉国家安全的重要行业，包括军事、资源、卫生、舆论等重要行业。三是渗透中国资本市场。以高盛为代表的美国投行，借中国内地金融市场开放之机，在北京和上海设立办事处，建立强大的金融人脉利益网。通过这个利益网络，高盛巧妙绕过证监会关于证券市场外资相关限制，取得了中国证券市场承销 A 股股票和从事 B 股交易的经营权，建立合规的"合资金融机构"，并通过入股中资大型企业、担当承销商等途径向中国资本市场全面渗透。

二 在企业"走出去"方面以提供金融服务攫取巨额利润

在 20 世纪 90 年代，中国企业"走出去"并与国际资本市场对接，被视为专业性极强的领域。境外投行等机构具有国际资本市场运作的丰富经验，和国内的金融利益集团一道，在"走出去"战略方面影响着政府和国有企业的决策。境外投行不仅在国有企业股份制改造、股权分置改革等领域获得了巨额利润，而且在中国企业"走出去"初期阶段，通过我国引入"境外战略投资者"的规定基本垄断了海外上市的业务。中国"走出去"上市企业既要向外国金融服务机构支付巨额咨询、审计、评级、承销费用，又造成中国财富通过"分红"形式输送到境外，如中石油、中石化、中国移动、中国联通四家公司当初境外上市融资不过百亿美元，但是随后四年海外分红就超过千亿美元。另外，高盛等国际投行运用在国际金融界权威投行的地位，利用中国企业缺乏金融专业知识的弱点，通过信息披露、制造概念、诱人上当等手段从中获利，如在期货市场精心设局，高盛通过操纵，先后"指导"中航油、中国远洋、深南电、南方航空、东方航空、中国国航等国有企业进行对赌协议，使我国企业遭受巨大经济损失，但其本身却获取高杠杆收益。

三 在立法和执法环节向有利于外国资本倾斜

经济金融领域的立法是一项专业性，且兼顾多元化、民主化和透明化的过程。所谓多元化，就是立法过程中要确保所有的"利益相关者"都能参与，避免立法过程被少数强势集团所操纵。因此，金融利益集团通过政府公关、引导行业协会、资

助专家发声和影响律师事务所等形式，将经济金融立法向有利于境外资本的方向发展。例如，某些跨国公司在中国大举并购，当中不乏涉及谋求或实现市场垄断的情形。起草和颁布《反垄断法》是解决外资并购垄断问题的重要手段，但是境外利益集团与国内相关利益集团一道施加影响，致使《反垄断法》推迟出台达十多年之久。另外，中介机构与政府官员形成紧密的利益集团，服务于外资企业，损害国家经济金融主权。在查处商务部原条法司副司长郭京毅的案件中，与郭有利益输送和利益捆绑关系的律师事务所，不仅参与了《关于外商投资举办投资性公司的规定》等法律的起草和修订，还为西门子、戴姆勒克莱斯勒、诺基亚、爱立信、丰田、LG等外资企业代理了我国对外资企业的反倾销和保障措施调查的案件，通过利益输送等方式，使国家经济金融主权受到严重损害，经济金融利益遭受重大损失。

第三节　强化中国金融软实力输出赢得战略主动

传统以来，我国对周边和发展中国家经济外交的总体思路是"重执政，轻在野"，在经济金融领域以促成经贸、投资合作协议的签订，并以援助等方式促成政治合作。但随着这些国家"民主化浪潮"的推进，长期在位的执政党将逐渐丧失原有的统治地位，各党派轮流执政将成为一些国家的政治常态，经济外交面临的政治风险上升。因此，经济外交思维发生了转变，"两面下注"成为经济外交思路的主流。但我们也必须看到，在政治上的"两面下注"存在着随机性、不确定性、不稳定性和高风险性。另外，在冷战之后，国际政治领域出现了新的变化，NGO（非政府组织）和 GCS（Global Civil Society，国际公民社会）改变了原来政府主导国际、国内事务的局面，越来越多地参与了国家治理，特别是外交和国际事务领域。因此，中国在国际经略过程中，不仅要处理好与当地政府的关系，更要学会如何与 NGO 和 GCS 打交道。在国际经略上，强化中国金融软实力输出，培养一批不仅"知华""友华"，而且在关键时候"撑华"的国际金融人才至关重要。

一　着眼长远，培养具有"中国背景"的金融专业人才

金融发展决定国家的经济命脉，金融专业人才具有极强的专业性和固定性，不易随着政局的更迭而彻底改变。因此长期以来，美国十分重视培养发展中国家的金融人才，通过资助、交流和提供奖学金的方式让各国的"金融精英"接受西方经济金融学的教育，对西方特别是美国主导的金融理论和金融实践具有很强的接受度，使其服务于美国金融霸权。因此，我国的金融专业部门在加大培养本国金融专业人才的同时，需以"一带一路"战略推动为契机，以项目投资和基础设施建设等融资合作作为切入点，通过设立政府间国际合作项目，以提供政府奖学金和开设金融培训项目等方式，加大对周边和发展中国家未来金融专业人才和金融法律人才的资助、培训和培养力度，将中国的"金融观"、中国的"金融"法律观、中国的金融理论和中国的金融义利观深深植入这些金融专业人才的脑中，为发展中国家金融决策机构培养金融专业人才，使金融"知华""友华"成为习惯，使金融"撑华"成为可能和必然，使中国的经济实力有效转为政治影响力。

二 政府推动，加强国际金融友好力量

一是在当地经济金融学术界建立"友华"力量影响政策。通过官方邀请和学术交流的机会，邀请当地知名经济金融学者来华交流，深入了解中国"一带一路"互利共赢的战略构想和在推动"一带一路"过程中减少当地金融战略掣肘，扩大友好力量，以便中国在当地推动大型项目投资和合作时有能力影响所在国决策层。

二是在行业协会和法律界建立"友华"力量影响立法。利用周边国家和发展中国家"民主化浪潮"，合理合法利用"院外游说集团"，通过聘用当地具有影响力的公关公司、行业协会、商会和法律机构，引导制定对我国有利的法律法规。

三是建立具有国际影响力的中国权威信用评级机构影响经济。具有世界影响力的信用评级机构能够决定一国主权债券的信用级别和债券市场的价格水平，对整个金融市场具有绝对影响力，是美国通过金融手段攫取他国利益、保护美国国家利益和美国投资人利益的工具。我国应抓住美国穆迪、标普和惠誉三大信用评级机构的核心资本"信誉"在此次危机中受到重创的机遇，加大力度发展中国民族品牌如"大公国际"等信用评级机构。把壮大具有国际权威的中国金融信用评级机构作为与人民币国际化并驾齐驱的国际金融战略，让周边国家和发展中国家逐渐接受、认可中国金融信用评级机构，推动"评级机构去美国霸权化"。

三 三核驱动，用金融手段夯实基层"民心工程"

一是中国政府在推进"一带一路"战略过程中，要加大做好沿线国家基层民众的工作，特别是草根阶层的工作。国家划拨一定数额的资金，通过中资银行小额贷款的方式让中国资金真正能到达基层民众手中，将中国的普惠金融惠及草根，支持当地"草根"创业，通过"以点带面"形成示范效应，打造中国官方亲民、富民形象。金融上要在所在国"绿色投资"，通过支持发行绿色债券和提供绿色贷款等方式践行负责任的大国形象，消除当地非政府组织（NGO）和国际公民社会（GCS）对我国投资的抵制。

二是中国企业在投资所在国项目的同时，要改变"重眼前利益，轻社会责任"的现象，积极履行社会责任。改变中国项目使用中国工人的惯例，要加大雇用当地员工的力度，尽可能提供就业机会，与当地底层民众形成经济利益捆绑。

三是中国非政府组织、民间公益组织要充分发挥"民间外交"的作用，要"沉得下去"，真正在所在国基层做有益民生的事业。中国政府可对此项目进行立项，设立专门基金会，列支专项经费支持，选派有一技之长、真正能长期热心服务于当地中国的志愿者，通过民间树立"中国形象"。

四 推动上市，将香港打造成经略周边的资本市场

通过国际金融"友华"力量，提供中国金融配套服务，包括咨询、审计、评级、承销等服务，推动周边及发展中国家国内优质企业到香港上市，一方面通过资本市场牢牢掌握一个国家经济命脉，形成更紧密的利益共同体，另一方面将香港打造成周边国家企业上市的区域性金融中心，为香港注入新的活力，服务国家金融战略布局。

第十四章　金融与香港

——金融战略定位

香港作为国际金融中心是国家层面对香港的战略定位，不仅关系到"一国两制"的效果和影响，而且对推进人民币国际化以及我国周边经济经略都具有极其重要的影响。近年来，西方势力为与我国争夺香港管治权，"明线""乱政治"，通过美官方驻港机构和非政府组织公开指使鼓动香港反对派利用普选与我国公然进行政治对抗，"占领中环"策动"颜色革命"；"暗线""乱金融"，企图扰乱国家对香港的战略定位，危害我国国家经济金融安全。

第一节　"占中"是一场"金融战"

美国地缘政治智库"Land Destroyer"的研究员卡塔卢奇（Tony Cartalucci）指出，"占中"的真正目的并非争取民主，而是华盛顿、华尔街及英国在香港实行的"软性再殖民"计划。可以说，"占中"是一场政治战，其背后更是一场"金融战"。

一　狙击人民币国际化是美国策动"占中"的首要金融战略考虑

2008 年金融危机以来，美国全球美元霸权式微，中国通过香港等国际金融中心稳步推动人民币国际化的进程触动了美元霸权的敏感神经。香港是最大的人民币离岸交易中心，也是人民币国际化最重要的桥头堡。美国要想干扰人民币国际化，搞乱香港是必然的战略。一是2014年2月，美国将金融监管模式由"母国监管"改为"东道国监管"，规定外国银行在美国开展业务必须接受美国政府监督，并借"长臂司法管辖"对欧洲法国巴黎银行、德国德意志银行等商业银行痛下杀手，其真正目的则是遏制欧洲的"去美元化"进程。二是美国利用全球金融信息网络不断搜集我国有银行的负面信息，借其独有的"长臂司法管辖"打击在港和在美经营的我国国有银行，动摇香港人民币国际化战略支点地位。三是香港已成为最大的人民币离岸交易中心，为实现人民币国际化的第一步即贸易结算货币奠定了坚实的基础。"沪港通"为人民币国际化第二步即投资货币开启了新篇章，但"占中"使境内投资对香港的信心急剧下滑，"沪港通"呈现"北热南冷"局面。2014年11月17日，两地投资者期盼已久的"沪港通"开通当日，"沪股通"与"港股通"共使用额度147.67亿元；其中，"沪股通"触及单日130亿元的额度限制，"港股通"使用额度17.673亿元，剩余单日额度87.327亿元，当日"港股通"105亿额度仅用了16.83%。"港股通"并未达到预期效果。

二　推动香港金融"空心化"是美国策动"占中"的重要金融战略目标

美国为扰乱香港作为国际金融中心的战略定位，以所谓的"国际规则"对资本市场实施严苛的技术监管，推动香港银行优先实施严苛的"巴塞尔Ⅲ协议"，使金融监管目标偏离了促

进市场繁荣的终极目的。有证据显示，美国策动"占中"并选择煽动"街头革命"瘫痪"中环"，不仅仅是阻碍香港市中心主干线，更是直指金融机构。据统计，位于中环的金融机构多达161家，包括摩根大通、渣打、汇丰、中银在内的所有持牌银行、有限制牌照银行、接受存款公司和本地代表办事处。数量之多、密度之高，使得中环成为香港当之无愧的心脏地带。有人统计过，每秒钟这里就会产生350万美元外汇交易，"占中"无疑对香港引以为豪的"金融优势"造成了无形的影响。香港在吸引外来资本核心竞争力上已落后于新加坡等亚洲金融中心。截至2013年底，新加坡在吸引东南亚公司融资、国际财富管理、外汇和大宗商品领域都超过香港，更具地区国际金融中心的优势。另外，不少中资公司也因香港监管缺乏弹性而选择在美国、新加坡等地上市。美国著名的独立经济智库米尔肯研究所在新加坡设立了其在亚洲分部并指出，该研究所的很多"利益攸关者和合作伙伴"，银行、保险公司、私人股本集团、资产管理公司和机构投资者都把亚洲高级管理层部署在了新加坡，"我们选择新加坡的一个原因是我们认为，它是亚洲的一个象征，不管是法律、会计、金融还是监管方面都可以作为亚洲其他地区的标杆"。2014年11月6日发布的"新华－道琼斯国际金融中心发展指数"则显示，香港相比上一年滑落两个名次，排在东京和新加坡之后。香港国际金融中心地位的下降也对中央对香港的战略定位形成冲击。

三　加速香港金融"去中国化"是美国策动"占中"的关键政治布局

一是自香港回归以来，西方势力企图插手香港金融事务迹象明显。2014 年，香港监管部门罔顾中央将中信集团等中资企业总部迁往香港的金融战略布局，在未与我国监管部门充分沟通情况下即发起对中信泰富前高管的法律起诉，在香港政治高度敏感期为"去中国化"提供口实。二是美国通过影响内地媒体，并操控《壹周刊》等香港中右媒体，将香港吸引境外资本竞争力下降归咎于内地在港上市企业的不规范，要求实施更为严苛的监管尺度，形成恶性循环，动摇中资及外资企业投资香港的信心。不少中资公司如阿里巴巴等也因香港监管缺乏弹性而选择在美国、新加坡等地上市，冲击香港"一国两制"长期繁荣稳定的经济基础。三是西方媒体不断制造舆论，称上海将取代香港成为中国最大的国际金融中心，香港金融业将逐渐失去核心竞争力，甚至深圳前海等也将取代香港金融中心的地位。2014 年 11 月 25 日，英国金融服务顾问公司 Kinetic Partners 发布《2015 全球监管前景报告》，称上海及深圳等内地主要经济城市大有取代香港成为亚洲金融中心之势。其目的是刻意渲染香港和上海、深圳等内地金融中心的竞争是"零和博弈"，罔顾香港和内地的金融互补关系，在割裂香港和内地政治关系的同时，企图割裂经济金融关系。

四 搞乱香港金融秩序谋求短期经济利益是美国策动"占中"的短期战术选择

美国为搞乱香港金融秩序，利用掌控全球媒体主导权对我国开展铺天盖地的"舆论战"。一些美国背景的基金会先期深度介入"占中"策划，通过资助学生和泛民主派团体，策动"占中"，影响国际社会对香港金融市场的信心，从而在一定程度上影响香港股市的走势。非法"占中"以来，以美国

一些基金会等为代表的美国对冲基金国际游资和西方投行加大对港股炒作，在前期趁机卖空港股。据悉，此次"占中"期间，美国的对冲基金和高盛等投行获利颇丰。另据媒体报道，作为此次"占中"的实际操盘手和"金主"是壹传媒主席黎智英，不仅直接接受美国"主子"的指挥和资助（接受美国的资助高达2.7亿元港币），其在"占中"的关键节点不断通过掌控的媒体造势，日前有人披露黎通过沽空港股获利约10亿港币。"占中"背后的美国背景的基金会通过"支持资金"的发放力度和节奏，在一定程度上控制了"占中"的规模和时间，为其准确操纵香港金融市场预期进行市场操作提供了重要的参考依据。

第二节　香港经济金融治理的自我检讨

毫无疑问，香港"占中"运动是一场彻彻底底由西方势力策动的"颜色革命"，但我们必须客观评估这场金融战场的"颜色革命"。我们不能把"占中"的所有责任都归咎于西方势力的操纵，应该看到它的发生是香港深层次的社会矛盾和金融治理失衡的集中体现。

自香港回归以来，香港经济社会得到了长足的发展，但同时社会贫富分化问题日益突出，产业升级没有跟上国际发展的步伐，产业仍过度依赖房地产业和贸易业，经济对内地的依赖度越来越高，而社会财富向垄断大财团集中。基层民众，特别是年轻人对社会不满，仇视内地的情绪日涨。香港金融治理和金融监管过度向西方标准看齐，以"专业标准"排斥国家利益。

一　香港政府财政过度依赖房地产激化社会矛盾

香港社会贫富分化的根源在于就业不足，缺乏稳定持久的收入，单靠政府福利无法维持体面的生活。1997 年亚洲金融危机以来，新加坡努力实现产业升级，在高科技等产业发展上取得了突破，而香港却固守航运、贸易等领域，而这些领域又过度依赖内地。为维持香港社会的福利，政府不得不依靠房地产业。目前，香港的房价已居世界第五位，而且自曾荫权政府之后，香港政府不再新建公屋。2013 年，香港岛的房价已达到 126000 港币，不少香港"80 后""90 后"大学毕业生以自己的工资基本买不起房，且工资的一半仅够支付房租，加之内地富商在港炒房现象突出，导致香港年轻人对社会不满情绪上升，仇富仇陆现象突出。

二　劳工政策向垄断大财团倾斜

由于政府过度依赖垄断大财团，因此香港的最低工资制度仍未实施，社会养老制度仍不完善。基层民众认为，香港政府制定政策"漠视"基层需求，发现问题时不尝试去找出问题核心，而是本末倒置，只求把数据粉饰得好看些。结果导致政府公布的各项数据很亮丽，可普通市民却并未感觉到生活有改善。如从 2000 年开始推行的强积金制度，原意是要保障市民退休后生活，但政府将责任推给保险公司，让其从中抽取管理费，反成为保险公司的一项福利。据统计，2011 年香港年轻人月平均收入为 8000 港元，相比 1997 年基本是零增长，而物价水平却上涨了两位数。

三 大学生教育贷款"负债"问题突出

回归后，香港的教育政策不利于基层群众，大学学费增长幅度大。以前很多香港年轻人靠父母领综援（政府给低收入人群发放的补贴），读完大学后找到高薪工作，就有机会过上更好的生活，可现在已经没有向上流动的空间。现在，香港有很多大学毕业生修读的自费专业，为支付高昂的学费，他们在上学时通常都借了一大笔钱，毕业后的收入部分要用来还贷。这部分"负债"的大学生成为"占中"的主力军。

第三节 香港金融定位何去何从

随着内地制造业的发展，香港在 20 世纪后期也成功实现了从制造业向现代服务业的转型，金融业成为香港最主要的支柱产业。巩固和提升香港国际金融中心地位是中央政府对香港发展的战略定位。香港不仅是人民币国际化的桥头堡，同时也是西方国家对我国开展"颜色革命"的前沿阵地。"占中"是一场美国对我国开展"颜色革命"的政治战，但同时也是一场美国对我国的"金融战"。根据新形势进一步明确香港的金融定位，不仅对保持香港长期繁荣稳定起到至关重要的作用，而且对"一国两制"的成功实施、实现中国梦意义重大。建议如下。

一 突出香港区位优势，进一步夯实人民币离岸中心地位

2014 年以来，随着英国、德国设立人民币清算行，欧洲德、英、法等国与香港在人民币离岸市场正进行错位竞争。面

对欧洲来势汹汹争夺人民币结算业务，香港可定位为人民币离岸"批发商"，作为中国人民币离岸市场的批发枢纽功能，与其他"零售"地区共同发展。香港应增加人民币投资品种，发展为全球人民币资产管理中心。进一步利用"沪港通"等机制便利人民币在两地的有序流动，实现人民币作为投资货币的常态化，加速推进人民币国际化，反制美国利用香港狙击人民币国际化的图谋。

二　实施尺度适度的金融监管政策，吸引更多内地企业在港上市

将吸引更多内地资金作为香港资本市场繁荣稳定的基础。内地的投资者对香港的市场较其他的市场更熟悉，考虑先集中投资于内地企业在香港发行的股票和债券，既达到内地资金有序"走出去"的目的，支持在香港上市的内地企业的发展，也为内地本身的资金融通在香港打通一个有效的渠道。实施适度监管尺度，促进中资高新科技、医疗、消费新兴行业和中小型企业在港上市，增强香港经济保持活力，夯实香港长治久安的经济基础。

三　吸引周边国家在港上市，打造金融版"命运共同体"服务国家周边外交经略大局

面对新加坡国际金融中心与香港的强力竞争，要改变香港过度依赖内地企业的局面，大力推动东南亚国家等新兴经济体企业在港上市，使香港定位逐渐由中国企业筹融资中心转变为区域融资中心。抓住俄罗斯因美欧金融制裁欲加大在港上市和融资的契机，推出有利俄企业上市、融资的政策，将俄因制裁

的"短期融资需求"转化为"长期利益捆绑"，促香港逐步取代俄传统融资市场伦敦。利用"沪港通"机制，强化内地和香港监管部门沟通业务监管和跨境执法合作，创造内地机构和投资者投资在港上市企业的良好氛围。通过内地投资周边国家在港上市企业，与周边国家形成紧密、长期的"命运共同体"，切实扩大对周边国家经济的影响力，真正将我国的经济影响力转化为周边政治影响力。

四　强化香港金融资本扶持中小企业，以社会公平公正营造和谐社会氛围

要认识"占中"运动幕后背景外的社会因素，加强香港金融资本扶持中小企业，让香港普通民众感受到祖国发展带来的成果。通过金融资本配置调整，逐步打破香港各个产业高度垄断的局面，鼓励中小企业主体公平公正参与市场竞争；通过金融扶持，加快香港房地产市场多元化的发展，鼓励资本参与公租房的建设；通过金融扶持手段，鼓励青年学生自主创业，提高学生就业率，让香港普通民众感受中央对香港特区的金融支持带来的正面效应。

第十五章　企业"走出去"

——金融战略载体

国家战略意图得以实现的关键，同样也在于让微观力量发挥推进宏观战略的重要作用。经略周边无疑是事关中华民族伟大复兴的重大战略，而突破周边重围，不仅需要政府的运筹帷幄，还需要企业的全力支持。企业支持周边破局的方式，则是通过跨国投资和海外经营"走出去"，走出国门，融进周边。十八大报告也明确提出，要"加快走出去步伐，增强企业国际化经营能力，培育一批世界水平的跨国公司"，这是坚持科学发展观的必然选择，也是中国企业的历史使命。本章将围绕如何通过企业"走出去"来经略周边这一核心问题进行讨论，分析中国企业"走出去"取得的成就和存在的问题，并从完善宏观政策引导和微观措施支持两个层面，提出深化推进中国企业"走出去"、更好助力国际经略的相关建议。

第一节　企业"走出去"有利于经略周边

企业层面的"走出去"是经略周边的重要抓手。从过去二十多年的发展来看，中国企业"走出去"成就斐然，但也存在一些问题，这些问题使得"走出去"对经略周边贡献有限，破解这些问题则是深化推进"走出去"、提升中国周边影响力的必要之举。

一 企业"走出去"是经略国际的重要抓手

企业"走出去"是一国经济影响力向外辐射，最终形成政治影响力的重要途径。对于中国而言，突破周边重围，实现国际经略，不仅需要宏观战略上的"先予后取"，还需要微观层面上企业"走出去"的作用得以充分发挥。在投资和出口遭遇越来越严重的瓶颈制约的背景下，促进并深化中国企业"走出去"，不仅可以转移过剩产能、实现经济结构再平衡，避免高投资对资源、环境的依赖，化解贸易保护主义对高出口的冲击，为经济结构调整和经济可持续发展提供更大动力，而且还能帮助中国更好地借由经济金融渠道加深同周边的合作，通过利益共享和微观融合赢得国际社会的理解、认同和尊重，并最终实现中国经济影响力向政治影响力的转换，提升中国在国际事务中的话语权和主导地位。

从外部环境来看，后危机时代是中国企业"走出去"的重要战略机遇期。一方面，受危机影响较深的欧美发达国家，企业估值相对较低，可有效减轻走出去企业的成本压力。更重要的是，欧美国家可能会放宽外国企业在当地投资并购的管制，为走出去企业提供更为宽松的政策环境。另一方面，世界经济力量对比的变化为中资企业走出去提供了丰富的投资机会。后危机时代，新兴市场国家将进入经济增长的"快车道"，从而对改善其公路、铁路、机场、码头以及水利、电力、通信等公共基础设施提出了迫切的需求，这给中国深化促进企业"走出去"提供了战略机遇。

从国际典型案例来看，日本和印度就曾抓住了"走出去"的战略机遇，实现了自身区域影响力的提升。

案例一，日本。从 1981 年到 1990 年的 10 年间，日本对外投资累计流量达到 2742 亿美元，实现历史性突破。日本通过大规模对外投资"走出去"，对实现其经济和政治双重目标起到了重要作用。

一是通过"走出去"将过剩产业向海外转移，推进国内的产业升级换代。20 世纪 80 年代前期，日本制造业的海外生产比率（海外企业销售额与国内企业销售额的比率）仅为 3% 左右，到 90 年代初提高到 8% 左右，而 2002 年达到 17.1%，其中电气机械业达到 26.5%，运输机械业则高达 47.6%。

二是通过"走出去"将出口贸易转化成就地产销，从而规避贸易壁垒、减少贸易摩擦，提升了周边认可度和影响力。据统计，在海外日资企业中，产品就地销售的占 64%，销往第三国的占 21%，返销日本的仅占 15%。这表明，通过对外直接投资，日本以国际化生产代替了单纯出口，产生了 85% 的贸易替代效应。这种迂回策略一方面巩固扩大了海外市场份额，另一方面又减少了贸易摩擦，缓和了与主要贸易伙伴的贸易收支不平衡矛盾，并有效化解了周边对日本经济崛起的不满情绪。

案例二，印度。近年来印度企业"走出去"发展很快。海外投资存量从 2000 年的 17.33 亿美元迅速增至 2010 年的 924 亿美元，十年增长了 52 倍。印度海外直接投资的特点是私人企业主导、市场力量推动，主要集中在制造业和信息产业，并向石油、钢铁、制药等多个领域拓展。

"走出去"给印度带来了经济和政治两方面的积极影响。

一是通过"走出去"绕过了贸易壁垒，开辟了新的市场。为绕过部分进口国设置的反倾销、特保等壁垒，印度纺织企业尝试在非洲、南亚周边国家以及海湾国家设厂，以享受这些国

家的特别关税减让，并降低了生产成本。

二是通过"走出去"促进了本国产业结构优化升级。随着印度信息产业的迅速崛起以及全球对信息产品与相关服务业需求的增加，印度服务业的对外投资得到快速发展。印度企业在承接发达国家技术的同时发展起自己的有形的和无形的资产及管理技术，进一步巩固了本国信息技术产业的国际竞争优势，带动了国内产业结构的优化升级。此外，印度在海外大力发展石油、天然气和采矿业等能源开发合作项目，很好地补充了国内资源不足的状况，使对外投资与国内产业发展起到相互促进作用。

三是通过"走出去"赢得了周边好感。据统计，在印度出口的工程技术产品中，40%都是专门供应给海外合资企业或工程项目的，印度海外合资企业的发展不仅有效带动了本国机械产品的出口，而且，通过主动在"走出去"过程中创造利益共享的机会，使得印度在亚洲新兴市场的影响力不断提升。

二 中国企业"走出去"对国际经略贡献有限

过去二十年，中国企业"走出去"不仅推动中国经济进一步融入世界，促进了中国企业商品、服务、技术的国际化，也造就了一批具有国际竞争力、影响力的跨国企业。但这些成就对于提升中国的国际影响力、化解中国崛起的国际压力还是不够的。中国企业"走出去"未能充分发挥经略国际的战略作用，根本原因在于"走出去"存在一些问题：

（一）中国企业"走出去"方式有待深化

一是中国企业"走出去"存在信息有限、规则不熟的弊端。由于中资企业国际化进程尚短，在对外直接投资中存在一定的信息不对称，对于境外投资需求、东道国的政治社会环境和商业制度惯例等的掌握仍不充分，投资方向选择存在一定盲目性，项目竞标中有时会存在多家中资企业竞相加价和溢价过高的情况。

二是目前中国企业"走出去"很多以工程承包类项目为主，其方式大多是"建完即走"，虽然"走出去"了，却没能"融进去"。从结构看，中国企业"走出去"中直接投资比重相对较低，所以"走出去"走得并不扎实，也不深入，许多"走出去"的企业未能实现从工程承包商到境外经营者的身份转换，未能通过长期经营带动当地经济发展，进而未能与当地社会实现更加深入的融合。

（二）中国企业"走出去"产融结合不足

企业缺乏中长期经营所需要的长期外汇资金支持。这一点体现在三个方面。

一是由于中资银行国际化进程尚短，在海外经营实力、网络和品牌影响力欠缺，交易对手往往不愿接受中资银行提供的担保及结算手段，限制了中资企业在海外使用中资金融服务的积极性，导致目前中资企业在海外的资金归集等重要业务主要依赖欧美银行。

二是中资银行的全球服务能力仍然有限，银企需求有时不能及时有效对接。中资银行境外网络布局和金融产品普遍尚不够完善，融资财务成本居高不下，综合竞标价格优势不明显，也在一定程度上影响了银企合作。从贷款情况来看，目前支持"走出去"外汇贷款期限多为三至五年，十年以上的长期贷款几乎没有。主要因为国内银行外汇资金来源渠道较为单一，期限较短，成本较高，银行也有盈利要求和风险约束，特别是目前大一点的银行都是上市银行，不可能赔本放贷。因此在人民币始终存在升值预期和美元利率加点不断

走低的情况下，国内银行很难提供与企业需求相匹配的长期外汇资金支持。

三是银行商业经营原则与国家战略之间有时存在一定的冲突。例如中东、非洲等地区对国家能源安全具有重要意义，但这些地区的国家往往政治动荡或受到美国制裁，经营风险较大，而受国家政策限制，部分项目缺乏有效担保措施。

（三）中国企业"走出去"的管理机制和相关政策有待完善

一是虽然相关部委建立了"走出去"部际协调机制，但目前来看发挥作用较为有限。例如，目前商务部主管企业"走出去"，但银行"走出去"的牵头管理支持部门尚不明确，对于如何做好抱团出海，需要进一步做好统筹规划与管理，加快通过"政府 + 企业 + 银行"的模式增强"走出去"业务竞争力。

二是相关政策未能有效促进中国企业"走出去"，有的甚至产生了一定的抑制作用。例如，《商业银行并购贷款风险管理指引》相关规定对中资银行支持中资企业海外并购造成了比较大的障碍；再例如，75% 的存贷比要求、净息差、国别风险准备、不良率等要求，以及对商业银行设置了比较严格的境外网络设置指标。此外，相关政策对民营企业对外直接投资缺乏足够支持。民营企业经营机制灵活，善于捕捉市场信息，且其民营的身份，也更易被国外政府和市场接受，在对外直接投资方面独具优势，但在资本实力、抗风险能力方面存在着劣势，融资也面临一定的瓶颈。

第二节 "走出去"需要完善宏观政策引导

中国企业虽然大量"走出去"了，影响力却没有体现出来，原因在于"走出去"的广度、深度和方式都有待提升。为实现深化、推进企业"走出去"的战略目标，有针对性、多层次、可持续的宏观政策引导必不可缺。针对中国企业"走出去"对经略国际贡献有限的深层原因，宏观政策引导包括顶层设计、配套支持和金融助力三个层面。

一　需要加强对"走出去"的顶层设计和领导

十八届三中全会明确强调了市场在资源配置中的决定性作用。加强顶层制度设计、提高国家机构履职能力、充分发挥市场的调节作用就成为了支持"走出去"的应有之义。为提高统筹协调层次，建议在中央全面深化改革领导小组或现有的中央财经领导小组下增设"走出去"专项领导小组，负责"走出去"相关决策的制定和实施、问题的协调与解决以及部门工作情况的监督与评价。小组成员由"走出去"相关部委领导组成，工作方式为召开定期或非定期会议。结合走出去当前的形势，建议现阶段"走出去"专项领导小组将工作重点放在加大对外直接投资的支持力度上，具体可着眼于以下几个方面。

一是统筹对外直接投资整体规划。以促进投资便利化为重心，完善现有与全球100多个国家的双边投资协定，变仅保护"引进外资"为也保护"走出去"，加大对中资企业境外直接投资的保护力度。适时推动签订类似跨太平洋伙伴关系协议（TPP）的国家间经贸协定，积极参与国际规则的制定，营造良好的对外直接投资国际环境。研究设立区域合作基金，有序引导企业投资周边国家、海上丝绸之路沿线以及传统友好国家等重点区域，投向铁路、电力、电信、航空等重点"走出去"行业。

二是设立重点行业专业投资公司。效仿日韩做法，设立"走

出去"重点行业的专业投资公司，如油气、基础设施（铁路）、电信等，开展特定行业的专业化投资，将中投的财务投资与专业投资公司的产业投资相结合，实现投资渠道的多元化。公司以"政府引导、市场运作、直投为主、产融结合"为原则，由政府以外储资金等投入初始资本，通过募股、发债等方式撬动国内外各方资金，重点解决重大海外直投项目资本金不足等问题。

三是为对外直接投资的商业化运作提供政策支持。确立企业对外投资主体地位，进一步减少政府核准事项，逐步实现核准制向备案制的转变。按照国际惯例，更多地支持商业银行出面，为对外直接投资提供融资，将更多外汇储备委托商业银行管理，通过市场化方式，为企业提供较低成本的中长期项目贷款和并购贷款，放宽境外并购贷款资本金比例和贷款期限要求。

四是加强民营企业对外直接投资政策倾斜。允许商业银行接受民营企业境内公司的担保或资产抵押，为符合条件的民营企业境外机构办理境外直接放款业务。为优质民营企业对外直接投资提供专项外汇资金支持，改善民营企业融资成本较高的现状。为民营企业"走出去"的信用保险开辟绿色审批通道，简化审批流程，适应其对外直接投资项目"小、快、灵"的特点。

二 需要加强对"走出去"的各种配套支持

在明确顶层设计和战略规划的基础上，深化推进中国企业"走出去"，还需要完善的对外投资政策法规体系以及良好的对外投资基础设施为其保驾护航，这是企业"走出去"成败与否的关键所在。我们建议如下。

一是加强企业对外投资立法，减少所有制歧视，简化行政审批程序。要建立和完善中国对外投资法律体系，加快推进制定"对外投资法"，改变中国企业从事国际化经营无法可依的局面；要依法推动对外投资企业主体的多元化，打破地区、行业、所有制的壁垒；对国企对外投资的管理，应着重于股东管理、投资人管理的角度；要简化审批流程，加快审批速度，提高审批效率；要强化投资后的监管，建立投资问责制，对国有资产的对外投资损失追究相关责任人责任；此外，考虑到对外直接投资可能出现的过度发展，会导致中国某些产业的空心化，在放开对外直接投资限制的同时，应配合出台鼓励企业将核心部门保留在国内的相关政策。

二是国家有关部门要发挥好指导平台和信息窗口作用。要与重点投资国家和地区的政府建立长期联系，通过政府间的交往，积极利用各种国际组织为"走出去"企业争取利益；在签署双边投资协定、自贸区协定及区域经济一体化协议时，从以往侧重吸收外资转向对中国企业对外投资权益的保护；加强对外投资信息服务体系建设，建立对外投资信息服务系统，逐步形成和完善对外投资项目信息库，为企业"走出去"提供信息咨询服务；加强对企业投资国的风险预警，为在外中资机构和员工提供更加及时有效的外交保护和智力支持；在中国企业遭受保护主义侵害时，积极出面协调，保护其利益；由国家牵头、大型国企出资组建高效、有力的国际安保公司，在重点涉恐高危国家的投资项目提供安保服务；建立必要的监督跟踪机制，对企业"走出去"过程中发生的突发公共外交事件，做到及时掌握并有应急预案等。

三是构建完善的对外投资金融服务体系。适当放松企业境外投资、并购换汇等方面的外汇管制；建立利用外汇储备支持"走出去"的转换渠道，开拓外汇储备管理、使用的新思路、

新方式，拓宽"走出去"企业的融资渠道；给予银行并购贷款、搭桥贷款等外汇支持；建立和完善对外投资的信用担保、保险等风险保障制度与措施；建立各种海外投资发展基金，专门用于支持和鼓励企业的对外投资行为；建立银企金融需求对接机制，使"走出去"企业能及时通过该机制发布金融需求；进一步推动人民币国际化进程，扩大跨境人民币结算范围，扩大人民币在跨境投融资中的作用，稳步推进人民币资本项下可兑换，以化解企业"走出去"的汇率风险等。

三　通过"3P"模式建立与周边国家的共同市场

为了让周边国家接受而不是排斥中国对外施加影响的这一过程，中国需要通过"3P"模式建立与周边国家的共同市场，让周边利益集团接纳并渴望中国资金的"走出去"。3P是英文"Private Partnerships Public"的简写，"Private"指民营企业，"Partnerships"指私募基金，"Public"指公共资金（国企），泛指银行、保险、主权财富基金等大型金融机构，3P模式即民营、私募和公共资金相互协作、共同支持中国资金"走出去"的模式。

由国资、民资和中国背景的财务投资者联合，进行海外股权类投资。部分资金可以委托给一些具有成熟的投资理念和稳健投资策略的国内大型机构投资者、私募股权管理公司，通过这些财务投资者配合中国公司"走出去"，有助于实现外汇储备支持国家战略和本身盈利性的统一。如国内外一些基金在蒙古投资的铁矿，就对国家的能源战略起到了重要作用。政策性的投资项目和贷款项目则可以按照中央政策另行安排。

大力鼓励民企利用私募基金大胆"走出去"，公共资金对成功走出国门投资海外，特别是那些符合国家发展战略的企业予以全面的支持。中国应大力发展"3P"模式，通过"投贷结合、以投为主"的方式，建立鼓励民间投资"走出去"的利益激励和制度安排，使民营企业成为中国对外投资的生力军，通过民企与周边国家的利益集团企业进行对接，使中国的企业扎下根，成为投资者和经营管理者，进而去开展更多上层建筑层面的合作，传输经验和理念，在邻国制度建设上发挥更大的作用，从而使中国对周边国家的影响更加深刻而长远。

四 建议设立支持企业"走出去"专项外汇资金池

为发挥巨额外汇储备的优势，以金融手段促进中华民族伟大复兴中国梦的实现，借由支持中国企业"走出去"达到加快中国政治影响力提升的目的，建议从国家外汇储备中拿出一块专项资金，设立支持企业"走出去"的外汇基金，对企业"走出去"提供长期外汇贷款和并购股权融资。建议方案如下。

第一，基金性质是股权、债权混合型基金。

第二，基金规模为 500 亿～1000 亿美元，可根据中国企业"走出去"项目资金需求情况分期注资。

第三，基金投向是企业"走出去"的长期外汇贷款以及"走出去"的并购股权融资。其中，长期外汇贷款资金规模 600 亿美元，贷款期限 10～20 年，贷款利率在考虑市场利率水平的基础上给予适当优惠，不低于外汇储备资金历史平均收益；并购股权融资资金规模 400 亿美元，帮助"走出去"企业补足并购资本金，增加股权收购比例，重点支持在能源产业、先进制造业、高科技产业、农林畜牧业等行业的并购需求。

第四，管理方式是委托商业银行管理，遵循商业化运作原

则。同时为保证国家外汇储备资金安全，可考虑由商业银行提供保本承诺。

第五，不设定固定期限。建议每十年，由外汇储备管理部门根据基金使用情况和风险回报情况，与商业银行协商确定基金是否存续。

第六，可供分配的收益包括长期外汇贷款利息、股权分红以及股权退出后的资本增值，具体分配方式和分配比例由外汇储备管理部门和委托管理机构商定。

第七，在管理机构的选择方面，根据商业银行提供的"走出去"项目情况、风险管理设想和收益分配建议，由外汇储备管理部门选定。

第十六章　商业银行国际化

——金融战略先行

在新一届中国领导集体的外交活动中，围绕"一带一路"战略布局，基础设施建设和金融合作成为不变的"主题词"。如果说，企业"走出去"是我国国际经略中的战略载体，那么金融机构的先行"走出去"则是重要的战略保障。国家金融机构服务于国际经略可以包括四个层面。一是国家政策性银行，如国家开发银行、进出口银行。二是以我国为核心的国际金融机构，如亚洲基础设施投资银行、金砖国家开发银行。三是国家政策保险公司，如国家出口信用保险公司。四是商业银行，如工、农、中、建等国有商业银行。客观而言，前三类机构更多的是在政策和资金层面上辅助国家国际经略的开展，而国有商业银行不仅要承担服务国际经略，还必须承担国有资产保值、增值的战略任务。国际经略必须"企业出海"，而"企业出海"必须"金融先行"。因此，商业银行须定位为"战略先行者"，只有做大做强中国的跨国商业银行，才能更好实现企业"借船出海"，推动国际经略"扬帆起航"。

第一节　"金融先行"是"三个出海"的客观需要

改革开放 30 多年来，中国已成为世界第二大经济体，形成

了全方位、多层次、宽领域的对外开放格局和具有中国特色的开放型经济体系，经济实力不断增强。但由于国际国内宏观经济形势的影响，中国经济面临产能与消费需求的失衡，进口与出口的困境的压力和挑战。为适应严峻复杂的国际国内经济形势和"一带一路"布局，一方面，我国加快企业和过剩产能"走出去"步伐，"铁公基"项目加快"走出去"，另一方面，"人民币国际化"战略稳步推进并有加速之势。可以预见，未来中国对外开放的深度还将继续扩展。一个庞大的开放经济体，需要一个强大的全球金融体系做支撑，需要通过构建中国自己的全球供应链体系、培育自己的跨国公司和跨国银行，使贸易、投资、人民币协同"走出去"，形成一个全方位的系统，"商业银行先行"是客观需要。

一 "商业银行先行"是"货物出海"的客观需要

中国对外贸易结构优化升级需要与之匹配的跨国银行。2013 年，中国货物进出口 4.16 万亿美元，增长 7.6%，一举成为世界第一货物贸易大国，也是首个货物贸易总额超过 4 万亿美元的国家，创造了世界贸易发展史的奇迹。未来，中国对外贸易发展将进一步呈现两大特点。一是进口市场稳定增长。国家把扩大内需作为经济发展的长期战略方针，实施积极的财政政策，完善鼓励合理消费的财税和信贷政策，将有效拉动国内消费需求。同时，把积极扩大进口作为转变对外贸易发展方式的重要战略措施，通过实施对先进技术设备、关键零部件、能源原材料的进口鼓励政策，将支撑进口稳定增长。二是出口结构调整升级。未来我国货物贸易出口仍有较大的提升空间，在大型机电产品出口及大型承包项目上的强大增长动能将会不断释放，特别是新兴市场需求会成为新的出口增长点。我国企业的贸易网络将覆盖全球大部分地方。全球 90% 以上的贸易活动都离不开结算、融资、担保、保险或其他贸易金融服务的支撑。贸易结构优化升级将使我国逐步从贸易大国向贸易强国转变，也为中资金融机构国际化发展提供了持续动力。

二 "商业银行先行"是"企业出海"的客观需要

中国企业"走出去"需要能提供全方位金融服务的跨国银行。John H. Dunning 的投资发展周期理论认为，一国对外直接投资净额与其经济发展水平密切相关，人均 GDP 超过 4750 美元的国家，对外直接投资的力度会明显加强，对外直接投资净额一般表现为正值，并呈逐步扩大趋势。2014 年，中国人均 GDP 约为 7500 美元。根据这一理论，中国的对外投资将进入大规模拓展周期。

自 2002 年，中国对外直接投资已逐步进入快速增长期。中国商务部 2014 年 1 月 16 日发布数据显示，2013 年，中国境内投资者共对全球 156 个国家和地区的 5090 家境外企业进行了直接投资，累计实现非金融类直接投资 901.7 亿美元，同比增长 16.8%。

但与日本、印度、俄罗斯等对外投资发展迅速的国家相比，中国在通过对外直接投资促进国际收支平衡、化解过剩产能、推动产业结构升级方面还有较大潜力。可预见，未来中国对外直接投资仍会保持稳定增长，对外投资合作的层次会进一步跃升，逐步走上资本流入和资本流出更趋平衡的发展道路。中资企业跨国经营的蓬勃发展，迫切需要国内金融机构加快国际化步伐，满足其境外融资、集团财务管理、规避投资风险，以及参与招投标等全方位金融服务需求。

三 "商业银行先行"是"人民币出海"的客观需要

人民币扩大跨境使用需要中资跨国银行在世界金融体系中扮演更加积极的角色。跨境人民币业务启动以来，业务规模和领域加速拓展，境外离岸人民币市场加快形成，已形成了香港为人民币离岸中心，新加坡、首尔、伦敦、法兰克福、巴黎、卢森堡、苏黎世等亚洲、欧洲城市为离岸市场的格局，人民币国际影响力不断扩大。2013年全年跨境贸易人民币结算业务累计为4.63万亿元，较上年的2.94万亿元同比大增57%，反映出人民币国际化持续推进下，货币使用度飞速增长。直接投资人民币结算业务为5337亿元，较上年的2802亿元同比增长90%。

2014年9月25日，环球银行金融电信协会（SWIFT）公布最新人民币追踪报告，数据显示，全球人民币付款价值在过去两年中实现了两倍的增长。SWIFT数据显示，人民币在全球主要支付货币中排名第7位，占全球付款率的1.64%，相较2014年7月上升1.57%。SWIFT的跟踪数据显示，全球超过1/3的金融机构已采用人民币作为中国内地及香港地区的付款货币。其中，亚洲以近40%的应用率领先于其他地区，相较2012年，这一数字上升了22%。美洲以32%的应用率紧随其后，同期上升了44%。排在美洲之后的是上升率为47%的欧洲地区，应用率也达到了31%。而中东及非洲的应用率为26%，比同期上升83%。离岸人民币中心的形成和人民币国际化向纵深推进，有利于中国在国际金融体系中获得更大话语权，在国际货币和大宗商品交易中获得更多定价权，也迫切需要中资银行发挥在人民币业务上的天然优势，提高金融服务能力和国际化经营水平。

第二节 "金融先行"为企业"走出去"战略护航

近年来，随着企业"走出去"已成为国家对外战略的重要组成部分，特别是在"一带一路"战略的引导下，中国企业和公民"走出去"将成为未来的大势所趋。企业在"走出去"的过程中，也存在着如何有效了解当地情况，如何融入当地社会，如何有效维护自身权益的问题。另外，"走出去"企业对中国商业银行的服务需求已经从存款、贷款、结算等传统服务向多元化、综合化演变，衍生出巨大的对公司金融、投行服务和金融中介的需求。因此，"中国企业将走到哪里，中国的金融服务就应该先行延伸到哪里"，作为国有商业银行应有效服务企业"走出去"战略，要着力实现"三个转型"：

一 实现从提供"单一"到"多元"金融服务的转型

一是要"广布局、全覆盖"。已具备条件的中资银行要进一步完善全球服务网络，加快形成对我国主要经贸往来地区的全覆盖，构建起全球化全能化的金融服务链条，使境外机构数量、资源布局与我国贸易投资格局更匹配。着眼全球、突出重点，在新兴经济体和发达经济体之间合理配置资源、布局业务，如工商银行通过持有南非标准银行 20% 股权实现了战略布局非洲大陆。二是要"建网络、汇人才"。使机构网络、产品线、科技平台、人才队伍以及管理水平尽快达到为"走出去"客户提供优质全球服务的要求，全方位满足中资企业的海外投资兴业需求。三是要"信息灵、服务全"。积极为

中资企业进入国际市场或获取战略资源提供以跨境并购、境外上市、银团融资为核心的海外投行服务。特别是境外机构主动发挥地处国际金融市场和跨国企业总部驻地,当地客户关系广泛、业务信息灵通的优势,努力成为中资企业的桥梁和耳目,通过撮合境内外供需,为"走出去"企业提供了优质服务。

二 实现从"追随"到"引领"企业"走出去"的转型

一是中资银行机构全面参与境外需求主体的结算、清算、信贷融资、投资并购、资本运作、资产保值、现金管理和日常经营;还要求其发挥资源配置功能,引导企业到符合国家对外经贸政策的境外地区发展,引导投资流向效益更高、潜力更大、结构更合理的产业和领域。二是要创新金融服务模式,通过"工程+金融""贷款+能源"等模式,为企业全球销售、工程承包、海外投资并购铺路搭桥,提供全方位的金融支持,引领和推动企业"走出去"。三是要始终坚持依托集团整体优势。母行实力强大是境外机构壮大的依托。过去中资银行境外发展较慢,很重要的原因是境外机构基本呈"孤岛"状态,境内外信息和资源无法共享。在跨国银行建设中,中资银行要发挥好、利用好母行的整体优势。要重视加强内外联动,建立"One Bank"的一体化经营格局,为客户提供一揽子金融服务。

三 实现从"走出去"到"融进去"的转型

一是在网络拓展策略上,宜战略并购与自主申设并举。结合各地市场环境和监管准入难度，综合利用申设、并购等方式设立分行、子银行、控股机构和代表机构；按照风险可控制、成本可接受和机构可整合的思路选择战略并购对象，推进以绝对控股或相对控股为目的的战略导向型并购。二是在机构建设定位上，致力于本地化经营和融入当地主流或重要银行地位。借助并购手段加快本地化经营步伐，稳步开展中小型银行的收购与整合，谨慎对待大型银行并购机会。一行一策支持境外机构背靠母行、立足当地，积极参与东道国的经济建设，服务好中国与东道国的贸易及投资往来，逐步成为当地有影响力的主流银行，或在当地一些主要业务中取得主流或重要地位。通过金融机构先行"融进去"，为企业"融入"当地社会提供良好的基础。

第三节　"金融先行"为中国国际经略助力

"金融先行"要求国有商业银行始终坚持服务于中国经济全球化的战略，在服务企业"走出去"过程中同时实现国有资产增值、壮大的目标。同时，作为中国的国有商业银行，在一定程度上代表着中国的形象，因而要提高战略定位，要努力承担推动中国国际经略，服务于国家战略目标实现的历史责任。国有商业银行要发挥自身优势，在以下方面为国家层面的国际经略实现"三个推动"。

一　推动人民币国际化进程

中国经济与世界经济特别是与亚太、拉美、非洲等新兴市场的互动融合将不断增强，人民币国际化也从贸易货币向投资

货币推进。国有商业银行要积极推动人民币国际化。一是大力发展人民币清算业务。清算业务作为银行最基本的业务，对银行的运营和客户服务起到很重要的支持和保障作用。在央行人民币跨境支付系统（CIPS）建成之前，国有商业银行应利用其在全球分支机构的资源优势，实现人民币账户管理全球化、客户转账同步化、全球结算实时化。二是要加快开发人民币资金交易类产品及衍生产品、大宗商品交易产品，同时积极开展贸易融资服务、银团贷款、承销点心债等等，争取在国际金融体系和金融交易中获得更大的话语权和定价权。三是利用国有商业银行网络的优势，循序渐进地推进跨境人民币贷款业务，加快人民币资本项目可兑换改革进程。四是利用深耕当地的优势，推进人民币为东道国所认可。

二 推动国际金融治理机制改革

一是金融危机以来，美国、欧洲都推出了大规模的金融监管改革，重新塑造国际金融治理机制。中国商业银行要积极参加与全球金融治理机制相关的各类国际组织、会议、论坛，提高中国的话语权，完善框架机制，倡导开放贸易，推动世界经济的合作、协调发展，努力维护中国的国家利益。二是中资银行要抓住国际金融危机后一些跨国银行创新暂受抑制的机遇期，加快业务创新步伐，集中力量在一些业务领域打开市场突破口，努力在全球占据一定的市场份额，形成较强的全球服务能力。

三 推动中国国际形象

一是商业银行要通过绿色金融等金融创新产品，倡导和谐包容的文化。在东道国，特别是在发展中国家进行大型项目融资时，要强化融资企业的环境披露机制，加强发展绿色投资、绿色贷款和绿色债券等方式，加强与当地各方的合作，妥善处理与政府、社会各阶层和各社会群体的利益关系。二是推出面向当地低收入阶层的小额贷款金融产品。以穷人为对象，以提供无抵押贷款为主。如玻利维亚阳光银行明确规定只有无地或无财产的人才有资格成为贷款对象。印尼人民银行乡村信贷部的贷款对象是传统金融系统无法覆盖的农村中收入较低的20%的人群，这种自动瞄准机制使小额贷款直接瞄准贫困农民，主动履行应尽的社会责任，为当地社会做出贡献。三是商业银行要坚持国家利益和企业利益兼顾，通过企业外交打造品牌，树立良好形象，积极向海外传递中国和平发展的意愿，促进文明之间的对话和交流，成为中国的"经济外交使者"和"编外大使"。要注意中国文化与东道国文化的相互学习和交融，与当地政府、社区和人民建立和谐共融的关系，营造"和而不同"甚至是"和实生物"的良好氛围，塑造有亲和力的国际形象。

体制改革创新

发展与稳定并重篇

习近平总书记指出：中国特色社会主义，顾名思义，就是要从中国实际出发，既不照搬外国社会主义的模式，也不搞本本主义，而是"走自己的路"，建设适合中国国情的社会主义。现代主流经济学以完善的市场机制作为既有条件，对如何形成完善的市场机制则未有定论。中国经济体制改革的实践恰恰是对复杂"既有条件"的探索。实践证明，市场经济制度可以借鉴，但不可复制，金融改革亦然。金融市场具有共同性，但不同国家的市场机制都是在特定的环境下形成和完善的。

金融是现代经济的核心，金融安全会直接影响到经济安全、社会稳定和国家安全，金融改革涉及政府、市场和社会三大部门之间的互动关系，金融市场则体现国际和国内的流通及竞争，可以说金融改革对社会的影响比单纯的经济体制改革更加深远。如何更好地处理金融市场和政府治理的关系，有效提高政府治理在金融市场的作用成为重要议题。

任何制度改革都是利益关系的重新调整，既需要有勇气，也需要有智慧。金融领域国家治理的关键是要掌握"平衡"，顺应全球大势，但不盲从国际趋势，立足国情，找准自身定位，体制创新和稳步发展并重，在提高金融效率的同时，维持金融稳定、维护金融安全。基于中国金融发展现状，需要兼顾"六大平衡"关系：秩序与自由的平衡、体制与机制的平衡、效率与风险的平衡、开放与稳定的平衡、坚实与活用的平衡、负债与发展的平衡。

第十七章　秩序与自由的平衡

——金融监管

2008 年金融危机后，加强监管已成为全球大势所趋，监管不是"越松越好"，中国的确也存在适度加强监管以防控风险的必要。但监管也并非"越严越好"，中国金融监管体系未来的着力点和框架设计还应充分考虑中外金融发展阶段和金融风险特征的不同，结合中国国情，在适当加强风险管控的基础上，鼓励创新作为核心着力点，制定合乎中国国情的监管规则和重点。

中国金融监管改革需要对症下药。在经济全球化的背景下，确立"监管决定定位市场最优均衡点"的理论依据，重点处理好金融监管"三位三新"的关系，即提高站位，避免错位，找准定位，通过理论创新、思维更新、措施推新，推进监管战略体系建设。

第一节　金融监管不是越松越好

加强监管是危机后全球大势所趋。从 20 世纪 30 年代"大萧条"以来，全球金融监管体制一直在自由放任和加强管制之间摇摆不定。但 2008 年金融危机爆发后，大力改革金融体系、再造全球金融稳定框架的呼声渐高，各国政府和国际组织形成了加强监管的共识。

　　回顾 2008 年以来的金融危机，"市场至上"的理念所引致的监管漏洞需在危机中负有重要责任。2000 年，美国通过《商品期货现代化法案》，解除了对包括信用违约互换（CDS）等金融衍生产品的法律监管。2004 年美国开始推行投资银行自我监管计划，投资银行得以借助高杠杆运营实现高利润，高盛、美林等投资银行的杠杆率都从十几倍跃升到 30 倍左右。此外，监管者不对贷款活动有效指引和监督，房贷机构得以放松资信审查，开发出各种高风险产品，吸引众多投资者非理性追捧。由于过分信任市场的自我调节机制和机构的自我约束能力，认为"最少的监管就是最好的监管"。监管的缺失，成为助推风险滋生和积聚的帮手。

　　有鉴于此，为了弥补金融监管体系存在的严重缺陷，促进金融体系的稳健运行，危机爆发后全球金融监管出现了再次强化的新趋势。发布《巴塞尔协议Ⅲ》、成立 G20 金融稳定委员会、出台美国《金融监管改革法案》、建立泛欧金融监管体系等，全球金融监管标准趋向于更为严格，国际宏观审慎监管的力度进一步加强，监管覆盖范围更为广泛，监管重心从局部风险转向更多地注重系统性风险，以防范类似严重性危机再次爆发。全球金融监管有以下几个趋向。

　　一是构建宏观审慎监管和系统性风险监控的机制。跨部门委员会纷纷成立，负责识别并监控系统性金融风险，并协调各监管机构间的关系；逆周期的金融监管机制也被构建，以缓解金融体系亲周期性的负面影响。

　　二是完善全面监管体系，填补监管漏洞。美国将所有具有"系统重要性"的机构均纳入监管范围，加强对影子银行体系、信用评级机构以及具有系统重要性的支付、清算和结算体系的全面监管；欧洲则提出要建立涵盖"所有金融市场、产品及参与者——包括对冲基金及其他可能构成系统风险的私人资金池"的全面监管框架。

三是实施保护金融市场弱势群体利益的制度。美联储为保护消费者利益，创建专门机构，避免住房抵押贷款、信用卡滥用等失当的金融行为对消费者的伤害；为保护纳税人的利益，美国通过了"禁止使用纳税人资金救助濒临破产金融机构"的修正案。

四是改革金融机构的薪酬体制、约束过度冒险行为。美联储提出银行业薪酬监管计划，对28家大型银行高管人员和特定人员的薪酬安排制定了特别的监管政策；英国的《薪酬准则》则将风险管理因素纳入薪酬体系，强化董事和其他高管人员的风险管理责任。

对于中国而言，尽管没有遭受到危机的直接冲击，这一方面表明近些年中国金融监管及其有效性得到很大改善，但另一方面也表明中国金融业及其市场发展的相对不足，中国金融产品和工具还没有成熟到西方国家那样的高度和复杂度。因此，中国仍有加强金融监管、构建金融稳定机制的必要。随着中国金融业和金融市场的发展和深化，经济的金融化程度必然进一步提高，中国的金融监管也存在进一步加强的必要。

第二节　金融监管不是越严越好

在监管上盲目崇拜西方，奉行"严些再严些"，也并不是好事。中国金融监管改革应以鼓励创新为核心着力点，在加强金融监管的同时，更多关注中国与发达市场的不同，实行"共同而有区别"的监管原则。

　　金融监管照抄发达国家规则，与当前中国的经济建设需求和金融市场结构的发展并不完全匹配。比如说目前实施的新资本管理办法，基本照搬甚至甚于《巴塞尔资本协议Ⅲ》中的规定，对商业银行实施了极为严格的资本限制。但事实上，"巴Ⅲ"是专门针对西方发达市场经济中资本杠杆率过高，金融衍生过度，从而为抑制资本过度逐利影响金融安全而制定的管理办法。这一剂针对欧美银行病症所开的药方，给中国商业银行服下去，很不对症。一方面，中国银行基本没有过高的资本杠杆率操作，因为我国金融衍生业务其实还很不发达。把抑制过度衍生的管理办法用在金融衍生发展严重不足的中国银行身上，不仅不管用，还会自我束缚，加重病情。另一方面，中国的金融市场结构不同于西方，特别不同于美国。直到目前，中国仍然是以间接金融为主，商业银行承担着中国建设资金特别是长期资本的供给任务，资本市场虽经 20 多年发展，但其筹融资能力（企业债＋非金融机构股权融资）仅占社会资金总量的 11.7％ 左右。债券市场近年虽有发展和提速，但债券大部分还在银行手中。所以在中国，社会长期资本主要还是靠银行提供。而且中国的经济建设还处在起飞前的爬坡阶段，对长期资本的要求十分强烈。而长期贷款是耗费资本最多的融资种类，实施过于严格的资本管理办法将严重地抑制商业银行提供长期贷款的积极性和实际能力。

　　监管过严而排斥金融创新，如因噎废食，会伤害到金融体系的竞争力。适度、可控的金融创新是优化资源配置效率的重要途径，是推动经济金融变革和发展的不竭动力。金融创新活动虽屡次成为金融危机的引爆器和载体，却不能改变金融创新作为资源配置优化的重要路径和经济金融发展动力的规律。英国就是在

1720 年"南海事件"① 之后，通过了著名的《反泡沫法案》，禁止英国公司向公众发行股票。自此之后的 120 多年里，英国股票市场基本处于停滞状态。而美国却趁机积极发展股票市场，后来居上，取代了英国在全球金融体系中的地位。与欧美市场"创新过度"的情况相反，中国创新产品的供给相对于实体经济需求而言是十分短缺的。在中国，一方面，金融市场的广度和深度有限，股票和债券是主要的交易对象，不仅不存在 CDO、CDS 这样的复杂衍生品，甚至连期货、期权、掉期这样的基本衍生品也很稀少。另一方面，金融机构的业务创新空间狭窄。即使在财富管理、私人银行、财务顾问、初级衍生品交易及投资等新型业务上有所涉足，也仅仅处在起步阶段，远未充分和深入开展。

中国金融监管体系未来的着力点和框架设计应充分考虑中外金融发展阶段和金融风险特征的不同，制定合乎中国国情的监管规则和重点。中国的监管者应当以更开阔的视野，站在更高的层面上来审视金融的创新开发问题。

---

① 南海泡沫事件（South Sea Bubble）是英国在 1720 年春天到秋天之间发生的一次经济泡沫，它与密西西比泡沫事件及郁金香狂热并称欧洲早期的三大经济泡沫，经济泡沫一语即源于南海泡沫事件。事件起因源于南海公司（South Sea Company），它实际上是一所协助政府融资的私人机构，分担政府因战争而欠下的债务。南海公司在夸大业务前景及进行舞弊的情况下被外界看好，到 1720 年，南海公司更透过贿赂政府，向国会推出以南海股票换取国债的计划，促使南海公司股票大受追捧，股价由原本 1720 年年初约 120 英镑急升至同年 7 月的 1000 镑以上，全民疯狂炒股。市场上随即出现不少"泡沫公司"浑水摸鱼。为规管这些不法公司，国会在 6 月通过《泡沫法案》，炒股热潮随之减退，并连带触发南海公司股价急挫，至 9 月暴跌回 190 镑以下的水平，不少人血本无归，连著名物理学家牛顿爵士也蚀本离场。南海泡沫事件使大众对政府诚信破产，多名托利党官员因事件下台或问罪，此后，辉格党取代托利党，长年主导了英国的政局。

第三节 监管"站位"是金融市场的关键

一国金融需要坚定的监管，金融市场不存在完全的自由。关键是，金融监管需要有准确的"站位"。从理论上说，经济活动都是在价值规律的调解下自发的，监管规则应设定金融市场相对最优均衡点，与现实发展程度匹配。从实际上说，金融监管需从维护国家经济安全和国家安全角度出发，使用技术性手段，但不完全依赖技术手段，而是从宏观战略层面，找准金融市场现阶段的整体战略定位，实现符合国家金融战略根本需要的适度监管。

从经济理论看，对市场化作用一般会重视市场的所谓价值规律，即通过交易的自发性达到一般均衡。但在现实中，市场在各方博弈下，有多重均衡可能，其中有一种均衡状态能够与内外部条件结合，使市场效率达到或者接近最优均衡，只能通过规则设定即监管完成。从西方国家监管制度的变迁看，金融监管经历了"自由—管制—放松管制—管制"的发展过程，这种发展过程所呈现的规律性并非简单的轮回发展，而是在变化的形势下的必然选择。

从国际金融的历史和现状看，背离实体经济需要和摆脱监管规制的金融创新，会加剧金融市场的信息不对称程度，成为积聚风险和引爆危机的重要原因。20世纪下半叶以来，世界金融格局发生巨大变化，金融市场动荡加剧。由于市场经济活动范围的日益拓展和日益自由化、国际化和全球一体化，导致资本流动更加充分、资本逐利更加彻底，对风险的敏感性日益强化。西方国家的金融监管方式经历了"政府干预主义"—"新自由主义"—"市场约束"型的转变。美国金融市场监管体制其实相当完善严格，但2008年金融危机仍然爆发。市场的本性归根结底是逐利，注定了底线思维和风险意识的缺失。后危机时代，全球理论界与金融界达成共识，金融监管在金融体系中发挥着越来越重要的作用。

由于金融体系发展阶段不同，金融风险的表现也有着显著的差异。不合理的资本要求会成为金融发展的掣肘。在高度发达的金融市场上，风险主要来自交易性资产，极端复杂的金融工程、过度延伸的交易链条和过分衍生的金融产品中潜藏着大量的风险。在中国，金融风险则主要来源于贷款客户违约风险，即还是以信贷资产风险为主。资本与银行的信用创造能力直接对应，过高的资本要求会抑制银行的发展，削弱银行的业务和产品创新。更为重要的是，资本缺口会导致银行"扎堆"融资，对容纳能力有限的国内资本市场形成冲击。与欧美相比，中国金融体系的发展仍然处于初级阶段：金融市场的活跃度相对不足；实施较为严格的分业经营和分业监管，金融机构之间的业务边界清晰；衍生品市场基本不存在，金融工具结构简单，交易链条较短。金融创新不足不仅严重束缚了中国金融机构竞争力的提升和金融市场活力的增强，而且不利于经济发展方式的转型和市场经济体制的完善，提高中国金融业的创新能力是"十二五"期间金融体制改革所要解决的一个重要问题。

从"站位"角度看，在现代经济中，金融既是核心，同时又蕴含着高风险。金融监管的水平对金融业的安全性和有效性起着至关重要的作用。保障金融安全，不能只把重心放在"严不严"这样的尺度问题上，而是要从体制、机制上望闻问切，对症下药，提升监管效率。中国金融监管在经济全球化的背景

下，要确立"监管需有效定位市场最优均衡"的理论基础。应在保证市场稳定的同时，注重为金融创新提供更为宽松和健康的环境。

第四节　监管"错位"是金融市场的主要问题

中国金融市场正处于向完全市场化发展的转型阶段，金融监管的定义及其与市场的关系理论基础仍旧薄弱。金融监管刚刚脱胎于行政管制，加之金融创新的步伐日新月异，因此较难定位市场相对最优均衡点，常出现监管"错位"。以"监"代"管"，以"管"代"监"，"越位"、"缺位"和"乱位"共存，未能理顺与市场的关系，市场结构和市场功能存在缺陷，市场效率和公信力不足。

一　金融监管"越位"制约市场的可持续发展

随着市场经济的不断深化，金融市场的行政干涉和市场管制逐渐无法适应新时期金融市场化的要求。过度监管忽视了监管和市场的实质关系，多从有形角度出发，加上行政干预的惯性，不但不能引领全局而决定市场均衡点，反而往往因行政力量违背价值规律而破坏了市场均衡，造成整体市场不能良性发展，制约金融机构的创新精神和资本的加速流动，从而窒息住整个金融产业的活力和国际竞争力。另外行政手段有一些天生缺陷，影响金融市场的公平和可持续发展。

二　金融监管"缺位"纵容市场的无序发展

中国金融市场新兴事物、新兴领域层出不穷，金融监管

"缺位"呈现"弱点、难点、盲点"共振，由点及面，危及国家经济安全。一是资本市场成为监管弱点。资本逐利的本性决定，信息欺诈、内幕交易、操纵市场等投机违法行为是市场的伴生物，具有长期性、固有性，不会因为市场成熟、加强管理就能完全消失。二是影子银行成为监管难点。国内影子银行融资规模庞大，杠杆率高，易变且不透明，其业务蔓延，已对目前的监管体系构成挑战。温州高利贷老板跑路、广东担保公司倒闭等事件都显现难以对其有效监管。三是互联网金融成为监管盲点。互联网金融推动了多种业态的大范围跨界融合。但参与的市场主体非常多元化，数量庞杂，部分互联网金融机构的定位在形式上比较模糊，新型业务边界不清，出现监管的"三不管地带"。特别以余额宝为代表的互联网货币基金客户数大幅上升、P2P网贷平台倒闭，引发监管层的震动，其监管盲点或监管过度争议不断。

三　金融监管"乱位"难以全局把脉市场风险

随着新金融的发展，金融市场进入了一个泛资产管理的时代，各行业间的界限正在变得模糊，国内机构的综合经营、交叉经营在扩大，特别是近些年互联网金融的兴起，具有明显的跨行业跨市场特征。目前中国"一行三会"所构建的分业监管格局，导致金融市场的机械分割，金融信息共享有限，难以全局把脉金融市场的系统性风险，形成高效一体化的金融市场监管体系。虽然国务院不断完善以央行牵头的金融监管协调机制，但由于部门利益所限，仍难以站在国家金融安全的角度，弥补混业监管改革缺位的短板。

金融安全已成为中国社会"已显露出来的威胁"之一。中

国现有金融监管工作体制机制"错位"现象严重，部门利益掣肘，难以适应市场化和维护国家金融安全的需要。因此，亟须在深改组和国安委强有力的平台上，以超脱部门利益的角度统筹解决国家金融监管顶层设计。

第五节　监管"定位"是金融市场健康发展的战略保障

当前，国际金融危机对中国影响深远，世界经济增长不确定不稳定因素增多，国内经济企稳回升态势尚未稳固，金融业运行中新的潜在风险不容忽视。一方面，金融风险呈现结构更加复杂、风险传导更加隐蔽的特点，防范系统性风险的重要性更加突出。另一方面，加快金融市场化、国际化发展速度刻不容缓。如何平衡秩序与自由？金融监管"定位"必须找准金融市场相对最优均衡点，促进金融市场健康发展，按照"理论创新""思维更新""措施推新"，推进金融监管战略体系建设。

一　创新监管理论，实现市场追随者到引导者的质变

只有具备坚实理论框架基础，监管才能从市场的被动追随者成为市场的主动引导者。要进一步创新符合中国国情的监管理论，从经济理论上明确：市场化的定义定位不是自由化。使市场运行达到均衡的基础是价值规律，定位其最优均衡点的关键是监管。价值规律决定市场的存续，监管决定市场价值最优。从以下三个问题筑牢市场监管的理论基础。

（一）明确自由市场的理论局限性

所谓自由市场本身就只是理论意义上的存在，个体永远是

信息不对称的，所造成的盲目性往往会造成经济波动和资源浪费。真实市场，无论是个体在市场中或单个市场在全球经济、金融市场中都会受多种外界非公平、非公开、非竞争、非完全因素的影响。

（二）明确市场化自发调节的局限性

单纯依靠市场自发的价值规律调节达到的均衡并不一定是市场或者社会达到的最优均衡状态。当公正的价值观并不统一、为谋取利益发生不当行为、自由分配导致社会阶层两极分化发生，或者因市场调节这种事后调节不一定能够反映出供需的长期趋势时，市场均衡并不一定是福利和效率最大化的，当福利和效率很小，社会甚至可能引发动荡不安。

（三）明确监管的目标是市场的最优均衡

市场的根本目的是追求市场的最优化，最优均衡基于目前整体经济发展的阶段、市场中个体的发展状态、市场的发展方向和趋势有所不同。监管作为根本和终极手段，其制度决定了在此市场中达到最优均衡的定标，由此确立对市场的战略定位。

综上，监管是对市场的全面规划，是对体制的设计，是长期行动的准则，是将市场置于合乎发展方向要求的整体机制中，再经由此程序实现交易公平和市场良性互动。

二 更新金融监管思维，适应市场化改革方向

（一）强化金融监管辩证思维

监管的范畴不能太形而上学，使市场泛自由化，也不能太从细节出发，拆碎了价值规律的作用，两者均会使市场走向崩塌。监管的实质是构建合适的市场机制，需将市场当作一个系统的、有机的整体。其目标是既要保持市场的秩序又要保持市

场的活力，但更重要的是决定了秩序与活力间的对比关系如何确立。监管的目的是使市场在规范内运行的状态下，吸引更多的竞争者参与供给，提供更完备的系统供消费者选择，从而完成市场均衡的过程。监管旨在制定法则，使市场内所有主客体围绕目标均衡点运转，不应对个体过于偏重，更不能直接指定竞争者或者替消费者做决定。监管不在于保证任何个体的盈亏，而在保证盈亏的公平性。监管的"从严"或"从宽"决不在于要打破平衡，实施偏袒，而在参照现时目标保持市场新的均衡。

（二）强化金融监管动态思维

全球金融态势起伏不定、中国改革持续深化，中国金融市场不可能保持静态。监管是为了使市场有序发展，有序包括了有秩序、有步序。有秩序是指市场应当在何种均衡点上发展，有步序是指当今的均衡点要和现阶段的优劣势相匹配。从短期看，是让市场在框架内根据目标均衡点动态平衡。从长期看，是根据历史发展的阶段，不断调节整体机制，根据新时期的目标平衡点，实现动态平衡，进而形成市场可持续的良性发展状态。全球金融业务规则和环境在不断改变，金融市场的均衡也随之改变。金融市场监管需要深化改革，顺应时势，以动态均衡为监管理念，不惧创新甚至鼓励和先行创新。战略定位要有前瞻性，风险管控要有预警性，先于市场而动制定监管规则。

（三）强化金融监管底线思维

监管目标事实上决定了市场的定位底线。要坚守不发生系统性区域性风险的底线，中国金融市场风险可控，但随着国内经济增速放缓，金融领域中的各类风险隐患不容轻视；要坚守法规底线，法律风险是一条高压线，核心就是要遵守法规、合规经营，尤其是对于可能引发风险的违规行为要坚决杜绝；要坚守消费者保护底线，消费者保护的底线是维护金融消费者对银行业机构和银行业市场的信心，尤其是必须避免发生重大的、群体性的消费者投诉和危机事件；要坚守支持实体经济发展底线，支持实体经济发展既是银行业机构责无旁贷的任务，也是银行业赖以生存和发展的基础。

三 推新金融监管措施，丰富金融监管的市场实践

（一）以强化金融监管的有效性为首要任务

完善金融监管，不等于片面地强调监管，而应当提高监管水平。适当放松管制，鼓励、引导金融机构紧紧围绕实体经济的需要，进行市场创新、产品创新、服务创新和管理创新，从而不断增强金融业的综合实力、国际竞争力和抗风险能力。建立多层次的金融体系。要把握住全球化中的战略机遇，在更大范围、更高层次上实现资源优化配置，提高金融业的国际竞争力。

同时，切实加强和改进对复杂形势下重点领域、系统性、区域性金融风险的防范，确保金融体系安全稳健运行。要准确把握风险防控的重点，高度重视潜在的信用风险和流动性风险，加大对地方政府融资平台、房地产、影子银行等重点行业、领域、地区风险的监控，密切关注各类风险的趋势性、方向性变化；进一步健全系统性金融风险防范预警体系、评估体系和处置机制，加强风险提示和预警，力求做到对重点领域、系统性、区域性风险早发现、早干预、早处置。

（二）需要建立科学、适度的资本监管制度

次贷危机中，发达国家部分私人金融机构过分逐利的冒险活动给纳税人带来了沉重的负担，因而强化资本约束与监管确

有必要。但中国应当注意国情，更多地考虑资本要求的合理和适度性。

资本的适度规模应能够覆盖银行所承受的风险。就目前的情况看，与国际相比较，中国银行业的风险程度并不高。并且中国银行业的风险管理能力经受住了危机的考验，2007~2012年，无论是次贷危机带来的全球市场震荡，还是国内 GDP 增长率从 11.4% 下降到 7.8% 的较大波动，中国银行业依然保持了不良贷款率和不良贷款规模"双下降"的态势；2013~2014年，受实体经济"三期叠加"的影响，中国银行业不良率才略有上升，但截至 2014 年第三季度，1.16% 的不良率绝对水平依旧处于可控区间。

在未来的资本监管中，一方面，要着力提升风险的识别和计量水平，探索基于风险程度的、适度的资本要求。特别是对于具有系统重要性的机构，应鼓励其完善全面风险管理制度、开发先进的风险计量模型、创新低资本消耗型的业务产品，而不应简单施加额外的资本要求，这反而不利于中国经济和金融体系竞争力的提升。另一方面，在完善金融市场、拓宽资本补充渠道的同时，应积极推动资产证券化的发展，增强银行资产的流动性。事实上，只要证券化产品的结构简单明了，并通过有效手段，防止银行由于资产可转让而放松贷款审查管理，证券化就不会成为放大金融风险的介质。

（三）以推进监管模式改革为重点

要逐步过渡到功能监管和综合监管。从金融监管制度上看，不同经济发展阶段应有适应此阶段的监管制度。

在各类金融机构界限日渐模糊的背景下，美国"双重多头"的监管模式所导致的监管真空和监管重叠是危机背后一个重要的原因。当前，中国应大力发展金融市场，进一步增强国际竞争力。虽然目前实行的仍是分业经营，但金融机构的创新探索以及综合经营试点的逐步推进，使得部分业务已经处于不同金融机构之间的边缘，特别是金融控股公司的不断壮大，已凸显中国现行的"一行三会"分业监管模式和国际先进金融监管制度无法兼容。

为此，中国的金融监管模式应顺应金融创新的要求，逐步实现从机构性监管向功能性监管，从分业监管向综合监管的转变。通过组织架构的更新改造、监管手段和工具的开发创新，逐步实现对各类金融机构同类型业务的统一监管。初期，可考虑成立综合金融管理机构即国家金融监管委员会，或在深改组的平台下，负责统一制定中国金融业的宏观发展规划，通盘考虑和制定金融法律、法规，协调监管政策和监管标准，监测和评估金融部门的整体风险，集中收集监管信息，统一调动监管资源，负责划分各监管机构的职责边界，健全监管机构之间的信息沟通和分工合作机制，弥补监管真空。长期看，则应建立综合性的监管机构，负责统一制定中国金融业的发展规划，实施跨市场、跨产品和跨机构的监管。

（四）以金融创新为抓手

一是应当为金融创新提供更大的空间，使得金融监管对金融创新有更大的"包容性"。可通过鼓励综合化经营、推进利率市场化等放松对创新主体的约束；通过发展包括资产支持类证券、股指期货等在内的衍生品市场，延伸金融机构的创新边界等方式。

二是应为金融创新提供更安全的保障。例如，建立宏观审慎的监管制度，防范系统性风险对金融创新的冲击；鼓励金融

机构健全风险管理制度，健全对创新产品风险－收益的评估制度；完善创新产品的信息披露制度，动员更多的市场主体参与到对金融创新的风险监控之中。

三是应为金融创新提供更为有力的引导，确保金融机构开发的金融产品符合实体经济发展需要、与自身的风险控制水平相协调，遏制创新主体过分逐利的冲动。特别是要鼓励金融机构将金融创新引入风险管理，发挥衍生工具和证券化等创新产品风险"吸收器"和市场动荡"减震器"的作用。

四是以金融监管法制化建设为保障。法律制度的健全，是金融业保持稳定、发挥作用的前提和基石。要进一步加快立法和修法进度，积极规范科学完备的法规体系，通过废除、修改、补充和制定等手段，及时对现有的金融监管法律、法规和规章等进行清理和重建，通过金融市场稳定法等法律来加强金融稳定的长效机制，简化一些金融法律的修法程序，完善中国金融监管法律体系。

第十八章 体制与机制的平衡

——市场主导

　　银行和资本市场同为现代金融体系的重要组成部分，缺一不可。银行虽然面临着监管压力加剧和市场空间收窄等多重挑战，但依然是金融体系中举足轻重的力量。资本市场则虽然几乎每次都在金融危机的风口浪尖上，但总能迅速恢复活力，市场广度和深度还在持续扩大。银行和资本市场是实现金融功能的两股重要力量，它们之间无法相互替代。

　　但对具体国家而言，谁更适合作为金融体系的主导？从全球看，选择哪种金融体系与经济金融是否发达无关①。一国金融体系的结构设计更多取决于该国金融体系的发展基础、主要产业对金融服务的差异性需求、政府和监管当局对稳定和创新的偏好等因素。在中国金融体系设计和金融模式选择时，需要充分认识实体经济发展转型对金融体系的根本性和关键性诉求，

---

　　① 从全球看，金融体系主要有两种类型：一种是以资本市场为主导的金融体系，以美国为代表；另一种是以银行为主导的金融体系，以德国为代表。很多实证分析都表明，选择哪种金融体系与经济金融是否发达无关。例如，目前国际上的主要金融体系的分类通常采用经济学家 Ross Levine 在其所撰写的《银行主导型和市场主导型金融体系：跨国比较》中的分类。在他的分类中，金融不发达国家里孟加拉、尼泊尔、埃及、哥斯达黎加、洪都拉斯、肯尼亚等 19 个国家选择了银行主导型金融体系，秘鲁、智力、牙买加、土耳其、墨西哥等 8 个国家选择了市场主导型金融体系。

在此基础上，从银行和资本市场在发挥金融功能时的特长和短板出发，界定和平衡各自在金融体系中的地位，使体制与机制改革优势互补，良性运行。

第一节　银行和资本市场都是金融体系的重要组成部分

根据功能金融论的观点，首先要确定金融应具备哪些经济功能，据此来设置或建立能够最好地行使这些功能的机构与组织。因此，在对银行和资本市场进行全方位对比时，需要以金融功能分析作为起点和基石。简单地讲，任何金融体系的主要使命都是为了在一个不确定的环境中帮助不同地区或国家之间在不同的时间配置和使用经济资源。为更好完成这一任务，金融体系须具备资金融通、信息提供、风险分担和风险管理、公司治理等功能。

一　银行和资本市场没有绝对的优劣之分

（一）融资功能上各有侧重

银行融资业务的优势在于成本比较低和信息更为全面真实。银行通过积少成多和续短为长的机制，实现了规模效应，节约了融资成本。

资本市场融资的优势在于资金稳定性较高和方式更为灵活。资本市场融资的期限一般较长，特别是股票发行可将融资转化为永久性投资，更利于企业进行生产经营，也有利于企业增加资本金，优化资本结构。资本市场在运作机制、产品工具方面创新性更为突出，企业可选择更为灵活多样的融资形式，此外，资本市场融资的链条相对较短，可以满足企业便捷性的资金需求。

（二）在风险管理方面各有所长

商业银行是经营风险的特殊企业，通过对风险的层层把控，缓解投融资双方由于信息不对称所产生的风险。银行的风险管理机制和管理技术都更为先进，借款行业、地区、企业、个人的多元化，充分分散了可能的风险，银行对借款客户的甄别和评估机制在一定程度上成功地将信用水平不高、经营状况不佳的客户排除在外，进一步降低了风险。

资本市场的交易模式和工具的创新为风险管理提供了更为多样化和灵活的手段。例如，期货、期权、互换等衍生金融产品设计的初衷都是为了降低经济主体在商品、服务和金融交易中的风险，缓解市场不确定性对交易主体的冲击。

（三）信息质量差异较大

银行和资本市场的信息，特别是贷款利率和市场价格对于投资决策、经营决策有着十分重要的意义。但二者在及时性、准确性和有效性方面有着很大的不同。银行贷款利率应起到引导市场的作用。但利率市场化不完全，限制了利率所反映信息的真实性和全面性。在信息沟通方面，贷款银行往往拥有很多的专有信息，可以帮助银行更准确地评估贷款项目的运营前景、借款人项目实施的能力，更密切地跟踪和监督贷款资金的流向和安全性。对于企业而言，由于银行的私密性，企业也乐于向银行提供更为全面、真实的信息。

资本市场有健全的信息披露机制，所提供的信息较之银行更为充分、透明和及时。然而金融资产价格虽然受到广泛的关注，但受内幕消息和内部操纵的影响，加之投资者在非理性情

绪引导下的"羊群行为",使得市场价格变动常常不能真实反映经济状况。

（四）在公司治理方面，资本市场更胜一筹

金融机构作为企业资金的融通方，是公司治理架构的重要主体。银行是企业外部治理主体，在评估企业信用等级、跟踪贷款项目运作和抵押物价值变动的基础上，通过设定利率、支付期、本金等贷款条件，来影响企业的经营决策。

资本市场要求企业公开财务报表，市场投资者挖掘公司的经营管理信息，经营不善的公司股价会下跌，债券价格会上升，公司管理者必须努力经营以避免被收购或兼并。因此，资本市场投资者可以通过"用脚投票"，来惩戒经营不善的企业，防止资源错配。此外，影响力强的投资者还可以直接派出董事，参与到企业的内部治理中去，以"用手投票"的方式直接影响企业的经营决策。

二 银行和资本市场并非"非此即彼"

银行和资本市场之间不是相互排斥、非此即彼的，而是互为补充、相得益彰的关系。自 20 世纪 70 年代以来，发达国家的金融体系发生了两个重要变化：一是金融中介机构成为金融市场最重要的参与者，金融中介机构事实上替代个人参与到金融市场中去，而非取代金融市场。二是风险管理成为金融中介机构最核心的业务，金融市场在深度和广度上的拓展正是金融中介越来越多地使用金融衍生工具的结果。因此，金融市场和金融中介之间是互补共生的关系。在中国，随着金融体制改革的深入，银行和资本市场之间的合作也越来越频繁。

（一）银行是资本市场重要的参与者

为充实资本金，满足监管要求和经营需要，银行会利用资本市场工具进行筹资，此外，银行出于合理配置资产、提高资金收益、管理资金风险的考虑，也会持有各类债券资产。一些银行还投资设立了基金管理公司、金融租赁公司等机构，在资本市场中进行投资交易。

（二）资本市场的发展离不开银行的资金和服务

银行作为证券市场的资金托管和结算机构，为资本市场提供重要的后台服务。银行所拥有的大量资金，为资本市场的发展奠定坚实的基础，没有商业银行的参与，资本市场许多产品将缺乏足够的投资者，市场的发展必然受到影响。

（三）银行与资本市场的合作不断提升

为满足个人和企业客户的金融需求，银行和资本市场不断推出了交叉类的金融产品或服务，提升了相互合作的层次。银行的投行业务通过为企业发行债券、票据提供财务顾问、主承销商等服务，银行在企业并购中发挥着积极作用；银行利用自己的渠道优势，代理基金公司、保险公司销售各类证券基金、保单；银行为企事业法人和居民个人代理理财的资金，其投向十分广泛，既包括证券市场的产品，也包括信贷市场的产品，也有一部分是投向货币市场的。

（四）对整个金融体系而言，银行和资本市场是相互补充的

这不仅体现在它们在各类金融功能，特别是融资功能的发挥上各有所长，资本市场可以供给长期资本，而商业银行则可发挥贷款甄别的比较优势，提高资源配置的效率。在危机发生时二者还可"互为备胎"，共同维护金融体系的安全顺畅运作。1990年，受储贷协会危机影响，美国银行业几乎濒临瘫痪，是

资本市场填补了融资功能的缺位，缓解了经济衰退的程度；1998 年，当美国资本市场一度陷入困境，商业银行代替资本市场将储蓄转化为投资，其金融业并没有因此而产生混乱。相反，亚洲国家由于缺乏一个有效的资本市场，严重依赖银行提供经济赶超所需要的资本供给，致使经济在 1997 年亚洲金融危机爆发之后随着银行业的瘫痪而持续衰退。

第二节　中国需要以银行为主导的金融体系

最优金融结构要与实体经济对金融服务需求相匹配，从而有效发挥各种金融制度安排在动员储蓄、配置资金和降低系统风险方面的比较优势，促进企业成长、要素禀赋结构优化、产业结构提升和经济发展。因此，在设计中国金融体系时，我们需要综合考虑银行和资本市场的发展水平、经济发展转型的金融诉求、金融稳定的偏好、金融基础设施的成熟度等多个方面。

一　中国银行的发展水平领先于资本市场

中国商业银行从新中国成立之初的社会主义改造、改革开放之前的"大一统"、20 世纪 80 年代的专业银行体系，到社会主义市场经济时期的商业化转型和股份制改造，经过艰苦的探索实践，经营管理能力和业务发展水平实现了历史性跨越。特别是 21 世纪以来的十余年，中国银行业着力推进改制和转型，一方面通过体制机制再造，实现了经营导向的市场化、管理决策的科学化、业务运作的高效化和风险约束的刚性化；另一方面则通过经营结构的转型，构筑起跨市场、全功能的金融服务平台，夯实了支撑未来可持续发展的基础。

近年来，中国银行业的国际地位也显著提升，几家大银行的存款、资本、盈利、市值、资产质量等核心指标均处于全球领先地位，中国工商银行和中国银行均已被列为全球系统性重要银行。与此同时，中国银行业也一直是服务国内实体经济发展的主力军，在推动经济转型改革方面发挥了重要的作用。

国内资本市场的发展一直落后于银行体系，一方面是起步比较晚，股票市场直到 20 世纪 90 年代初期才成立；另一方面是市场基础性制度建设还不健全，股票市场与债券市场、场内市场与场外市场的失衡问题比较突出，特别是理性投资的氛围还没有形成，换手率非常高，市场功能没有得到充分的发挥。因此，虽然资本市场在引导企业制度改革和助推实体经济发展起到了一定的作用，但在经济体系和金融体系中的影响力与商业银行依然存在着较大的差距。

二 银行更适合满足实体经济发展和转型的诉求

中国目前依然处于工业化的中期阶段，面临从劳动密集型向资本密集型、技术密集型产业升级，从中低收入国家向高收入工业国家迈进的历史转折。与此同时，经济周期性调整和经济增速换挡进一步增加了经济结构转型任务的艰巨性和复杂性。要完成这样的历史性转变和跨越，需要一整套与之相适应的经济金融制度加以推动。其中，以银行为主导的金融体系就是支持经济平稳转型和持续发展的中坚力量。

（一）银行更适宜目前的产业结构

中国的产业结构转型升级需要提供稳定长期的资金支持，因而更需要银行体系发挥其在储蓄动员方面的特长。一方面，农业在国民经济中的贡献度逐渐降低，不仅不能像经济改革初

期那样为其他经济部门提供资金支持，而且农业现代化对资金有着迫切的需求；另一方面，与美国相比，中国的第三产业还不发达，制造业在很长一段时间里依然是国民经济最重要的支撑，更为重要的是，制造业还是吸纳就业、缓解劳动力供求缺口的重要途径。综合其他国家的情况，一般而言，金融市场的投资者具有强烈的逐利动机和短期倾向，难以为生产制造业提供长期持续稳定的资金支持，因此，以制造业为主的国家（如德国）往往更适合银行主导型金融体系。特别是面对资源环境约束、人口红利衰减等不利冲击，中国制造业技术创新和产业链升级的压力很大，更需要发挥银行在资源配置方面的主体作用。

（二）城镇化更需要银行的支持

城镇化是未来中国经济发展的发动机，也是经济转型的助推器。中国正在大力推进以人为核心的新型城镇化，其间既需要发挥银行动力引擎的作用，也需要较为成熟的银行产品和金融服务机制。一是保障房、能源、资源、供应链配置等基础设施和公共设施建设是城镇化推进的重要基点，根据测算，中国目前的资本产出比大约为0.8，高于世界平均水平（0.55），说明基础设施投资仍然存在合理的投资回报，未来发展潜力巨大，银行业的信贷供给能力以及在项目投资方面的经验均可在这方面发挥重要作用。二是新型城镇化将促进中小企业和县域经济发展，这类领域在公开市场上的融资会面临资料不透明、公共认知度不高、缺少持续良好的信用记录等不利因素制约，商业银行渠道广泛，经营重心较低，且已经建立了量性并重的信用评估体系，在服务中小企业和县域经济方面有天然的优势。三是新型城镇化将带动农村转移人口市民化，个人创业行为增加，高附加值投资理财、资产管理、养老金、贵金属、保险等业务需求也将随之高涨，对银行零售业务方面丰富的业务经验和多元的产品工具提出了迫切的需求。

（三）银行主导的金融体系更有利于发展模式的平稳转换

经济的转型升级不仅是培育新型增长引擎，而且是一个吐故纳新的过程，银行主导的金融体系能够更为平稳的实现资源高消耗型产业、高污染型产业以及产能过剩行业的退出，确保经济增长动力和发展模式的平稳转换。如果通过资本市场来配置资源，某一产业和行业的退出可能会带动大批相关企业的股价下滑，甚至干扰到投资者信心，引起连锁反应。而银行贷款在退出时则可采取资产保全、贷款转让等更为灵活的方式，最大限度地减少对社会的震荡。对于通过"走出去"转移产能或通过兼并重组整合产能的企业，银行也可以发挥跨境、跨市场的业务平台，帮助企业形成更有效率的组织架构和生产经营规模。

（四）银行的产权结构更适应中国特色的需要

中国银行业的产权结构适应中国以公有制为主导的基本经济制度，更符合由政府主导的经济转型的需要。作为中国银行业金融机构的主体，国有控股的大型银行虽然已经实施了产权制度改革，建立了现代商业银行的公司治理结构，但与资本市场上的投资者相比，对国家产业政策导向的把握更为敏锐，对产业发展前景的判断更为准确，并且有着更强的社会责任感。此外，对于战略性新兴产业等引领实体经济进入新一轮增长周期的行业，由于专业化程度高，资金回报期限长，普通的投资者难以给予科学的市场估值，银行则会立足国家经济结构转型战略的整体利益，发挥专业优势，准确评估项目的投资可行性，

并对劳动力、技术等其他资源的配置起到示范和导向作用。并且宏观调控和监管部门也更易通过监管指标等约束的方式，引导商业银行的行为。

三　当前金融基础设施更有利于银行功能发挥

金融基础设施的发展不仅可以推动一国的经济发展和技术进步，还与金融体制的改革创新、金融结构的顶层设计息息相关。目前中国的金融基础设施更有利于银行的功能发挥。

（一）银行业监管的水平和效果超出了资本市场

监管体系是金融基础设施的基石。目前虽然资本市场监管也在逐步规范，但内幕交易、操纵市场、财务报表作假等违法违规行为大量存在，不仅无法实现对社会资源的优化配置，而且价格的扭曲也影响了资本市场的信息传递和市场监督功能的发挥。大体上讲，资本市场监管效力的提升主要面临两个方面的障碍：一方面，体系上，多头监管造成了过度监管和监管真空并存；另一方面，手段上，过度倚重行政手段，与高度市场化的市场运作机制存在着脱节。反观银行业，虽然也存在着监管滞后于创新的情况，但总体上已经形成了市场、法律、行政等多元化的监管手段和监管工具，资本监管和风险监管与国外市场的接轨程度也在不断增强，银行业金融机构的运作较为规范。

（二）银行的信息披露优于资本市场

信息披露制度是影响金融结构的另外一个重要因素。一般而言，如果信息披露制度不健全，就会增加从市场上收集信息的成本，而银行由于能够依托长期交易关系或通过组织内部获取信息，因此银行主导型金融体系就会优于市场主导型金融体系。在中国，一方面，相对于经济总量，金融市场的参与者范围、交易规模和竞争程度较为有限，信息产出的数量不高，信息获取的难度较大；另一方面，现有的法规制度对信息披露不实的行为惩处不严，市场上的信息质量不高，信息甄别和加工的成本较高。特别是对于中小投资者而言，由于提供信息服务的资产评估机构、咨询服务公司、律师事务所、会计师事务所等中介机构量少质差，运作很不规范，从市场上获取可靠信息的难度较之机构投资者更大。因此，根据中国现实情况，从降低信息成本的角度应当选择以银行为主导的金融体系。

（三）银行业的投资者保护机制较资本市场更为健全

大部分商业银行由于有国有背景，因而存款保险制度虽仍在征求意见阶段，但银行客户也得到了国家隐性的担保。根据国家的金融改革规划，存款保险制度已出台，银行客户享受的隐性担保也将转化为显性担保。但在资本市场上，广大中小投资者仍然得不到有效的法律保护，其权益受到上市公司及其控股股东、中介机构以及黑庄等多重侵害。一方面与中国的法律体系不健全有关；另一方面法律法规执行不严的情况比较突出，一些损害投资者利益的违法违规行为或者逃避了法律的监督，或者受到的惩处不重，没有形成威慑效应。

第三节　资本市场是中国金融体系活力的重要来源

银行和资本市场是现代金融体系的两个重要组成部分。即使是在银行主导型金融体系中，资本市场的作用也不容小觑。在银行为实体经济提供持续、稳定的资金支持的同时，资本市场不仅可以在资金融通方面发挥补充作用，而且市场本身开放、

包容的基因也可以激发出技术和管理创新的潜力来，为实体经济注入更大的活力。中国商业银行是金融体系的主体，在支持实体经济方面一直发挥着生力军和领头羊的作用，但由于银行和资本市场之间是相辅相成、相得益彰的，资本市场建设的滞后，不仅制约了经济发展的空间，而且不利于银行作用的充分发挥。因此，未来一段时期，资本市场的改革发展是提升金融产业竞争力的重要切入点。

一 银行主导型金融体系同样需要成熟强大的资本市场

（一）资本市场改革是金融领域改革的基础条件

从宏观层面上看，资本市场改革发展不仅是金融体系改革的重要内容，也是顺利推进金融领域其他重大改革的基础性条件。资本市场对利率市场化改革支持作用主要体现在：一是市场基准利率的成熟是一国利率市场化的前提条件。在中国，由于资本市场被人为分割，不仅交易品种相对较少，而且各类产品之间的关联性也不强，导致 SHIBOR（上海银行间同业拆放利率，Shanghai Interbank Offered Rate）的市场代表性和认可度有限。要培育可被广泛应用的基准利率，必须首先加快推进资本市场的发展，特别是要实现各类子市场之间的贯通连接和资金的自由流动，完善利率结构和利率形成机制。二是受利率市场化改革冲击最大的是商业银行，为缓解银行业震荡对经济金融体系的影响，需建立存款保险制度和银行破产机制。成熟强大的资本市场对于存款保险基金运作、银行并购重组具有十分重要的意义，是利率市场化改革的重要辅助力量。三是中国的利率市场化是渐次推进的，资本市场的工具和产品作为市场化定价的先行者，其参与者的增加和辐射面的扩大，有助于分流银行存贷款，提高各类经济金融主体对市场化价格的适应程度，最终水到渠成实现完全的市场化。

（二）资本市场是改善金融结构的关键条件

从中观层面上看，资本市场是缓解直接融资间接融资失衡、降低社会融资集中度、化解金融风险的重要渠道。中国企业的债务融资和股票融资之间的失调潜藏着极大的金融风险。虽然经济主体多元化的程度已经大大提高，但由于资本市场发展滞后，社会融资形式单一的问题依然存在，依靠银行进行间接融资的数量在社会全部融资总量中的占比仍高达75%以上，直接融资的比重虽然有所提高，但大量债券实际上还是由银行持有的。这一方面导致对金融稳定的潜在威胁，社会融资高度依赖银行贷款，意味着金融风险高度集中在银行部门，任何实体经济层面的波动都可能直接反映为银行资产质量的变化，甚至在极端情况下会引发银行业乃至整个金融体系的系统性风险。另一方面也不利于实体经济的发展。稳健和风险厌恶是银行的天然属性，因此单纯的银行融资难以覆盖层次众多、组合各异的产业市场，社会融资极易在短中长期之间、在东中西部之间、在大中型企业和小微企业之间配比失衡，影响资源的合理配置。因此，推进资本市场的发展，扩大直接融资比重，有助于增强金融体系和实体经济的贴合度。

（三）资本市场是增强金融机构竞争力的重要条件

从微观层面上看，资本市场对于增强银行业金融机构竞争力也有着重要的作用。一方面，贯通各个金融市场、满足客户综合化金融需求的产品是中国银行业金融机构业务创新的方向。当前，业务创新不足是抑制中国商业银行竞争力提升的突出短板。在国际大银行通常经营的22项综合性业务中，中国银行业

已经开办的只有 10 项，主要是一些与商业银行传统功能高度相关的业务。因此，银行业未来需要依托成熟的资本市场，在财富管理、私人银行、财务顾问、初级衍生品交易及投资等新型业务创新上寻求突破；另一方面，信贷资产证券化是银行调整发起持有的信贷经营模式，释放信贷融资空间的重要途径。而信贷资产证券化的顺利推进也有赖于资本市场参与主体的拓宽、交易品种的丰富以及交易结构的完善。

二 资本市场与中国经济社会的结合点

结合资本市场的特性和中国经济的宏观背景，资本市场服务经济转型的重点在以下几个方面。

（一）资本市场应成为推动科技创新的加速器

资本市场的机制是投融资双方风险共担、利益共享、定价市场化和服务多层次的，十分契合高科技产业不确定性较高、产业形态处于动态变迁之中的特征。正因为如此，资本市场的发展往往与高科技或战略新兴产业的发展紧密相连。美国即是如此。纳斯达克市场相对宽松的上市标准、先进的电子化交易设施、竞争性的做市商制度为高新技术产业的发展提供了坚实的融资支持，有效促进了信息技术、生物医药、航空航天、现代通信等产业的发展，帮助美国顺利度过了资源环境的瓶颈期和市场空间的收窄期。在新兴市场国家中，韩国的柯斯达克市场十分发达，交易额在全球仅次于纳斯达克市场，在它的支持下，三星、LG、现代等知名企业的技术创新和升级改造得以顺利推动。

（二）资本市场应成为产业并购的主战场、主渠道

经济转型时期，并购重组活动将空前活跃。美国在工业化中后期，美国钢铁集团并购了 700 多家钢铁公司，标准石

油收购了 400 多家炼油厂，实现了产业的整合。从中国目前的情况看，通过并购，在国家层面上可以实现经济发展格局重塑和产业升级换代，在产业的层面上能消化过剩的产能和实现产业结构的优化。在企业的层面上，并购是企业快速成长和提升竞争力的重要通道。资本市场由于市场化程度更高，可以提供多种并购工具，不仅为企业的并购活动提供融资支持，而且其所具有的产权界定功能有助于企业在并购后的顺利重组和有效整合。

（三）资本市场要成为支持中小微企业的主力军

当前中小微企业占到税收的 50%、GDP 的 60% 和就业的 80%，为中国经济发展做出了突出的贡献。但作为经济体系中的弱势主体，中小微企业的融资难、融资贵问题长期存在。除了要推动银行向中小微企业倾斜外，更重要的是要借助资本市场，推动资源向技术水平高、创新能力强的中小微企业流动。特别是要构建起多层次的资本市场，完善创业资本（VC）投资机制，培育扶植中小微企业。在资本市场挂牌和上市，对中小微企业而言不仅意味着引入了多元化的社会资金来源，而且强化了外部监管监督机制，通过这种途径的增信可以推动提升中小微企业的公司治理。

（四）资本市场要成为中国城镇化发展的重要依托

作为下一轮中国经济增长的引擎，城镇化意味着巨大的融资需求。根据专家测算，城镇化率每提高 1 个百分点对应着 1 万亿元的基础设施融资需求。如此大规模的融资需求，单靠商业银行显然是远远不够的，特别是在地方融资平台清理和房地产市场调整的大背景下，资本市场的作用更值得高度重视。一方面，要尽快推出市政债，为地方政府提供一个市场化的融资

机制，也增强对各个地方政府的约束；另一方面则是要推动资产证券化，盘活存量资金，激发增长潜力，开辟增长空间。

三　未来资本市场改革发展的方向和路径

（一）健全多层次资本市场体系

协同发展场内和场外，公募和私募，股票、债券和期货等市场，为中国经济中多元化的主体提供多元化的服务。与其他国家相比，中国的资本市场架构还不健全，主要的差距体现在债券市场和场外市场两个方面。美国公告板市场和粉单市场有近万个企业挂牌。并且随着互联网的发展，美国还有数百个网上或电子化的证券交易平台，形成了数量庞大、形态各异、重点服务于中小微企业的场外市场体系。中国市场始终存在着流通性不强、融资能力弱、参与人数少、关注度不高等问题，未来应在借鉴国际经验的基础上，分层建设场外市场，既要建设全国统一的场外交易市场，也要根据情况建立区域性股权交易场所，出台有针对性的制度安排，满足技术创新型企业、现代农业企业、小微企业的多样化需求，服务更多的非上市公众公司。此外，债券市场是中国资本市场架构中的另外一个短板，未来应在完善统一监管制度、集中托管机制、市场评级制度等基础设施的基础上，进一步扩大市场参与主体，丰富债券交易品种，特别是要大力发展企业债券，改变国债和企业债严重失衡的结构，激发债券市场的发展活力和生机。

（二）正确处理政府和市场的关系

弱化政府对资本市场的干预，强化市场化导向。在资本市场中，政府的角色定位应当是制度的设计者和稳定的守护者，但在中国，政府对资本市场的行政干预明显过多，这无疑会抑制市场活力。因此应在尊重经济规律的基础上，还权于市场。其中从核准制向注册制的改革就是弱化政府干预、强化市场化导向的一个重要突破口，发行人只要依法将公开的各种资料完全准确地向证券监管部门申报，证券监管部门的职责是审查申报文件的全面性、准确性、真实性和及时性，不对发行人的资质进行实质性审核和价值判断，发行人的资质良莠交由市场判断。

（三）动员长期资金参与资本市场

特别是要以财富管理行业和养老体系的发展为切入口，加快培育各类机构投资者尤其是长期机构投资者，促进投融资良性互动，夯实市场稳定机制。目前，中国社会有大量的富余财富，各类存款已逾百万亿元，个人存款接近 50 万亿元，金融投资产品的丰富和财富管理行业的发展，有助于激活和动员这些长期资金参与资本市场，分享中国经济转型的成功，同时为市场的长期稳健发展提供支撑。加快推出中国版的 401k[①] 计划，促进养老金和资本市场对接。研究表明，过去 30 年里，美国 401k 计划的账户人均资产与道琼斯指数的相关系数高达 98%，具有明显的协同发展关系。同时，智利、哈萨克斯坦等国的经验表明，在资本市场高速发展但并不非常成熟的阶段，养老金个人账户进入资本市场通过组合投资仍然可以获得良好的回报。因此，养老金参与资本市场，不仅可以活跃资本市场，而且可以市场化的方式，缓解经济社会体制转轨时期养老金出现的缺口问题。

---

① 401k 计划是指美国 1978 年《国内税收法》新增的第 401 条 k 项条款的规定，是一种由雇员、雇主共同缴费建立起来的完全基金式的养老保险制度。

第四节 存款保险体系

近年来，工、农、中、建、交等大型银行历经商业化转型、不良贷款剥离、资本金补充、股份制改造和公开上市等一系列改革，已经消化了历史遗留的不良资产包袱，同时，随着中央政府公共管理职能与国有资产管理职能的分离，大型银行基本摆脱了政府干预，建立了市场化导向的经营发展机制，在成功经受住了金融危机和经济周期性调整的考验后，资产质量、风险抵御能力和国际地位持续提升。

需要注意的是，由于公司治理结构、风险管理体制、资本补充机制尚不健全，一些中小银行的风险正在堆积，可能成为今后影响中国金融体系稳定的"短板"。一方面，中小商业银行资本规模小，业务结构单一，更加依赖贷款及其收入，经营转型缓慢，资产腾挪和风险分散的空间较小；另一方面，中小商业银行往往与地方政府有着千丝万缕的联系，在一些银行的股权结构中，地方政府甚至占有很高的比例，因此业务发展很难摆脱政府干预。例如，与大型商业银行相比，中小银行不仅在政府融资平台中涉入程度更深，而且由于资金实力有限，往往集中在区、县，甚至镇以下政府的融资平台中，所承担的风险相应较大。

考虑到未来中国经济调整和转型加快，利率市场化即将全面实现，中小银行的风险有可能会加速暴露，并对中国整个金融体系产生连锁反应，所以有必要尽快建立起覆盖中小商业银行及金融机构存款保险制度。这对完善市场退出机制，推动银行风险的显性化都具有积极的意义，同时促进中小银行在市场竞争中健康发展，保护金融消费者合法权益。

2015 年 2 月 17 日，李克强总理签署国务院令，《存款保险条例》于 2015 年 5 月 1 日正式实施。存款保险制度已经开始顺利起步。从内容看，《存款保险条例》从中国银行业发展现状出发，并借鉴了各国的实践经验，是一个相对折中的方案。当然，存款保险制度还需在以下方面继续完善：一是提及"存保费率由基准费率和风险差别费率两部分组成"，须在实践中不断总结经验，形成存保费率合理良性形成机制；二是商业银行，特别是地方性中小银行在经营中出现问题，如何减少地方政府的行政干预，让退出机制切实发挥作用；三是在目前金融监管越位、错位、缺位并存的局面下，新设立的存款保险基金管理机构如何有效实施对银行经营行为的监管；四是存款保险基金管理机构如何有效管理和运用存保基金。

第十九章　效率与风险的平衡
——驾驭风险

"风险就是未来收益的不确定性，即风险既可以带来收益，也可能带来损失"①。金融是经营风险的行业，适当的风险是金融机构获利的依托和发展的空间。但金融风险应当保持适度，倘若风险太高，不仅危及金融体系的正常运行，还会引发经济、政治和社会动荡；而风险太低，则意味着金融深化不足，金融没能起到优化社会资源配置的作用。如何平衡驾驭好金融风险，是金融机构、金融行业乃至整个国家都需要深入思考的问题。

第一节　金融风险躲不开，也不能躲

由于金融风险强大的破坏性以及其客观性、不可避免性，甚至由于其不确定性的存在而蕴含的商机，使得人们投入了大量的时间和精力去研究它，"流动获利与避险"是金融市场上永恒不变的话题。金融机构作为经营风险的特殊部门，躲不开"无处不在"的金融风险，更不能因为金融风险可能带来的各种负面影响和冲击，就试图远离甚至回避金融风险。

---

① 1921 年，美国经济学家富兰克·奈特（Frank Hyneman Knight）在《风险、不确定性和利润》指出。

一 金融风险内生于人类社会经济金融活动之中

金融风险是金融体系和金融活动的基本属性之一，自从人类社会出现金融活动以来，金融风险成为经济和金融体系中必然的组成部分。不管承认与否，金融风险总是在那里。

（一）从时间和空间两个维度看，金融风险具有客观必然性

一方面，金融活动通常与未来某一时期的经济变量相联系，由于人在知识上的有限性，掌握信息的不对称性使其在这种时间差面前必然产生与预期结果偏离的不确定性，从而导致金融风险；另一方面，由于金融活动几乎渗透国民经济的每个层面，是经济的核心，同时，由于通信业的发达使各种金融活动交织成一个整体。因此，金融活动通常是在一个较广的空间内进行的，一项活动可能同时牵涉到几个方面，信息的不完全同样会产生不确定性，从而导致金融风险。

（二）从社会经济运行的不同层面来看，金融风险是实体经济与虚拟经济各种风险的集中体现

一般而言，经济运行体系可以简单地划分成两个部门：实体经济部门和金融部门。在现代经济条件下，不仅实体经济部门中的矛盾要反映到金融部门来形成一定的金融风险，而且金融本身也会由于运行过程中的种种问题而自动生成风险。特别是在各类资产证券化、原生性金融产品衍生化趋势日益加强的情况下，这种虚拟商品的独立运动所生出的金融风险会越来越多。从这个意义上说，在一个市场经济体系中，存在着金融风险是十分正常的、合乎逻辑的现象。

（三）金融风险的形成也是由金融体系及其参与主体、客体的内在特征所决定的

一是金融体系的内在脆弱性是金融风险生成的重要根源，明斯基（Hyman P. Minsky）的"金融脆弱性假说"[①]已经为我们提供了充分的论证。二是金融机构与存款者、贷款者以及监管者之间的信息不对称，使金融市场蕴藏着较大的风险。三是金融资产价格的内在波动性导致符号经济与实物经济背离，不断膨胀的"泡沫经济"成为金融风险形成的主要根源。四是市场投资者的有限理性导致过度投机、盲目恐慌的"羊群效应"以及贪图利益的"代际遗忘"，使投机狂潮到金融危机的故事一次又一次地重演。

二　躲不开的金融风险近乎"噩梦"

（一）金融风险无处不在

金融风险的内生性特征使其贯穿于金融发展和深化的过程中，无时无处不在。从 1980 年到 1996 年国际货币基金组织（IMF）的 181 个成员中有 133 个都在不同阶段经历过金融风险的明显冲击，其中 108 例属于较为严重的金融风险，有 36 个国家曾一度陷入金融危机的泥潭[②]。随着经济金融一体化的浪潮席卷全球，各经济体以及金融市场之间关联性和互动性日益增

---

① Mishkin 认为，正是因为存在信息不对称所导致的逆向选择和道德风险，以及存款者的"囚徒困境"可能引起的存款市场上的银行挤兑，因此银行等金融机构具有内在的脆弱性。Mishkin 还直接将银行危机与道德风险相联系，认为银行危机是因为逆向选择和道德风险的不对称信息问题而严重恶化。

② 据国际货币基金组织（IMF）经济学家森·科伯瑞尔（Sheng Cprio）和克林格比尔（Klingebiel）等专家的研究。

强，资金跨境流动规模持续扩张、频率不断加快，使金融风险更是无法避免。

（二）金融风险有累积加速的特征

金融风险具有的潜藏累积性、突发加速性特征，往往会造成较大的负面冲击。金融机构及其融资者之间存在着明显的信息不对称，而微观金融主体对金融资产价格变化的信息又极不完全。因此，金融风险具有很大的潜在性，并在各金融机构中不断累积。由于微观金融主体的投机化行为模式，金融风险具有加速累积的特点，金融泡沫越吹越大。而一旦风险累积超过一定的临界值，随着某一具体金融事件的发生，社会个体的"信用幻觉"被打破，潜在风险遂突发为现实风险；个体的投机行为模式再次起到加速器的作用，从金融到经济的危机将最终形成。

（三）金融风险有极大传染性

金融风险的扩散性和传染性，更使其可能带来的危机难以估计。在一个统一的金融市场上，各种金融资产、各类金融机构密切联系，相互交织成一个复杂的体系，金融资产价格波动固然相互影响传递，不同种类的金融机构也基本上呈现出一荣俱荣、一损俱损的网络系统特性。特定的金融资产价格或金融机构运营出现纰漏引发的局部挤兑风潮往往会扩散到整个金融体系中去。另外，由于国际金融交往日益频繁，一国的金融风险往往会通过各种渠道实现跨国"传染"，一旦一国风险突发酿成金融危机，很快就会传染给其他国家，于是形成所谓的"多米诺骨牌"效应。事实上，1987 年美国的"黑色星期一"大股灾、1990 年的日本股市危机、1992年的欧洲货币危机、1994～1995 年的墨西哥比索危机、1997

年的亚洲金融风暴、1998 年长期资本管理公司（Long Term
Capital Management）的倒闭以及美国次贷危机引发席卷全球
大危机等，都给全球经济和金融市场的健康发展造成了巨大
的破坏。

三　金融机构不能回避金融风险

作为金融市场的重要参与者以及金融制度的核心环节，金
融机构与金融风险之间是一种密不可分的关系，不可能远离甚
至回避金融风险。

（一）金融机构是金融危机的发生场所和参与者

金融市场是金融风险形成、积累乃至爆发的主要场所，作
为金融市场的主要参与者，金融机构无法回避金融风险这一客
观存在。例如，金融市场上的交易很大一部分都是信用交易，
金融机构作为资金供给方在提供资金后，所得到的只是一个在
未来一定日期内可以获得一定收益的承诺契约。不同借款者做
出的承诺的可靠性可能存在较大差异，金融机构面临着借款者
逾期还款甚至无法还款的风险。又例如，金融机构吸纳存款凭
借的是自身良好的经营状况以及对存款者保证本息安全的承诺，
一旦受市场情绪影响或者金融机构发出的贷款质量受到市场质
疑，可能引发存款者"挤兑"风潮，这不仅将给这一家金融机
构造成严重的冲击，亦可能波及其他金融机构，甚至引发一场
金融危机。

（二）分摊风险就是金融机构的职能

金融制度是对信息不对称、风险过度集中等问题所做出的
制度安排，作为金融制度的核心环节，金融机构的一项重要职
能就是分摊、缓解导致金融风险的因素。以商业银行制度为例。

商业银行的主营业务是吸收公众储蓄存款，并据以向厂商发放贷款，从而将厂商多余的流动性风险转移给公众承担。显然厂商的运作经营状况是一种技术性知识，在这方面风险的供给方与其需求方存在着严重的信息不对称。而商业银行制度的确立，则形成了这样一种大众观念：存款者有权向商业银行索取本金和利息，贷款者必须向商业银行归还贷款和利息。这是一种共识。当它代替关于厂商运作经营状况的技术性知识成为社会公众做出是否存款的决策依据时，不确定性消失了，信息不对称状况改变了，厂商的流动性风险于是得到顺利分摊。

（三）没有风险也就没有收益

金融机构是经营信用的社会单元，同时也是经营风险的部门，远离甚至回避金融风险将使金融机构失去业务经营的核心内容。"流动获利与避险"是金融市场上永恒不变的话题，金融机构作为经营信用的社会单元，凭借货币流动获利是其生存发展的一项重要途径，而通过经营风险向市场提供避险产品亦是其业务经营的核心内容。尤其是在金融脱媒不断加快的今天，仅仅依靠货币资本赚取利差将极大地限制金融机构的发展空间。只有正视金融风险，充分驾驭好金融风险，才能为金融机构的经营发展创造可持续的动力。

（四）被掩盖的风险更危险

值得注意的是，从整个金融市场来看，倘若所有的银行不良贷款率维持在极低水平，很长一段时期都没有金融机构倒闭，不仅不值得庆幸，反而需要警醒，因为这往往意味着很多金融风险被掩盖起来。如果金融风险长期积累而未得到有效释放和分摊，其突发加速性特征将可能在未来某一时刻显现，并形成难以预料的冲击。一旦金融风险从金融领域向实体经济领域延

伸，从单个区域向多个区域蔓延，一场严重的区域性乃至全球性的金融经济危机可能爆发①。

第二节　金融风险对中国是挑战也是机遇

与发达市场相比，中国经济转型期的金融风险更为复杂，也更为特殊。当前进行的经济结构调整，既是转变经济发展方式的深刻内涵，又是对金融信贷资源配置的一次全面性调整。相应地，在调结构过程中，一些深层次矛盾必然从"隐性"转向"显性"，并在金融领域有所折射和反映，由此带来的金融风险对于中国而言，既是严峻的挑战，也是难得的机遇。

一　当前中国面临的金融风险具有转型期特殊性

改革开放以来，中国金融体系从计划经济体制之下运行到目前阶段，市场主体发展日益成熟，金融市场结构不断丰富，但金融风险也在这一过程中不断累积，并在中国社会主义市场经济体制仍处于转型阶段的大背景下，呈现出一定的复杂性和特殊性。

由于改革过程中存在的非协调性以及金融机构操作行为的非规范性，金融体系的转型本身就会带来较大的风险。改革的协调性问题一方面体现在政府与市场既有的正式规则关系，使金融市场化进一步改革保持协调节奏的难度较大，另一方面则是社会非正式规则的制约，市场主体的信用观念以及承担风险的意识不强。

---

① 本节参考了许文彬《金融风险的经济学分析》中关于金融风险的研究综述。

目前中国政府的宏观调控正在从过去的直接干预向间接调控方式转变，但长期以来政府和市场之间通过各种审批程序甚至是直接的价格管制共同构成的一系列正式规则关系，使市场行为形成了一定的惯性。如何改革，以什么样的节奏进行改革，对中国市场经济的发展具有至关重要的影响。就金融市场而言，过于激进的改革又或者改革停滞不前，都可能带来较大的金融风险。

非正式规则带来的风险主要体现在社会信用基础薄弱等方面。市场经济是以信用为基础的经济，信用则是金融风险的基本载体。中国无论是在过去长期的封建社会，还是在新中国成立后的统一计划经济时代，经济信用关系发展的程度较为有限，市场主体信用意识淡薄，往往会有意或无意、直接或间接地对信用关系造成破坏。改革开放30多年来，中国社会信用体系已取得了明显成效，但就目前而言仍不能适应市场经济发展的需要，特别是企业之间的信用关系复杂，类似"三角债"式的债务拖欠由客观原因拖欠升级到主观意愿拖欠，不利于信用环境的健康发展。

此外，金融系统结构的不平衡、金融机构的不规范运作、金融法规的缺失、金融监管不成熟等也在转型期有待完善的过程中潜伏了风险。

二　金融风险给中国经济金融稳定带来严峻挑战

金融风险的释放、爆发与经济运行密切相关，在经济上行阶段风险持续积累不易发现，当经济开始下行时金融风险突然爆发可能带来严峻的挑战。当前中国正处于经济增长速度换挡期、结构调整阵痛期、前期刺激政策消化期"三期叠加"时

期，房地产、地方政府性债务、产能过剩等领域形成的银行信用风险和影子银行风险是近期金融风险的核心问题，企业债务率过高、流动性结构失衡等问题也需要高度关注。

（一）房地产市场可能引发信用风险

房地产市场"拐点"引发的信用风险可能将对中国金融市场造成较大冲击。国际货币基金组织（IMF）的一项研究指出，近来50件系统性金融危机爆发前，逾三分之二有房价盛极而衰的现象。从国内来看，经济由高速增长向中速增长转变，此前持续上行的房地产可能迎来"拐点"，部分城市和地区的房地产不良贷款正在加速暴露。同时，房地产行业以信托为代表的影子银行融资量急剧增加，这部分资金面临的风险程度更高。2013年房地产信托余额已经超过1万亿元，新增房地产信托6848亿元，同比增长116%。

（二）产能过剩可能引发信贷风险

产能过剩领域可能引发银行信贷风险。根据国家统计局的调查，全国钢铁、水泥、电解铝、焦炭、船舶、光伏、工程机械等行业产能利用率最高仅为75%，这些领域的贷款已经成为银行业不良贷款的"重灾区"。2013年中国钢材实际消费量为6.93亿吨，而钢铁业产能约为10亿吨，大量企业亏损，钢铁行业也由此成为各大银行不良贷款率的"高发地"。随着"去过剩产能"的推进，一些向银行融资困难的产能过剩行业的企业开始转向从影子银行体系获取资金，这又在一定程度上加大了金融系统面临的潜在风险。

（三）影子银行可能引发系统风险

影子银行运作不规范、缺乏透明度等问题给金融体系平稳运行带来巨大的潜在风险。中国社会科学院金融研究所的一项研究指出，中国影子银行规模已经超过了 GDP 的 40%。在信贷持续收紧的背景下，房地产企业、产能过剩行业和部分地方政府融资平台转向从影子银行体系融资，这使得各领域的运行风险向影子银行体系过度集中，影子银行面临的风险不断上升。此外，影子银行的资金链涉及银行，其风险将有可能辐射到正规金融系统。

（四）流动性总量过剩引发结构性风险

流动性总量过剩而结构失衡成为当前中国金融运行的突出问题。2008~2012 年，中国货币供应量激增 50 万亿元，几乎翻番。但由于金融资源严重错配，大量的超额货币在金融体系内空转，没有形成有效资本，助推实体经济。2013 年，中国非金融部门杠杆率持续高涨超过 100%，而德国和美国仅为 49% 和 72%。从结构上看，中国大型国有企业的杠杆率在上升，而中小民营企业的杠杆率却在下降，中小民营企业依旧面临严峻的融资难题。

三 金融风险"倒逼"之下也给中国创造新的机遇

当前中国面临的一系列金融风险，一些是金融体系自身发展不完善、监管机制不健全导致，另一些则是改革开放以来积累的实体经济风险在金融领域的反映，二者往往是交织在一起的。富有转型期特点的金融风险既因其复杂性而给中国带来了严峻挑战，同时在金融风险"倒逼"之下中国经济金融业迎来了新的机遇。

（一）房地产风险"倒逼"资产配置的调整

房地产金融风险"倒逼"金融机构调整资产配置，形成更趋合理的资金投向结构。与其他贷款相比，房地产贷款的收益

往往比较稳定，过去几年房地产贷款增长速度快，也有其合理的一面。据统计，目前主要银行业金融机构房地产贷款和其他以房地产为抵押的贷款总额占各项贷款比重接近40%，少数银行机构房地产贷款集中度更高。随着房地产金融风险逐步显现，金融机构也愈来愈清醒地认识到房地产行业的顺周期性质以及经济景气上升阶段所掩盖的房地产贷款业务风险，开始主动调整房地产贷款额度，改善资产配置结构。这必将有利于提升金融机构应对未来房地产市场价格波动的风险抵御能力。

（二）产能过剩风险"倒逼"行业信贷政策

产能过剩金融风险"倒逼"金融机构调整行业信贷政策，加快产业结构调整步伐。过去很长一段时期，银行出于风险控制等方面动因，偏好国有或者地方政府支持的钢铁、水泥等大型企业，忽视了信贷产业结构单一问题。在产能过剩金融风险"倒逼"之下，银行加快调整行业信贷政策，逐步退出产能过剩行业，取得了一定的成效。截至2013年末，钢铁、水泥、平板玻璃、常用有色金属冶炼、船舶五大产能严重过剩行业的贷款余额为1.65万亿元，较2013年初减少555.43亿元，降幅为3.26%。这部分退出的资金为当前产能明显不足的高科技、新能源等产业获得融资创造了有利条件。

（三）影子银行风险"倒逼"金融监管改革

影子银行金融风险"倒逼"金融监管改革，为金融稳定提供有效保障。应当承认，影子银行是应筹资者和投资者们的多样化需求而产生的。影子银行依托现代信息技术，通过金融创新的确有效提高了金融效率，发挥着类似于商业银行的期限转换、流动性转换、信用转换等基本功能，在一定程度上满足了实体经济迫切的投融资需求。因此，影子银行带来的金融风险并非意味着我们需要关闭影子银行，而是为进一步规范影子银行、发挥影子银行作为传统金融机构重要补充角色创造的重要机遇。

（四）结构性风险"倒逼"资金流向企业

流动性错配的结构性风险"倒逼"资金流向企业，促进金融服务实体经济。2013 年 6 月，国内曾因流动性紧缺问题出现市场利率急速飙升的现象，这表面上是金融机构资金阶段性紧缺、央行货币政策调控思路发生较大转变的结果，实质上是对存量资金盘活不足、流动性错配、货币"空转"造成的。为避免再陷入类似的风险，金融机构加快调整资金配置，采取措施盘活存量资金，有利于进一步贯彻落实金融服务实体经济，实现金融机构与企业的良性发展。

第三节　平衡和驾驭金融风险

金融业就是经营风险的产业。因此，对于金融机构而言，如何平衡风险和收益、合理驾驭金融风险成为经营管理中的核心问题。历史上大多数金融机构陷入破产倒闭，正是因为风险管理的失败。在 2008 年爆发的金融危机中，美国贝尔斯登、雷曼兄弟等曾经闻名于世的金融机构最终走向覆灭，就是风险管理失败的有力证据。为了使中国金融机构发展能繁荣昌盛、基业长青，所考虑的不仅仅是实施防范风险的有效措施，如何平衡和驾驭金融风险才是金融业永恒的主题。

一　准确识别风险是驾驭金融风险的基本前提

风险的识别有两层含义，一是发现风险，二是测算分摊、化解风险的可能性。只有找到了金融风险的源头，同时只有当

人们面临的风险存在差异的情况下，才能进行有效的风险分摊和化解。因此，驾驭金融风险的首要任务就需要改善测量风险的手段，以合适的指数为核心建立风险监测预警体系，并通过市场调研等方式掌握人们面临风险的差异情况，构建金融风险应急机制和缓释机制。

就国内的情况而言，实体经济运行风险向金融领域传导，一般会沿两条路径扩散与积累，一条是通过银行体系快速传导，另外一条是通过影子银行领域的刚性兑付积累。要有效识别当前的金融风险，首先应对金融领域面临的各项潜在风险进行重点排查，建立规范的金融中介机构信息披露机制，及时披露并制止金融机构经营中存在的高风险行为。其次要将影子银行纳入规范的监管框架，明确金融机构不同产品业务的法律关系和监管规则，按照"实质重于形式"的原则，将同类的金融产品归属于同一监管主体，执行相同的监管标准。最后要针对金融风险在不同市场的差异性，构建市场化的风险"熔断"机制，避免金融风险传染和扩散，妥善处理非系统风险，实现对潜在风险的"缓释"。

二 金融监管转型有利于引导金融机构驾驭风险

金融监管的最终目标并不是要消灭所有的金融风险，而是要督促金融机构将金融风险控制在可容忍的范围和可承受的区间之内。

金融监管转型，重在构建市场化的风险约束机制，以引导金融机构合理驾驭风险。具体来讲，包括建立和完善信息披露机制、退出机制、存款保险制度等一系列市场化风险约束机制。存款保险制度，可以为推行利率市场化和银行业退出机制的建立与实施提供重要制度基础，不仅能有效保障存款人的利益，增强存款人对金融安全的信心，还能避免银行风险扩散和转嫁到政府财政领域。对于非银行金融机构，则需要通过有序打破"刚性兑付"的手段给予投资人警示，使其逐步建立正确的风险观，正确应对投资风险。

三 经济运行长效机制是驾驭金融风险的基础条件

当前面临的房地产金融风险、地方政府性债务风险实际上是经济运行长效机制缺乏的客观表现。房地产市场影响经济发展走势的最大变数之一，其一头是投资，另一头是消费；一头是金融，另一头是实体经济；一头是民生，另一头是经济增长；一头是政府、银行、消费者利益，另一头是开发企业可持续发展。只有建立房地产调控的长效机制，多渠道化解房地产出现拐点所带来的冲击，才能为驾驭金融风险打好基础。具体而言，一方面要建立房地产长效管理和差别调节机制，平衡房地产市场供需关系，另一方面要构建多层次房地产金融风险分担体系，拓宽房地产企业直接融资渠道，积极推进住房抵押贷款证券化，规范房地产投资信托基金，完善房地产贷款保险制度，探索住房开发性金融业务，发行住房金融债券筹集保障房建设资金。

四 多层次金融市场体系是驾驭金融风险的关键依托

流动性错配的结构性风险体现了中国金融市场盘活存量资金能力不足的缺陷，构建多层次金融市场体系，既是防范因企业融资贵引发实体经济空心化潜在风险的重要途径，更是驾驭金融风险的关键依托。短期而言，对企业要有保有压，区别对待，通过去杠杆化缓释金融风险，要避免误伤小微企业。要通

过定向的财政政策和货币政策给予小微企业有针对性的政策支持。长期看，守住不发生系统性金融风险的底线要大力发展直接融资。中国存在严重的金融压抑，老百姓有钱没处投，企业要钱没处筹。要完善多层次资本市场，构建多层次金融体系，分散市场风险，让民间资本有更多合适的投融资渠道，释放市场的投融资需求。

第二十章　开放与稳定的平衡

——人民币国际化

　　《全球通史》中将人类最伟大的发明归结为铁、字母和货币。货币不仅是金融体系的基石，也是国家地位的体现，中国的腾飞必然伴随着也势必需要人民币的崛起。那么，究竟怎样的人民币国际化才契合中华民族伟大复兴的中国梦？人民币国际化的长期目标和短期目标是一样的吗？人民币国际化如何同国家金融安全联系起来？什么样的人民币汇率走势才更符合中国国家利益？人民国际化要审慎行事，避免非理性的民粹主义和自由主义对货币安全和金融稳定形成负面冲击。人民币国际化的进程需要时间和空间的多维度平衡。

第一节　人民币崛起是长期目标

　　经济全球化的过程就是融入国际货币体系的过程，而国际货币体系的运行是由少数主流货币主导的。占据货币主导地位的国家，不仅能借由体系运转在国际贸易、要素流动和金融交易中获得超额收益，还能获得向全球分散风险压力的优势，甚至还能在政治、军事对抗中"不战而屈人之兵"。放眼全球，古往今来，货币崛起既是大国崛起的核心一环，也是国家金融

安全的重要保障。人民币崛起一直"在路上",风物长宜放眼量,人民币国际化距离长期目标还有差距。

一 强国需有强币

强国需有强币,货币的"强"体现在两个方面:一是长期中能够在国际货币体系中占据重要地位,二是短期中能够发挥经济金融稳定器的作用。只有当本国货币在全球范围内具有相当的影响力甚至是统治力,国家才能把货币既当作盾,用来缓冲和防范外部金融风险的侵袭,又当作剑,用来在全世界摄取金融助力,进而保障本国经济的长期繁荣和国家金融安全的长期维系。

以史为鉴,强国需有强币是全球经济金融发展中的客观规律。16世纪初期,荷兰还只是西班牙统治下的几个行省。地理大发现后,荷兰城市成为国际贸易中心。交易集中使荷兰的欠条在整个欧洲流通开来,并最终发展成汇票,成为第一代世界"强币"。借助"强币"带来的经济和军事实力,1588年,荷兰联省共和国诞生,1609年,阿姆斯特丹银行诞生,其发行的银行券在全欧也广受欢迎,阿姆斯特丹成为了国际贸易中心和国际金融中心,荷兰行省的经济发展由此获得了全球金融的助力,成就了帝国伟业①。

中国历史上也不乏例证,利用"强币"实现自身经济实力的快速积累,并削弱主要敌人的国家实力。三十六计里的"衡山之谋",管仲大量铸造刀币,利用刀币囤积衡山国兵器和各国粮草,在摧垮衡山国经济、掏空其粮草之后,齐国发兵轻易就

---

① 荷兰的例子参考了陈雨露和杨栋所著《世界是部金融史》。

灭了曾经强大的衡山国。"三千越钱可灭吴",范蠡借助大量的蚁鼻钱高价收购吴国粮食,掏空了吴国粮草后,三千兵马就攻下了吴都姑苏,并断掉了和楚国决战的吴国夫差的后路,最终导致夫差兵败自刎,成就了越王勾践卧薪尝胆、后发制人的霸业[①]。

最近的是美国。2008 年次贷危机发生后,美国经济一度陷入衰退,但美国利用美元在国际货币体系中的霸权地位,主动推出三轮量化宽松货币政策,向外分摊危机成本,对内营造宽松货币环境,以导致全球金融市场大幅震荡为代价,在全球范围内摄取了大量金融助力,实现了自身快速、有力的经济复苏。

古往今来,强国需有强币。中国目前已经是全球第二大经济体,要实现中华民族伟大复兴的中国梦,要保障中国的国家金融安全,就需要人民币在国际货币之林中占据"强币"地位。

二 人民币向着"强币"目标稳步迈进

中国经济崛起带来了人民币跻身"强币"之列的客观需要。"强币"是灵动的货币,人民币汇改的目的,就是让人民币灵动起来,让市场在汇率形成机制中发挥决定性作用;"强币"是开放的货币,人民币国际化的目的,就是让人民币走出国门、走向世界,让人民币在更广的范围内发挥货币职能。

早在 20 世纪 90 年代初,国内就出现了关于人民币国际化的呼声,国际金融危机全面爆发再次凸显人民币国际化的紧迫性;同时,中国经济地位的快速提升和对外开放程度的日益深

---

① 春秋的例子参考了陈雨露和杨忠恕所著《中国是部金融史》。

化也对人民币走出国门提出了现实而急迫的要求；而 2005 年 7 月汇改启动之后，人民币国际化的现实条件也得到进一步满足。

2009 年，中国正式启动人民币国际化征程，并在诸多方面取得了长足的进步。随着政策逐步放开、海外人民币总量逐渐积累和人民币境外接受程度不断提高，人民币在国际货币体系中的地位不断上升，人民币的全球"强币"形象也逐渐丰满起来，商业银行的跨境人民币业务则逐步打开了局面，在人民币的跨境贸易结算、跨境投融资、境外购售等多方面有所斩获，跨境人民币业务已成为中外商业银行新的业务增长点和重要的竞争领域。

自 2009 年正式启动人民币国际化进程以来，跨境贸易人民币使用从无到有，人民币国际化取得了显著的进展。2013 年全年，跨境贸易人民币结算业务累计为 4.63 万亿元，较上年同比大增 57%，以人民币结算的对外直接投资累计为 856 亿元，较 2012 年同比增长 193%。根据环球同业银行金融电讯协会（SWIFT）的统计，2013 年 10 月国际贸易采用人民币计价及结算的比率增至 8.66%，人民币成为仅次于美元的第二大常用国际贸易融资货币。而根据 SWIFT 最新报告，2014 年 9 月人民币占全球支付货币的市场份额达到 1.64%，在近三年来已经超越 23 国货币，升至世界排名第 7 位。

2014 年以来，中国央行分别与新西兰央行、蒙古央行、阿根廷央行、瑞士央行、斯里兰卡央行、韩国央行、俄罗斯央行以及泰国央行签署货币互换协议，规模共计 8500 亿元人民币。自 2008 年以来，中国央行已经与 28 个国家签署货币互换协议，累计金额超过 3 万亿元人民币（2014 年 12 月数据）。货币互换协议的签署，为打造覆盖全球的人民币离岸市场铺平了道路。

随着人民币国际化的稳健推进，人民币国际计价、国际支付以及国际投资等职能得到不断发展与延伸，人民币比历史上任何时期都更靠近成为世界主流货币的"强币梦"。

三 人民币崛起的长期目标不可动摇

虽然人民币的国际地位不断提升，但从当前国际货币体系的格局来看，人民币的综合实力尚未能达到和美元、欧元"鼎足而立"的程度。美元依旧是国际货币体系的核心，在全球外汇交易、银行跨境负债、债务工具国际发行、发达国家外汇储备和新兴市场外汇储备的货币结构中，2010 年美元所占比例分别为 42.5%、46.9%、74.4%、64.4% 和 58.4%；影响力仅次于美元的是欧元，其在全球外汇交易、银行跨境负债、债务工具国际发行、发达国家外汇储备和新兴市场外汇储备的货币结构中所占比例分别为 19.6%、33.3%、19.6%、24.3% 和 28.3%；人民币和日元、英镑的综合影响力相仿，排在美元和欧元之后，人民币国际地位还有较大的提升空间。

从长期看，大力推进人民币国际化是一个"亮剑"的大战略，目标是在 20~50 年内，让人民币成长为可以与美元、欧元分庭抗礼的国际货币。目前，人民币国际化进程尚处于"跨境贸易结算"的初级阶段，为实现长期目标，要以提高国际市场对人民币的信任度和接受度为重点进一步加快人民币国际化步伐；继续推动与海外各国央行的人民币互换计划，提高人民币在跨境贸易中的结算比例；加快建设与人民币国际化相匹配的金融市场；着力打造富有弹性且透明的人民币汇率形成机制；不断创新和完善人民币回流机制；推动离岸人民币市场发展，培育多个离岸人民币中心。

第二节　选择渐进稳健的次序和步骤推进
人民币自由兑换

人民币以强势姿态迈出国门、走向世界是大势所趋。人民币的长期崛起事关国家金融安全的大局，大势所趋还需要政策理性，要在正确的时间做正确的事情。应当认识到，作为全球第二大经济体，人民币走出国门对后危机时代全球经济金融亦具有重要的积极意义，作为建立完善现代开放型经济体系的重要环节，人民币国际化势在必行，但节奏、重点和顺序仍需谨慎把握。

一　渐进式推进货币国际化是国际主流

近年来，中国政策层推动人民币可自由兑换和资本账户开放的步伐明显加快。在 IMF 划定的 40 个资本项目指标中，中国基本可兑换项目与部分可兑换项目已分别占了 14 项和 22 项，不可兑换项目主要是非居民参与国内货币市场、基金信托市场以及买卖衍生工具。在人民币和完全自由兑换渐行渐近的背景下，要不要进一步加快推进人民币国际化，引发了社会各界专家学者的激烈辩论，有赞成者，有反对者，也有人认为，开放可以，但需放缓节奏①。

从货币可自由兑换和资本账户开放的国际经验来看，渐进

---

① 　如中国人民银行调查统计司发表的课题研究成果《中国加快资本账户开放的条件基本成熟》，《21 世纪经济报道》刊发林毅夫的演讲整理稿《我为什么不支持资本账户开放》，以及余永定等人在 FT 中文网发表的《中国应慎对资本账户开放》等相关评论。

式推进是主流模式。无论是英国、日本等发达经济体，还是巴西、印度这样的新兴经济体，在推进资本项目开放的过程中都是从本国经济特点出发制定开放重点和顺序，且保持了一定的弹性。即使是被称为进行了"休克式"改革的俄罗斯，在宣布取消有关资本流动和货币兑换的所有限制之后，其对外直接投资、吸收直接投资、居民在境外出售或发行股票、债券、货币市场工具以及集体投资证券等项目仍保持了较长时间的限制措施。

国际货币基金组织曾结合世界各国发展经验和教训，提出了货币可自由兑换和资本账户开放的"整体化方式"（Integrated Approach），从宏观经济政策、国内金融体系和审慎监管等多个方面提出了资本账户开放的基本原则。尽管这并非标准的行动准绳，但却不失为有益的参考。总体而言，适应经济发展的需要、控制货币自由兑换的风险、灵活调整开放顺序、加强完善管理框架是基于国家金融安全的必要考量。作为金融体系尚不完善的新兴市场国家，循序渐进的国际经验对中国有极强的启示意义。身处国际资本和国内资本"双流出"的风险关口，人民币国际化要审慎行事，避免非理性的民粹主义和自由主义对货币安全和金融稳定形成负面冲击。

二　人民币国际化推进需结合国际政经形势的综合研判

人民币国际化是一个扬帆出海的过程，外部环境越是风大浪高，越要谨慎前行。

后危机时代，虽然金融海啸稍有停歇，但美国货币政策正常化带来的风浪依旧巨大。2013 年末，美联储启动量化宽松货币政策（QE）的退出，计划于 2014 年内完成整个退出工作，

并可能于 2015 年上半年开始加息。从历史看，美联储在 20 世纪 80 年代、90 年代以及 21 世纪初金融危机爆发前，多次进行宽松货币政策的退出行动，都对新兴经济体金融市场造成了严重冲击，引发资本外逃、货币贬值、国际收支失衡乃至债务违约。本次美联储退出 QE 带来的国际资本外流压力更是巨大，据新兴市场投资基金研究公司（EPFR）统计，仅 2013 年 6 月美联储开始放风要退出 QE 时，流出新兴经济体的股票资金和债券基金就分别达到 200 亿美元和 180 亿美元，流出总金额创 2008 年金融危机以来峰值。而据国际金融协会（IIF）估计，2013 年和 2014 年新兴市场私人资本跨境流入净额将较 2012 年分别减少 360 亿美元和 690 亿美元至 11450 亿美元和 11120 亿美元。

国际资本大幅外流使包括中国在内的新兴市场外汇储备面临较大考验。截至 2014 年第二季度末，新兴市场外汇储备总额 78690.6 亿美元，已达到 1997 年的 13 倍（倘若排除中国，约为 8.3 倍）。而受资本外流影响以及对外汇市场干预，部分新兴市场外汇储备大幅下降。截至 2014 年 10 月末，泰国、马来西亚、菲律宾外汇储备与 2012 年末相比分别下降了 10.8%、8.9%、5.4%。

国际资本大量外流也对新兴市场银行业形成了冲击，导致其信贷条件收紧，不良贷款攀升。据 IIF 统计，新兴经济体信贷条件指数自 2013 年第二季度进入 50 点以下恶化区间以来，一直未能明显改善，截至 2014 年第三季度末仍收于 49.6 点。与此同时，银行业不良贷款加速上升，受国内经济增速放缓、外部需求疲软以及企业盈利能力下降困扰的新兴亚洲与拉美尤其明显。

值得强调的是，美联储退出 QE 的同时，新兴市场又普遍遭遇了经济增长放缓、金融风险凸显和地缘政治动荡加剧的多重挑战，货币自由兑换的国家资本外流情况更为严重，货币贬值基本失控，例如，受乌克兰危机和国内经济增长停滞的影响，2014年俄罗斯卢布汇率贬值了50%，资本净流出达1515亿美元，引发了通货膨胀和社会动荡。

在QE退出导致国际资本大幅流出新兴市场的背景下，中国也出现了资金外流迹象，而资本外流在一定程度上又助推了银行间市场流动性的阶段性紧缺，并导致2014年人民币汇率出现突然贬值的状况，给中国金融稳定和国家金融安全造成了一定冲击。2013年6月20日，上海银行间同业隔夜拆借利率飙升578.40个基点至13.444%，资金成本约为6月初的3倍；2014年第一季度，人民币兑美元最大贬值幅度达到3.25%。

综合而言，2013年以来，国际资本流出中国规模有限，对中国经济金融的总体影响还相对较弱。这一方面主要得益于改革开放35年来整体经济实力的大幅提升以及金融市场制度的持续健全完善，近4万亿美元的外汇储备也为中国应对跨境资本异常流动提供了充分的缓冲。另一方面人民币尚未完全自由兑换，国际资本进出国内市场渠道有限，监管相对严格，进而使得中国成为新兴市场国家中经济金融稳定性最高的国家。因此，人民币国际化的大力推进需结合国际政经形势的综合研判。

三 人民币国际化进程需牢牢把握对国内资金流出的控制

人民币完全可兑换意味着国内外金融市场将进一步打通，资金跨境流动的限制将全面取消。需警惕过快推进导致对国内资金外流失去控制，造成大量私人财富转移现象出现，从而对社会稳定带来负面影响的问题。

　　近年来，中国私人财富的规模与人数快速增长，推动了私人资本海外投资的加速增长。目前中国有向海外转移资产需求集中在两类人群：第一类是移民者，或定居，或工作，或留学；第二类是投资者、企业主、明星。资本外流既有在监管体系下，采用亲属额度凑份子蚂蚁搬家式转移、通过部分地区跨境金融创新渠道转移，也有逃避监管，通过地下钱庄、贸易项下和投资项下的资产转移，更有境外赌场洗钱和境外银行卡套现等违法方式转移。国内专业部门使用世界银行首创"间接法"测算私人资本外流，初步估计2012～2013年，每年私人资本外流近1000亿美元。

　　资本流出不等于资本外逃。资本流出中大部分是经过批准的合规的流出。而资本外逃是指未经批准的、违法违规的资本外流，是超出政府实际控制范围的资本流出。即使在未经批准的违规流出中，也有一些用于正常投资和经营目的，主要是躲避繁杂的审批程序或者是为了降低其他交易费用。

　　整体而言，私人资本外流的合法目的与非法目的并存。除了留学、工作、定居等工作生活原因外，资本外流的基本动机是趋利避险，主要有如下几个方面因素。一是丰富资产配置。目前中国金融市场尚不发达，投资渠道仍不宽敞，资源配置效率低下、金融交易品种不齐全驱使大量资本流向国外寻求更高收益。二是逃避外汇管制。中国外汇受到较大程度的管制，强制性的结汇与限制性的售汇使一部分私营企业主难以具备外汇的支配权。除被迫承担外汇风险外，还必须承担银行买卖价差的成本。三是追求较低赋税。税收已经成为世界范围内衡量生活成本的一个考虑因素，在中国以及欧美都已经出现部分富裕人群向低赋税国家移民或转移资产的趋势。四是转移非法所得。

一部分贪赃枉法靠权钱交易获得的非法收入为了逃避法律惩处，将非法财产牢牢据为己有，选择了资本外"逃"。

私人资本外流是全球性问题，特别是在经济增长到一定阶段呈现的共性问题。一旦这个问题恶化，将导致一国经济增长缺乏资金助力，货币信心大幅下降，金融秩序受到破坏，严重情况下甚至会引发长期经济萧条、社会局势混乱和金融安全缺失。

综合而言，中国正处于经济发展承上启下的关键期，高储蓄率不仅是过去 30 年中国经济崛起的物质基础，也是未来 30 年中国经济可持续崛起的有力保障，贸然推进人民币自由兑换，将加剧国内资本外流，带来储蓄率非正常下降的灾难性后果。拉美国家长期停滞，一个重要的原因，就是持续的资本外逃，导致国内市场空心化，国内经济缺乏增长的动力。

人民币国际化推进需以有利于中国经济长远发展和国家金融安全为根本考虑，应牢牢把控资本流向，为中国经济建设的整体发展服务。当前应稳步推进汇率制度改革，选择渐进稳健的开放次序和步骤。此外，还需加强政策搭配，对冲人民币汇改的潜在风险，建议慎重开征遗产税，择机征收脱籍税，避免人民币自由兑换导致中国富裕阶层资本大幅外流。

第三节　适时、适度的汇率干预有利于金融安全

人民币国际化过程中也需要政府适度的市场干预。货币崛起往往伴随着币值走强，人民币也不例外。自 2005 年汇改启动以来，人民币兑美元汇率一路走强。货币升值本身不是坏事，但单边升值预期的形成却带来了巨大风险，各类资本豪赌人民

币升值，不仅引致了资产泡沫和虚假贸易问题，还加大了金融市场的脆弱性，给国家金融安全带来威胁。因此，用有形之手打破单边升值预期，是稳定经济金融局势、化解金融风险的必要之举。

一 人民币长期单向升值蕴藏大量风险

汇改拉开了人民币长期升值的序幕，也带来一些新风险。人民币汇改不断推进的历程，就是人民币长期升值的过程。2005 年 7 月 21 日 19 时，中国人民银行宣布美元/人民币官方汇率由 8.27 调整为 8.11，人民币升幅约为 2.1%；央行同时还宣布废除原先盯住单一美元的货币政策，开始实行以市场供求为基础、参考一篮子货币进行调节、有管理的浮动汇率制度。2007 年 5 月 21 日，人民币汇率日间波动幅度由 0.3% 扩大至 0.5%；2012 年 4 月 14 日，浮动幅度又由 0.5% 扩大至 1%；2014 年 3 月 15 日，浮动幅度再由 1% 扩大至 2%。

2014 年 1 月 14 日，人民币兑美元汇率创下 6.0406 人民币/美元的低位，较汇改初期累计升值 27%；而根据 BIS 的数据，截至 2014 年 2 月，人民币兑一篮子货币的实际有效汇率较 2005 年汇改前累计升值了 44.4%。

一方面，人民币长期升值是中国经济崛起的客观货币反映。汇改以来，人民币放弃盯住美元转而关注对一揽子货币的币值变化，人民币明显升值更加契合经济基本面走势，国际市场上认为人民币被严重低估的声音逐渐减弱，认为人民币汇率接近均衡水平日益成为共识，汇改成效显著。

另一方面，人民币长期单边升值又带来了新风险。长期单边升值的态势引致了看多人民币的一致预期，并由此激励国际资本通过各种渠道大幅涌入中国，在豪赌人民币升值的同时，也导致中国房地产市场泡沫广泛形成，虚假贸易不断激增，货币金融对实体经济的支持作用有所下降，各类金融风险则不断滋生。

二 汇率调控成为风险"断路器"

处于被动，汇率变化会带来大量风险；掌握主动，汇率也能变成控制风险的政策利器。2014年以来，利用有效的汇率干预和适时的政策改良，中国央行就通过适时适度的预调微调，打击了人民币单边升值的一致性预期，通过阶段性小幅贬值缓解了外汇市场失衡带来的新风险。

自2014年1月中旬以来，人民币兑美元连续贬值，3月17日浮动区间从1%扩大到2%之后，人民币兑美元汇率依旧连续走弱，截至4月，人民币兑美元汇率最高达到6.237人民币/美元，较1月中旬贬值超过3%，引发全球市场的高度关注。

尽管对于"是谁主导了人民币贬值"，各种分析莫衷一是，但随着一些官方言论的放出，越来越多的人相信，中国央行在这场突如其来的汇率剧变中扮演了一个比较主动的角色。通过主动引导阶段性的人民币贬值，央行并没有改变人民币走势的"大路线"，而是有效改变了市场的预期结构，使其从"长期升值，短期升值"变为"长期升值，短期高度不确定"。对于贸易或其他与人民币相关的真实经济活动而言，这种预期结构的变化影响并不大。真正受影响的，是建立在人民币升值笃定预期基础上的一系列杠杆交易和投机操作，短期内实质性的双向波动足以摧毁他们过去无风险获利的链条。

因此，引导本轮人民币贬值和紧随其后的波幅放大是暗

藏大智慧的政策手段，先打破豪赌人民币升值的既有格局，然后再放大双向波动的可能杀伤力，这对于吸附在人民币上的投机掮客无疑是连续打击。从本质上看，本轮人民币贬值发挥了"断路器"作用，即让各种围绕人民币的投机风险发生短路，抑制了风险本身顺周期膨胀的趋势。隔离豪赌人民币升值的投机风险，中国房市和大宗商品市场的关联风险也将受到抑制，中国经济也有望趋向更稳健的一种内外均衡，从这个角度看，汇率就像利率一样，真正变成了一种大局调控的政策利器。

三　人民币双向波动符合中国利益

大幅升值和大幅贬值都有风险，双向波动则有利于抑制短期投机资本对金融安全的冲击，因此，人民币汇率双向波动符合中国利益。

展望未来汇率走势，从人民币汇率走势的最根本决定因素——国内经济基本面看，中国经济正处于改革和发展的重要战略机遇期，未来仍具备保持稳定增长的基本条件。庞大的外汇储备、巨额贸易盈余，规模较大的 FDI（外国直接投资）都将对人民币升值形成支撑。从影响人民币汇率走势的又一重要因素——境外资金流向看，虽然受美联储退出 QE 的影响，资本阶段性流出的压力将有所加大，但从总体来看，长期资本流入的压力可能还会存在。此外，从政策需要来看，人民币国际化和资本项目开放都需要人民币币值保持相对坚挺，央行亦表态会对人民币汇率保留必要的调节管理。因此，人民币汇率中长期仍将小幅升值。

有鉴于此，防止人民币单边升值预期死灰复燃、促进人民币汇率双向波动显得尤为重要。这势必要求中国政策当局进一步把握主动，审慎、有序推进人民币国际化，积极引导市场预期，适时、适度进行稳健且必要的市场干预，让人民币在持续崛起的过程中维持小幅升值、双向波动的态势，保障有效风险管控和国家金融安全。

第二十一章　坚实与活用的平衡

——外汇储备

"足国之道，节用裕民，而善藏其余"[1]，积蓄和储备是关乎国家兴衰存亡的大事。如何处理好储备，是中国国家金融安全的重要命题。当前，在实现中华民族伟大复兴中国梦的征程之中，中国就面临着外汇储备激增的挑战。外汇储备增量控制需要经济结构转型和贸易发展方式转变的深入推进。管理好外汇储备，用活外汇储备，需要正视当前外汇储备管理存在的问题，包括缺乏基于国家金融安全的顶层设计、投资战略过于单一和管理制度效能不足等。关键在于，如何平衡，利用好优势，规避和转化劣势，做好存量的科学管理，在追求资产增值的同时，将部分超额外汇储备用于谋划国家长远的金融安全和中华民族的伟大复兴。

第一节　巨额外汇储备是劣势也是优势

自 1978 年改革开放以来，中国外汇储备经历了从绝对短缺向相对过剩的长期转变，截至 2014 年 9 月，中国外汇储备规模已经扩大至 38877 亿美元。根据彭博的数据，2014 年 3 月中国外汇储备占全球储备总额的 33.71%。从形成机理来看，中国

---

[1]　《荀子·富国》。

巨额外汇储备的形成有其客观必然性，控制增量需要经济结构转型和贸易发展方式转变的深入推进，难以一蹴而就。当前外汇储备问题的关键不是增量控制，而是存量管理。站在国家金融安全的立场考虑存量管理问题，首先需要转变观念，不能将巨额外汇储备简单视作一种劣势，而应该认识到，巨额外汇储备是中国实力的客观存在，本质上是一种优势。

一　中国外汇储备从绝对短缺到相对过剩

自1978年改革开放以来，中国外汇储备大致经历了三个阶段。第一阶段是1979年至1993年的短缺阶段。1979年，中国外汇储备余额仅为8.4亿美元，1980年甚至出现了12.96亿美元的负值，1993年外汇储备规模也仅为211.99亿美元，相对中国经济规模和外贸规模而言非常小，处于绝对短缺状态，无法满足国际清偿、安全储备等需要。

第二阶段是1994年至1999年的充足阶段。自1994年中国着手外汇管理体制改革后，随着改革开放力度的不断加大，中国与世界的经济贸易往来也更加频繁，在国际收支贸易顺差、外商直接投资净流入以及国际热钱流入等因素的影响下，中国外汇储备快速增长。1994年，中国外汇储备规模为516.2亿美元，2000年增长至1546.75亿美元，处于较为充足的状态。

第三阶段是2000年至今的巨额储备阶段。进入21世纪之后，中国外汇储备积累速度加快，体量快速膨胀。2000年1月，中国外汇储备规模为1561亿美元；截至2014年3月，中国外汇储备规模则已经扩大至39481亿美元，是21世纪初的25.3倍，年均复合增长率高达25.29%，明显高于同期GDP增速和同期全球储备总额增速。2014年3月，中国外汇储备占全

球外汇储备总额的 33.71%，位居全球第一，较 21 世纪初提升了 26.12 个百分点。这一阶段有几个重要时间关口值得强调：2004 年 9 月，外汇储备规模首次超过 5000 亿美元；2005 年 12 月，中国在全球外汇储备中的占比首次超过 20%；2006 年 10 月，外汇储备规模首次超过 1 万亿美元；2007 年 11 月，中国在全球外汇储备中的占比首次超过 25%；2009 年 4 月，外汇储备规模首次超过 2 万亿美元，全球占比首次超过 30%；2011 年 3 月，外汇储备规模首次超过 3 万亿美元；2014 年第二季度，外汇储备规模接近 4 万亿美元。

从全球角度看，2014 年 6 月，全球外汇储备总额为 11.93 万亿美元，是 2003 年初的 5.14 倍。其中，中国占比为 33.71%，高居第一，日本占比为 10.22%，居第二位，沙特阿拉伯、俄罗斯、韩国、巴西和欧元区的占比分别为 6.18%、3.55%、3.03%、3.18% 和 1.92%，美国占比仅为 0.36%。无论从绝对量还是相对量来看，目前中国外汇储备都堪称"巨额"。

传统国际储备需求理论显示，若一国的外汇储备规模在进口额的 30% 左右，则认为该国的外汇储备是充足的，2013 年，中国进口金额为 1.95 万亿美元，同期外汇储备是其近两倍，由此可见，中国外汇储备当前规模不仅是非常充足的，甚至可以说是相对过剩的。

二 巨额外汇储备是中国经济快速增长的伴生结果

中国巨额外汇储备的形成，表面上是一个金融现象，实质上则是一个经济现象。改革开放以来，中国经济增长进入快车道，并快速融入全球化推进的历史潮流之中，中国与世界各国的经贸往来和金融互动愈来愈频繁，给外汇储备快速增长奠定了物质基础。与此同时，中国经济内需增长的相对不足、贸易结构的相对不平衡，以及储蓄的相对过剩等问题也在外汇储备积累过程中产生作用，导致中国外汇储备近年来呈现出增长相对过快、规模相对过大的特征。

（一）中国经济崛起决定了外汇储备长期增长的基调

外汇储备作为重要的经济变量，其快速增长是中国社会经济生产力、对外经济发展以及综合实力积累到一定程度所形成的。从数量上看，外汇储备的增长与宏观经济发展之间呈正相关的关系。中国是目前世界上仅次于美国的第二大经济强国，更兼政治局势稳定，国防军事实力雄厚，又是联合国安理会的常任理事国，在国际事务中的影响力越来越大，享有较高的国际声望。而外汇储备，某种程度上是一国对外经济往来的结果，体现了一国在世界上综合实力，特别是经济实力的相对水平。因此，在中国经济强势崛起过程中，在中国经济又好又快增长的长期激励下，外汇储备的快速积累具有一定的历史必然性。

（二）双顺差是巨额外汇储备形成的直接原因

国际收支阶段理论认为，一国不同时期的国际收支有不同特点，一国外汇储备最终来源于国际收支顺差。通过分析中国的国际收支平衡表，可以发现，中国外汇储备主要来源于双顺差，即经常项目顺差，以及资本和金融项目顺差。1994年至2012年，中国经常项目全是顺差，资本和金融项目则除了1998年和2012年外也都是顺差，连续近20年的双顺差格局导致中国外汇储备快速积累，并最终达到4万亿美元的庞大规模。根据相关研究，1994年至2012年，货物贸易顺差占经常项目顺差的比例始终在80%以上，货物贸易顺差占外汇储备增加额的比例绝大多数年份在50%以上，最低的年份也在20%以上，表

明中国"世界工厂"的贸易模式是外汇储备激增的首要原因。1994年至2012年，直接投资顺差占资本和金融项目顺差的比例基本在50%以上，其对外汇储备增加额的贡献通常在20%以上，大多数年份在50%以上，表明国际资本看多中国经济并大量投资中国，是外汇储备激增的另一重要原因。

（三）热钱流入助推中国外汇储备激增

人民币持续升值预期的形成诱使国际游资通过各种渠道涌入中国，牟取套利收益和资产收益，导致外汇储备脱离实体经济超常规增长。学界对热钱的定义和测算方法始终存在较大分歧，但主流观点倾向于认为，近10年来，热钱流入对中国外汇储备形成的贡献超过10%，并呈不断加大的态势。根据初步数据，2013年，中国外汇储备增加4327亿美元，其中，稳定性较高、与实体经济关系较大的跨境资金净流入3594亿美元，对外汇储备增长的贡献率为83%，波动性较大的跨境资金净流入达720亿美元，贡献了17%。值得强调的是，热钱是欧美超常规货币政策的产物，给中国带来了外汇储备规模激增、波动加大的风险，本质上是欧美内视性政策对中国国家金融安全造成威胁的一种体现。从这个角度，处理好巨额外汇储备的相关问题，也是保障中国国家金融安全的重要一环。

三 巨额外汇储备是劣势也是优势

毋庸讳言，从需要来看，中国近4万亿美元的巨额外汇储备是相对过剩的，很多人由此认为，巨额外汇储备蕴藏着巨大风险，是中国的劣势所在，政府应着力于化解这种劣势。这种观点非常片面，也不负责任。从形成机理来看，中国巨额外汇储备的形成有其客观必然性，控制增量需要经济结构转型和贸易发展方式转变的深入推进，难以一蹴而就。当前外汇储备问题的关键不是增量控制，而是存量管理。站在国家金融安全的立场考虑存量管理问题，首先需要转变观念，不能将巨额外汇储备简单视作一种劣势，而应该认识到，巨额外汇储备是中国实力的客观存在，本质上是一种优势。这种优势体现在以下几个方面。

（一）巨额外汇储备提供了强大的国际清偿力

外汇储备的首要功能就是调节国际收支，保证对外支付。中国改革开放以来，外债规模就呈快速上升之势，从 1985 年的 158.3 亿美元逐年增加到 2013 年末的 8631 亿美元，规模扩大了 54.5 倍，年均复合增长率为 14.78%，超出了同期 GDP 增速。其中，中长期外债余额从 1985 年的 94.1 亿美元增加到 2013 年末的 1865 亿美元，规模扩大了 19.8 倍；短期外债余额则从 1985 年的 6.42 亿美元增加到 2013 年末的 6766 亿美元，规模扩大了 1054 倍，年均复合增长率达到 27.13%。外债余额，特别是短期外债余额的迅猛增长，带来了巨大的国际清偿压力，而中国巨额外汇储备的存在给国际清偿提供了保障，从而有效避免了中国外债风险的上升。在 2010 年欧债危机爆发并全球蔓延的背景下，中国巨额外汇储备的这种外债风险化解作用显得更加重要。

（二）巨额外汇储备形成了有效的国际金融风险缓冲

1997 年亚洲金融危机的经验表明，在一国金融市场受到外部投机势力冲击的情况下，外汇储备的厚度是决定国家金融能否承受外部冲击的关键。2008 年金融危机爆发后，新兴市场一度呈现出"脱钩崛起"的强势，但随着风险从中心向外围渐次扩散，2013 年起，包括印度、印度尼西亚、泰国、阿根廷、巴西在内的一些新兴市场国家开始出现问题，经济增长速度大幅

下降，本币汇率大幅贬值，国内金融市场巨幅震荡。如此背景之下，中国作为新兴市场代表，尽管也遇到了一些增长困难，但金融市场并未发生任何混乱，这在一定程度上要归功于巨额外汇储备构筑了雄厚的风险防火墙。目前，中国正处于深化金融改革、推进对外开放的关键时期，巨额外汇储备的风险缓释作用还将大有用武之地。

（三）巨额外汇储备为实现国家金融安全战略奠定了物质基础

外汇储备是国家金融实力的重要组成部分，可以为一系列国家谋略提供金融助力。历史上，美国和日本都曾在国家层面上，利用金融资本实现了扩大对外政治影响力的战略意图。当前中国已经是全球第二大经济体，但经济影响力并未有效转化为政治影响力，中国对周边事务缺乏主导力和决定力。而巨额外汇储备构成了中国国家金融安全战略的弹药库，能够为一系列对外战略提供资金支持。因此，管理好外汇储备，用活外汇储备，促进经济影响力转化为政治影响力，是发挥巨额外汇储备优势的核心所在①。

第二节　外汇储备管理存在问题

管理好外汇储备，用活外汇储备，发挥巨额外汇储备优势，促进经济影响力转化为政治影响力，首先需要正视当前外汇储备管理存在的问题。现有模式下，中国外汇储备管理的问题主

①　本节部分参考了以下博士论文：李劲松《中国外汇储备适度规模与结构优化研究》、刘纯安《中国外汇储备来源于来源质量研究》、石凯《论结构优化与中国外汇储备管理战略》。

要体现在缺乏基于国家金融安全的顶层设计、投资战略过于单一和管理制度效能不足等方面。

一 外汇储备管理缺乏基于国家金融安全的顶层设计

外汇储备管理不仅是一种以投资为主体的市场行为，更是一种以国家战略实现为目的的国家行为。由于外汇储备管理涉及经济实力向政治影响力的转化、宏观经济调控、国际关系博弈和国内资金供给，因此，管理好巨额外汇储备，是中国国家金融安全战略的一部分，是以金融手段实现中华民族伟大复兴中国梦的重要一环。趋利避害，最小化中国巨额外汇储备的劣势，最大化中国巨额外汇储备的优势，需要基于国家金融安全的顶层设计。从现状看，中国外汇储备管理，如"丝路基金"为"一带一路"国家战略提供金融助力取得了重大突破，但仍亟须加快全局顶层设计。

（一）巨额外汇储备未能完全用活并转化为国际政治影响力

当前，中国经济影响力毋庸置疑，全球第一、超出第二名近两倍的巨额外汇储备就是中国经济实力的体现，但这种经济实力尚没有帮助中国显著提升政治影响力，对中国主导周边事务提供有效帮助有限。用好、用活外汇储备的威力还未能完全发挥出来。

（二）缺少对宏观调控大局的考虑

超额外汇储备在一定程度上影响了中国货币政策独立性，迫使央行为维持汇率稳定而被动增加货币供应量，使货币供给过度增长，进而加剧了国内流动性过剩，推高了资产价格，并带来了通货膨胀压力。有鉴于此，管理外汇储备，一定程度上也可以说是管理通胀风险和资产泡沫的一部分，但当前中国外

汇储备管理还处在"独立作战"的状态，未能和整个宏观调控紧密结合在一起，对中国系统性风险管控和国家金融安全保障而言还未发挥应有的积极作用。

（三）未能兼顾国际关系的有效处理

中国巨额外汇储备在一定程度上反映了中国与其他国家的巨额贸易顺差。随着中国经济规模不断扩大，世界经济对中国巨额经常项目顺差的承受力不断减弱，再加上一些国家出于政治目的，经常在外汇储备、汇率等方面向中国政府施压，相应地，国际经贸关系中的摩擦和争端也日益增多和尖锐。复杂国际关系中，当前中国外汇储备管理并没有充分体现"先予后取"的智慧，未能利用外储优势来缓解中国崛起引致的外部压力。

（四）机会成本较高

多年来，中国国际贸易一直"出多进少"，超量对外提供大量实物资产，而获得的仅是以美元为主的虚拟货币。在国内很多领域需要资金情况下，部分外汇储备用来低息购买他国债券，没有参与国内经济运行。在这个循环中，美国等其他国家的政府和人民实际上得到了更多的实惠，而中国承担了较高的机会成本，不仅造成了国民经济福利流失，还对中国社会稳定带来了不利影响。

二　外汇储备投资战略前瞻性不足

中国外汇储备管理始终以"安全性、流动性和盈利性"为核心原则，但从实际操作看，当前外汇储备的投资战略在币种结构上明显倾向于美元资产，在资产结构上明显倾向于主权债和机构债券，这种倾向性不仅使得盈利性难以体现，更使得投资的战略性微乎其微，甚至导致全局安全性也难以得到长期保障。

中国外汇储备资产的构成、收益率一直被视为国家机密。根据相关研究，中国外汇储备资产结构以美元和欧元为主，主要投资于美欧国债等固定收益类债券以及股票等证券市场，目前仅持有的美国国债一项就占到外储总额的三分之一。应该说，在早期外汇紧缺、规模较小的情况下，这种投资战略还行之有效。但在创汇能力持续增加，外汇规模保持稳定，而且规模庞大，进出不便的情况下，在美国爆发金融危机、全球超常规宽松货币政策广为流行以及债务危机爆发的背景下，这一战略隐含的问题越来越突出。

中国外汇储备的收益率不断降低，甚至降至负值。基于美国财政部国际资本系统（TIC）的数据测算，若以人民币计价，21世纪头10年，汇改之前的投资平均收益率约为5.54%，汇改后仅为1%，如果剔除外汇冲销成本，汇改前的平均收益率为3.59%，汇改后则降至 -1.64%。与低收益率甚至是负收益率不相匹配的是，中国外汇储备还面临着较高的资本损失风险①。

中国外汇储备投资了大量以美国国债为代表的主权债券，而这些传统上被广泛视为 AAA 级的主权债券其实并不一定安全。动荡的国际经济金融秩序和一些储备国家不设限的量化宽松政策，对中国外汇储备的投资保值增值构成挑战。不仅美元长期泛滥，近期，在日元、欧元大张旗鼓贬值的同时，英镑也在悄无声息地下挫。在全球经济一体化背景下，各国为捍卫自身利益而加入"货币战争"，亦非危言耸听。事实上，受西方主要国家量化宽松政策的影响，国际金融市场的无风险收益率

①　详见王永中发表在《国家金融研究》2011年第1期的文章《中国外汇储备的构成、收益与风险》。

已不断被拉低。2014年7月，美国10年期国债收益率仅为2.5%，而金融危机前的2007年，其收益率一度长期高于4%。中国持有的外债，账面价值虽然略有增加，但是实际上长期在悄悄贬值。

这些债券还面临违约和偿付风险。美国"两房"债券就是一个明显的例子，虽然经过努力其在金融危机中避免了违约风险，但其经验教训值得长期总结。欧债危机以来，被各界广泛认为相当安全的欧元区各国的主权债，也已相继出现问题其至濒临违约，令全球不少国家和金融机构泥足深陷。中国不能指望美国人勒紧裤腰带偿还他们的欠债。美国的"债务上限之争""财政悬崖""政府停摆"等都说明美国债务违约风险不断加大。对于中国外汇储备这样的大规模投资来说，很难有效规避风险。而且中国黄金储备只有1000多吨，仅占外汇储备的1%左右，一旦主权债和机构债风险上升，中国的"最终"国际清偿力也难以得到保证。

三　外汇储备管理制度专业化程度有待加强

有好的制度，才会产生有效的管理。专业化是国际上外汇储备管理的一个原则，即负责外汇储备投资全面管理的机构必须是专业化公司，同时，其相当比重的具体投资是委托专业化的市场机构进行的，相比之下，中国外汇储备管理专业化程度有待进一步加强。

（一）保密制度亟须强化

中国的外汇储备投资，沿袭几十年的传统，主要由外汇管理局负责全局，对内严格保密，但对外却相当"透明"。很多海外机构投资者、私募股权基金管理者、对冲基金的负责人，乃至外国政府，对中国的储备投资构成、交易情况都洞若观火，甚至一些金融大鳄，对中国储备资产的投资习惯和账户了如指掌，其熟悉程度甚至可能远高于中国领导人和金融高官。因此，出于保密原因由国家机构直接操作外汇储备投资，既无必要，也无效果。

（二）双头模式抑制了管理的有效性

目前中国外汇储备管理的具体运作主要由两个机构承担，一个是央行旗下的外管局，另一个是财政发债组建的中投公司。按照双方对自身分工的描述，前者着力保障外汇储备资金的安全性、流动性，后者则更加强调盈利性。中投公司主要致力于境外的股权、固定收益和另类资产的投资。由于中投的资金已经大都完成相应配置，其手头已捉襟见肘，没有余力参与更多的投资，这就使得储备运营和保值增值的压力完全落在了外管局身上。中投的重大决策，外管局大都了如指掌，但在实际投资过程中，特别是另类投资问题上，不时会有撞车现象。因此，我国外汇储备管理双头模式协调性有待进一步提高，以提高外汇管理整体有效性。

（三）人力资源不足

现有体制下，真正负责外汇储备经营管理的是外管局的储备司（已改名为中央外汇业务中心），该中心的编制大约两三百人，管理着近4万亿美元的外汇储备，平均每个人要管理100多亿美元的资金，是个名副其实的"超人公司"。两三百人要管理近4万亿美元的金融资产，唯一理性的选择就是只投资于高信用评级、高流动性与低收益的资产，即美欧国债与机构债。如果这种模式不发生改变，不委托外部的专业人士来参与管理外汇储备，进行大规模的多元化管理几

乎是不可能的①。

（四）管理人员激励机制有待强化

中国不少负责储备投资外汇交易员长期客居纽约、伦敦、新加坡、香港等地，但对其激励机制又远未市场化，激励和责任不对称，因此难以留住优秀人才，导致中国外汇储备管理者在弱肉强食的国际金融市场缺乏竞争力。

第三节　让外汇储备变成一池活水

为了让外汇储备变成一池活水，建议以国家安全为出发点加强外汇储备管理的顶层设计、从国家金融战略角度深入推进外储多元化投资、以深化改革为目标进行外汇储备管理制度创新、设立支持企业"走出去"专项外汇资金池。

一　建议以国家安全为出发点加强外汇储备管理的顶层设计

中国外汇储备管理的顶层设计需要体现"三个认识"：一是要认识到巨额外汇储备是中国的巨大优势，利用这一优势，将中国经济实力转化为政治影响力，是金融服务于中华民族伟大复兴中国梦的重要手段之一；二是要认识到巨额外汇储备管理是国家金融安全战略的一部分，需要从全局着眼，从细节着手；三是要认识到巨额外汇储备管理战略设计上是国家行为，策略执行上是市场行为，需要划清边界，发挥两种比较优势，

---

① 本段参考借鉴了管清友等人所著《刀锋上起舞：直面危机的中国经济》中"谁动了我们的外汇储备？"一章。

有效实现外汇储备管理和国家金融安全的和谐统一。

从"三个认识"出发,中国外汇储备的顶层设计包括四个层次:一是整体管理上强化底线和危机思维,为防范风险构建战略储备;二是投资策略上推进多元化投资,实现安全性、流动性和盈利性的齐头并进;三是深化体制机制改革,推进外汇储备管理制度创新;四是贯彻金融服务实体经济的精神,利用外汇储备优势,为中国企业"走出去"提供更大的金融助力。

二 建议从国家金融战略角度深入推进外储多元化投资

要解决外汇储备管理目前存在的问题,首先需从战略上进行调整。调整的方向,就是通过深入推进多元化投资来分散风险,保障国家金融安全,其中最重要的一环,是将增持黄金作为国家金融战略的重要组成部分来大力落实。

多元化投资是外汇储备投资的一个基本原则。不少国家根据国际经验,都在储备投资的多元化上进行了诸多尝试,在保障安全性、流动性的基础上,很好地兼顾了盈利性。如挪威的储备资产中,就有 60% 用于股票投资,使其多年如一日,保持了较好的收益率。专注于股权投资的淡马锡,在支持新加坡电信、能源等企业"走出去"的过程中,发挥了重要作用,在实现储备资产保值增值的同时,还体现了国家的战略意图。加拿大政府则规定在其储备资产中,有 30% 必须用于另类投资,且有不错的表现。日本动用外汇储备成立协力基金,支持企业海外投资。

实践证明,多元化投资,不仅可以通过股权投资等方式有效抵御货币贬值、通货膨胀的风险,而且由于比较分散,局部的流动性可能不如国债,但是总体的流动性并不差。可借鉴世

界先进主权财富基金投资管理的经验，依托中投公司，在投资领域、投资地域等方面做出结构性优化调整，不断提高投资收益率和积极规避宏观风险。加大另类投资力度，拿出更多比例的外汇储备，积极购买中国经济发展所必需，而国内储量在总量和结构上都无法有效满足需求的大宗商品。

在多元化投资战略中，最重要的一条，是将增持黄金作为国家金融战略的重要组成部分，筑牢国家金融安全的防护堤。增持黄金的意图，不是出于资产增值或贬值的短期相对利益的思考，而是出于人民币国际化的长期战略思考。从国际金融发展和货币史来看，一国货币成为世界性货币，是否具有相当数量的"最后清偿力"，是不可忽视的基础条件和不可或缺的保障，即黄金的支撑作用至关重要。黄金储备是各国国际储备的重要组成部分，仍影响国际货币关系的重要因素。

中国已经是世界第二大经济体，世界第一大外贸国，但黄金储备只占外储的 1% 左右，远低于美国的 75% 和欧洲的 60%，占全球黄金官方储备的 3% 左右，远远落后于人民币国际化的战略需要，影响国际社会对人民币的信用信心。增持黄金储备有利于外汇储备结构良性改善，有利于改善国家金融体系，有利于人民币在区域和国际货币中发挥更大的作用。美国作为世界最大的黄金储备国，黄金储备长期保持在 8000 多吨的水平，即使在金融危机和政府停摆、美债危机的情况下，美财政部也从未抛售黄金。左手握黄金，右手持美元，正体现美国的全球金融霸权战略。西方经济学家鼓吹的"黄金非货币化"和"黄金无用论"只是美国发出的一个烟幕弹。应该看到，美国从自身的战略利益出发，以其黄金储备的绝对优势，通过操纵黄金市场，实施束缚、控制所有黄金生产国和黄金储备国战略，打压人民币国际化的支撑，实现全球金融控制，维持美元全球霸权。因此，中国政府在黄金储备的态度上，需要从长远考虑，有战略储备的意识和规划，不能根据黄金的一时涨跌迟缓增持的步伐。

三 建议以深化改革为目标进行外汇储备管理制度创新

深化体制机制改革是优化中国外汇储备管理的必要之举，制度创新需要从政企分开、分类管理和模式改进三个层面推进。

一是建议将投资和管理划断，做到"政企分开"，行政管理与经营运作分开。从国家整体利益和政治战略出发，亟须在国务院框架下，设立专门机构，制定国家外汇多元化运用战略，对外汇储备的用途进行筹划、管理、操作。在此之下，成立专门的国有公司，负责储备资产的投资运营。可以仿效货币政策委员会，建立储备投资咨询委员会，吸纳企业界、投资界和知识界等不同领域的专业人士，共同为储备投资建言献策。公司设立董事会负责战略决策。政府管理机构对其进行指导和管理，但不直接参与投资决策和运营。同时建立相应的监督和评价机制。对投资公司的定位、职能和后续资本补充问题进行深入研究，对其后续的可持续发展给予相应的保障。

二是建议对储备资产进行分门别类管理。可根据安全性、流动性、盈利性和战略性的要求，对资产的投资目标进行分类，实施不同的投资策略，并配备不同的团队，设立不同的激励机制和考核目标，如多数资产的投资（如70%）应以储备性、安全性为目标；适量资产侧重于保障流动性；少量或增量部分则在安全性的基础上谋求盈利性，并采取灵活的激励机制。

三是建议在外汇储备的境外股权投资方面，鼓励PPP模式，即 Public—Private—Partnership 模式。

第二十二章　负债与发展的平衡

——地方债融资转型

2008 年金融危机后，在中央政府"出拳要狠、出手要重"的 4 万亿元经济刺激政策下，地方政府大规模搞建设。在金融资源控制权较为集中于中央的现行融资体制下，地方政府解决的办法唯有负债。特别是 2010 年后，受到银行平台贷款严控的影响，为规避监管，地方政府融资渠道"金融创新"工具不断，城投债、信托、保险融资，地方政府的债务负担和偿债压力引起了中央政府的高度关注。在新《预算法》出台实施的背景下，如何缓释地方政府债务压力、保持经济平稳增长，将是未来几年内的最大挑战。

第一节　地方债现状
——稳中见忧

一　地方债的形成

（一）财权和事权失衡是造成地方债问题的主要成因

中国地方政府债务主要是 1994 年分税制改革以来才逐渐凸显出来的问题。十四届三中全会确定分税制改革时中央政府把税基厚、税源广、易征收的税种划归中央，地方政府保留的则是一些"食之无肉，弃之有味"的鸡肋式税种，地方政府财权和事权严重失衡，很多地方政府在实践中很快发现，靠城市化将农地转变为建设用地、靠卖地增加地方财政收入的办法最简便最有效。但在城市化过程中，地方政府又必须承担一些公共设施建设职责，地方政府要达成自己雄心勃勃的发展目标就只好借钱。

（二）地方债陷入循环怪圈

在 2008 年年末，中央政府 4 万亿元刺激计划出台的大背景下，地方政府的借钱欲望得到充分满足，全国各地兴起的地方性建设项目和融资载体——地方政府平台公司也如雨后春笋般冒出来。2010 年，中国银监会急令各商业银行对平台公司贷款进行清查性整理后，就存在约 8000 家地方政府平台公司；在全国地方政府性债务余额 107174.91 亿元中，融资平台就举借了49710.68 亿元，占比为 46.38%。2012 年，融资平台仍是主要的举借主体（占 45.67%），而且债务余额增长较大，比 2010年增加 3227.34 亿元，增长比率为 22.50%。截至 2013 年 6 月末，在地方政府负有偿还责任的 108859.17 亿元债务中，融资平台举借了 40755.54 亿元，占比 37.44%；此外，融资平台举借的一部分债务属于政府或有负债，主要包括政府负有担保责任的 19085.18 亿元债务，政府可能承担一定救助责任的26849.76 亿元债务。中国人民银行首席经济学家马骏就指出，地方政府被迫不断采用变相的不规范的方式融资，并重复着一个恶性循环：经济低迷时，为保增长开始放松对于地方融资渠道的监管，出现大量不规范不透明的政府平台融资活动；这些活动导致经济过热和部分地方政府出现偿债风险，使得金融体系面临系统性违约风险；于是监管层收紧政策，叫停各类型不规范融资，基础设施投资、经济活动大幅减缩，又回到第一阶

段的保增长需求。这个怪圈的形成，地方政府官员的政绩观及债务软约束行为是起主导作用的因素。若任其发展，中国政府的债务占 GDP 的比重，2050 年会超过 100%，将对中国经济金融安全构成严重威胁。

二　地方债总体可控但风险凸显

据审计署 2013 年 12 月公布的全国政府性债务审计结果，目前地方政府债务的资金来源主要包括银行贷款、发行地方政府债券、企业债券、信托融资等。其中，银行贷款占债务总额比重达 56.56%，发行地方政府债券和企业债券则分别占到 3.71% 和 6.22%。Wind 资讯数据统计显示，2014 年 1~10 月，30 个省市的城投债累计发行额度为 14548.38 亿元，总共发行 1365 只城投债。

（一）总体可控

一是主要债务风险指标仍处于国际安全线以内。与一些国家政府债务主要用于消费性支出不同，我国的政府性债务主要用于经济社会发展和人民生活条件改善相关的项目建设，大多有相应的资产和收入作为偿债保障。按照负债率、债务率等指标，我国政府性债务各项风险指标均处于国际通常使用的控制标准参考值范围内。中央和地方政府（与财政责任相关的）的债务规模占 GDP 的比例仍然控制在 40% 以内，远低于国际货币基金组织确定的 60% 的债务率红线。

二是中央和地方政府可选择政策空间较大。单一制国家中，政府有很强的控制力，能将债务在中央政府、地方政府、企业和部门之间转移，一个部门的负债对应的往往是另一个部门的资产，只要国家对国外经济部门保持相当规模的净债权状态，发生债务危机的概率不大。从短期看，我们可供选择的减杠杆的政策空间很大，包括政府资产的转卖、债转股、用长期债务替换短期债务，将负债久期拉长，减少错配的风险等。从长远看，未来中央政府信用的救助是可以考虑的重要手段，先转移杠杆，再行去杠杆，通过低成本融资将企业和地方政府的存量债务逐步有序地转移至中央政府的表上，集中进行债务重组。

（二）风险凸显

一是市级政府债务构成地方政府债务主体，政府层级越低，政府债务刚性偿付压力越大。截至 2013 年 6 月末，全国市级政府债务余额 72902 亿元，占地方政府债务余额的 40.7%，构成我国地方政府债务的主体。同时，全国省级、市级、县级和乡镇政府负有偿还责任的债务在各级政府债务余额中的占比分别为 34.23%、66.44%、78.49% 和 84.18%，县级和乡镇政府债务的刚性偿付压力很大。

二是融资平台公司和政府部门构成地方政府债务的主要举债主体，在地方政府债务余额中的占比分别为 39% 和 22.7%，在地方政府负有偿还责任债务中的占比分别为 37.4% 和 28.4%。

三是银行贷款在政府债务的资金来源中占据绝对比重，在地方债资金来源中的占比达 56.6%，占地方政府负有偿还责任债务的资金来源的 50.8%。

四是目前地方政府正处于债务偿还高峰期，根据审计局数据，从偿债年度看，2013 年 7 月至 12 月、2014 年到期需偿还的政府负有偿还责任债务分别占 22.92% 和 21.89%，2015 年、2016 年和 2017 年到期需偿还的分别占 17.06%、11.58% 和

7.79%，2018 年及以后到期需偿还的占 18.76%，目前我国地方政府正处于偿债高峰。

五是债务风险分布不均，西部地区风险突出债务增长过快。全国有超过一半以上的地区，债务增长超过近三年来的财政收入增长，其中，债务增长最快的地区除北京外主要为西部地区。例如，青海省 2010～2013 年中期债务年均增长38.8%。总债务率最高的前 5 名为北京、重庆、贵州、云南和湖北，分别为 99%、92%、92%、91%、88%。若以负债率（债务/GDP）来衡量，排名前 15 名的省市中，有 9 个处于西部地区。

第二节　科学把脉地方债

地方债问题早就引起了中央和地方政府的高度重视。在2014 年中央经济工作会议上，中央已经将"着力防控债务风险"作为 2014 年经济工作六大任务之一，提出"要把控制和化解地方政府性债务风险作为经济工作的重要任务。加强源头规范，把地方政府性债务分门别类纳入全口径预算管理，严格政府举债程序。明确责任落实，省区市政府要对本地区地方政府性债务负责任"。2014 年，一个西部城市刚上任的"一把手"向领导汇报时指出，"该市债务已达 4000 亿元，但每年市财政收入仅 200 亿元，还清地方债务压力太大"。此表态显示了地方领导对地方债问题的重视，但同时并未科学理解地方债的构成，将债务余额与地方政府的财政收入直接对比，实际上混淆了作为偿债主体的政府和企业的界限。因此，科学把脉地方债要处理好"四个区别"的关系。

一　区别形成资产和不形成资产的两类政府债务

从债务资金的使用结果，政府债务可分为形成资产和不形成资产两种债务：第一种是通过承担债务所获得的资金，被政府用于提高社会福利或增加其他公共服务开支而消耗掉了；第二种是通过承担债务所获得的资金，被政府用于基础设施等投资而形成了实物资产。欧债危机和美国财政悬崖主要源于前一种政府债务。在这种条件下，政府债务只能依靠税收等财政收入予以清偿。在政府财政长期处于入不敷出的赤字走势中，每期债务的偿付就只能通过不断的借新还旧机制予以暂时性缓解，结果只能是债务雪球越滚越大，使得财政危机的爆发越加临近和深重。与此不同，中国各地方政府的债务主要源于形成资产的债务，即债务资金主要投资于基础设施等而形成实物资产。在这种条件下，如果实物资产的结构较为合理、效率较高且能够有充分的现金流，则政府债务可依靠实物资产的运作收入予以清偿，它并不直接涉及政府财政的盈亏问题。

2013 年 12 月 30 日，国家审计署的报告指出，"截至 2013 年 6 月末，地方政府性债务增加到 178908.66 亿元，较 2010 年底增长了 66.93%，从债务资金投向看，主要用于基础设施建设和公益性项目，形成了大量优质资产，大多有经营收入作为偿债来源。"不难看出，地方政府性债务的绝大多数都形成了优良资产。中国仍是发展中国家，一些地区发展经济建设任务还是十分繁重，地方政府性债务的增加也将是一个必然的客观趋势。

二　区别不同期限的债务及其风险

对任何经济主体而言，债务是金融资源跨期配置的产物。

债务在期限上可分为短期债务、中期债务和长期债务。不同期限的债务，对当期而言，其偿债风险是完全不同的。从偿付债务角度看，"风险"的关键点不在于承担了多少债务数额，而在于这些债务的偿付时间长短，即债务期限。

对于审计署关于地方债的审计结果引起了国内外媒体的热炒，有西方媒体援引2013年地方债务比2010年大幅增长的情况指出，"中国大多地方政府正处于破产的边缘"。事实上，2013年当期地方政府性债务中"政府负有偿还责任的债务"只有24949.06亿元，占比为22.92%。审计署的报告中虽未明确指出地方政府性债务的违约率，但它指出："截至2012年底，全国政府负有偿还责任债务的逾期债务率为5.38%，除去应付未付款项形成的逾期债务后，逾期债务率为1.01%；政府负有担保责任的债务、可能承担一定救助责任的债务的逾期债务率分别为1.61%和1.97%，均处于较低水平。"这些实践面的事实，说明了简单将各期债务相加来研讨债务风险，可能因过分夸大风险而引致误导政策面的选择。

三 区别银行贷款与债券的债务效应

从金融角度看，目前地方债主要包括银行贷款和债券两种形式，另外还有信托、租赁、保险等。数据显示，2013年6月末，在地方政府性债务中"政府负有偿还责任的债务"总额为108859.17亿元，其中，仅"银行贷款"就达到55252.45亿元，占比达到50.76%；如果加上"短期融资券""应付未付款项""信托融资""其他单位和个人借款""垫资施工、延期付款""证券、保险业和其他金融机构融资"和"集资"等短期债务资金27847.9亿元，占比达到25.58%；两者相加，占比达到 76.34%。因此，地方政府性债务主要由短期债务资金构成。

从对信用膨胀的影响力度、债务资金的资本性质和债务资金的价格和市场的可交易程度看，债券是一种市场化程度、透明程度和金融效率等均较高的金融产品，是中国金融市场发展中应着力推进的主要债务类产品。与此对应，在债券市场发展中，随着金融脱媒的展开，银行贷款在资金供给中所占比重将明显降低。

四　区别不同特性的财政债务

从法律看，按照《公司法》的规定，政府融资平台公司是市场上享有和承担权利和义务独立法人组织，一般以公司的资产对债务享有清偿责任。如果不能清偿到期债务本息，应按照《破产法》规定进入破产清算程序。因此，政府融资平台公司的债务不属于由地方政府财政清偿范畴。数据显示，"融资平台公司"的债务在 2013 年 6 月末达到 52318.08 亿元，占比达到 50.07%，但这些债务不应属于地方政府负有偿还责任的债务，不应形成地方政府的或有债务，"融资平台公司"和"国有独资或控股企业"的"政府或有债务"达到 48742.22 亿元，占比达到 72.56%。这部分债务不应直接与地方政府财政收入挂钩并由此计算出财政债务率。

计算财政债务负担率需要具体情况具体分析，既应贯彻市场经济规则和法律制度要求，避免将国有经济部门中不同主体承担的债务均列入地方政府财政负担范畴，也应根据财政债务的资产形成状况，参照资产负债表机理，将不是当期需要偿付的债务，逐年按比例记入负债范畴，以此，支持地方政府通过

长期债务性资金进行基础设施建设，为有效缓解城镇化过程的教育、文化、医疗、道路、桥梁、住房和养老等一系列供求缺口创造消费条件，以推进消费结构升级和实现全面小康①。

第三节 "新思维"应对地方债"新常态"

在 2014 年中央经济会议上，中央首次把控制和化解地方政府性债务风险作为经济工作的重要任务，为国家出台相关政策提供了根本方向。全国人大加快立法工作，将规范地方债工作纳入法治轨道，国务院、中组部、发改委、财政部出台了一系列措施，切实有效推进规范地方债工作。如果说 2014 年经济工作的重点在化解风险，那么 2015 年中央经济工作会议上更突出对经济运行的正面引导，并提出"财政政策要有力度"。因此，如何处理好"有力度的财政政策"和地方债风险之间的关系，防止地方债问题在经济政策的刺激下重新抬头，要以"新思维"应对地方债务的"新常态"。

一 以《预算法》为指引，突出"新法治"

2014 年 8 月 31 日，十二届全国人大常委会第十次会议表决通过了《预算法修正案草案》，新《预算法》于 2015 年 1 月 1 日起施行，这宣告了素有"经济宪法"之称的《预算法》自 1995 年开始实行以来、在历经四次审议后实现了近 20 年来的首次大修。新《预算法》的实施，从根本上将地方债工作纳入法治规定，避免过度行政力的介入。按照十八届四中全会关于

① 参考中国社科院金融所王国刚《地方政府性债务的政策选择》。

"加强法治建设"的规定，地方债工作应严格按照新预算法的规定，从"怎么借""怎么管""怎么还"三个层面规范。一是地方政府可建立通过发行地方政府债券的方式举债融资。二是对地方政府债务要实施分类管理和规模控制，让地方政府的债务分类纳入预算管理，接受地方人大监督，同时接受上级行政和上级立法机关监督。三是要厘清政府和企业的责任。地方融资平台中有一些债务，实际上是政府通过企业举债，那就要转成政府债务纳入预算管理。如果是属于企业的债，政府需要支持，就通过补贴等明确方式支持。

二 积极与稳健并重，突出"新平衡"

一是面对经济换挡、增速减缓的"新常态"，要敢于担当，紧扣"财政政策要有力度"，中央财政赤字和负债率可以适度提高，让地方发债扩围，多出来的钱可以加强环保、民生工程、重大的基础设施，以及"一带一路""长江经济带"等重点建设。二是在清理地方债的同时，要防止搞"急刹车"，妥善处理好在建项目的后续融资，防止因资金链断裂出现"半拉子"工程，中央政府以及财政、货币政策的调整与管控，在摸清地方政府债务底数、分清债务结构和用途等基础上，针对东中西部不同地区、不同项目，区别对待，有保有压，逐步管控到位，防止"急刹车"造成不必要的社会资源损失浪费，进而防止国民经济发展的大起大落。

三 以官员考核机制为杠杆，突出"新激励"

一是要切实落实中组部关于《关于改进地方党政领导班子和领导干部政绩考核工作的通知》的精神，要从共产党长期执

政的角度出发，树立"功成不必在我"的正确政绩观，将地方债正式纳入官员考核目标。加强对政府债务状况的考核，把政府负债作为政绩考核的重要指标，强化任期内举债情况的考核、审计和责任追究，防止急于求成，盲目举债搞"政绩工程"。二是要从经济金融专业角度出发，建立集经济发展、公众的幸福指数、地方政府负债率等指标在内的政绩评价体系，将地方债务的形成和偿还情况与地方官员的考评和升迁挂钩，用"乌纱帽机制"甚至法律机制来抑制地方官员的借债冲动。

四　以商业银行审慎经营为导向，突出"新机制"

一是完善商业银行自身风险防控机制。从银行自身角度来看，应强化风险管理，首先，贷款银行要注重对项目本身的了解，审查公司项目的合法性，严格评估贷款风险保障实体经济的信贷投入来降低风险。其次，贷款银行要认真做好贷前调查，扎实做好贷后管理，确保资金合理利用到这些项目中。每一家银行都要本着一个多元化战略来发展，对银行本身的防控风险能力有很大的提高。二是完善建立融资平台公司的风险评价机制。在政府主导资源配置的体制下，银行等金融机构处于弱势地位，很难以市场的角度来评价地方融资平台的融资需求。建立信用评价机制可以从制度上间接地抑制政府过度融资的行为。信用评级可以对地方政府可承受的债务规模、财政收入的预期进行量化，在对地方融资平台公司评级的同时也为地方政府本身提供了决策参考。

五　扎实推进地方政府债券市场，突出"新主体"

一是在总结上海、浙江、广东等 10 省市试点地方政府债券自发自还的经验基础上，参照企业债务类融资工具有关规定，对于地方政府债券的信息披露、交易规则、偿付责任、违约追索等提出细化要求。同时，逐步放松对于地方政府发行债券的行政性管制，让地方政府自主选择发行券种、发行场所、定价机制和制订偿债计划。二是完善私人资本进入政府投资领域。政府可以把一些能够赢利的准经营性和公益性的项目通过特许权方式打包转让，吸引民间的资金进入。适当限制商业银行持有地方政府债券，积极引入银行体系外资金特别是来自个人投资者的资金，逐步建立和完善地方债券市场，形成"银行有限参与，市场梯度发展，群众积极监督"的地方政府债券发展机制。

六 完善城市建设投资金融方案，突出"新渠道"

一是通过资产证券化，实现基础设施产权向社会资本的转让。为此应建立基础设施的产权交易市场，完善地方政府投资项目的退出机制，以便于地方退出部分国有股权，盘活地方政府融资平台现有的资产，通过资产证券化等金融运作手段为新项目和在建项目筹集资金。二是设立城市基础设施投融资专营机构，或是在国有商业银行设立特别账户，封闭管理平台资金运用和偿债资产收益。三是以城镇化未来收益为支撑，积极探索多样化的市政项目发债模式。根据市政项目收益状况的不同，可以考虑项目收益债券（Revenue Obligations）、市政债券和资产证券化（ABS）公共部门—私人企业—合作模式（3P模式）等多种发债模式。四是继续推动汇率自由化和资本项目开放的进程，设立负面清单，以便利境外投资者参与地方政府债券市场。

七　以市场化引导融资平台，突出"新转型"

在政策变动的大环境下，除部分融资平台可能经清理而消失外，鉴于其已积累的大量资源和运作基础，大多数融资平台仍然具备继续存在的条件和意义，但必然面临转型。一是转型为市场化运作的国有企业，实现产权社会化。二是转型为专门项目的融资服务管理者，继续充当政府与市场中间人的角色。转型后的新机构与以往的融资平台将有明显区别，主要体现在债务责任的划分和偿债来源将更加清晰，业务边界也将受到严格限制。

社会公平正义

金融误区解读篇

当前，金融分配成为全球财富分配重要渠道。金融市场使资金能从富余方流向短缺方，从闲置方手中转移到那些能够将其投入生产性用途的人手中。通过这一过程，经济效率得到提高，从而推动经济发展。但金融市场不完全以及金融资源分配本身所具有的不平等性质是导致收入分配差距扩大的重要原因。

金融体系必须清楚自己为人民服务的性质，以及如何更好地为人民服务，应大力推进市场化和法治化，以在金融领域实现社会的公平正义。与此同时，金融也应当认识到为国家利益和执政目的服务的本质，警惕民粹主义和自由主义泛滥带来的对执政基础的侵蚀。在我国，公有制是党执政的基石，国家资本是经济基础与上层建筑的坚固纽带，这与公平正义非但不冲突，而且能够更好地为实现人民福祉、公众利益、社会公平服务。

因此，金融体系必须认识到自己的社会意义和历史责任，摆正"六个位置"：摆正所有制的位置，灵活机制管理的基础上，坚持以公有制为主的体制和所有制改革；摆正认识观的位置，不让民粹主义绑架金融，坚持国有资本的主导作用；摆正法治在金融中的位置，完善金融的法治化建设，促进经济增长，保证决不允许群众权益被侵害，促进市场的公开公平公正；摆正服务目标的位置，将金融机构为实体经济服务作为中心任务，并将金融服务导向更广泛的领域和人群，推动"普惠金融"的实现；摆正新力量在金融中的位置，推动互联网金融和民营银行作为金融新力量的健康发展，处理好创新和监管的关系，引导适度的监管方式，倡导良性互动和竞争效应，更好地为经济全局服务；摆正生态概念的位置，以有效的绿色金融助推经济转型，激发其发挥出更大作用，提高绿色金融的专业化水平，以创新引领发展，走一条有中国特色的、又快又好的发展之路。

第二十三章　摆正所有制的位置

十八届三中全会提出的"积极发展混合所有制经济"，已成为新一轮国资国企改革的重头戏。但目前对混合所有制改革的争议逐渐增多，"左"和"右"的分歧加剧，出现了一些误区，可能危及我国执政基础。事实上，在全球化经济中，所有制已超越了意识形态问题，成为一国政党掌握政权的物质基础。因此，在推进混合所有制改革的过程中，国家层面亟须厘清所有制与执政基础的关系，为改革提供理论基础、底线思维和顶层设计"三大支撑"，为国企改革指明方向。

第一节　混合所有制改革的"三大误区"

一　误区一：私有化是所有制改革的终极目标

随着所有制改革的推进，批判"国进民退"再度甚嚣尘上。混合所有制是产权主体多元化，本质即部分公有资产的私有化。不少人认为推进私有化能解决国企诸多弊病，是所有制改革的目标。私有化在所有制改革中对增强市场活力的作用毋庸置疑，但它不是市场化的保证，不是企业效用扩大化的必然手段，更不是所有制改革的最终目标。

一是国家资本已在不断后退。2012 年非公有制在国民生产总值中占比已超过 60%，公有制已降到 30% 左右。2004～2010 年，建、中、工、农四大商业银行相继完成了股份制改革，并在境内外资本市场上市，完成了由国有独资商业银行向国有控股上市银行的转变。改革目标应是共同做大市场和企业，应对全球化背景下外国跨国公司的挑战。单纯靠减少国有资本绝对值，使其市场比例下降，实质上是"只讲分好蛋糕，不讲做大蛋糕"的片面性认识。"国民共进"提高国际竞争力才是出路。

二是混合所有制早已成为金融企业日常运营方式的一部分，继续私有化进程应区别对待，关键是要看是否有利于持续扩大经济效应。截至 2012 年末，央企及其子企业中，混合所有制企业数占比接近 57%；央企资产总额 56%、净资产 70%、营业收入 62% 已在上市公司。四大国有控股银行不仅经营规模处于行业领先地位，主要微观效率指标也相当好。2013 年，四大国有控股银行平均净资产收益率（ROE）和平均总资产收益率（ROA）分别为 20.5% 和 1.34%；同期中国 8 家全国性股份制上市银行平均净资产收益率和平均总资产收益率分别为 20.8% 和 1.19%，基本持平。2013 年四大国有控股银行平均成本收入比为 31.0%，8 家全国性股份制上市银行平均为 31.9%，四大行略占优势。目前股权结构下的经营效益良好，以交行为例，财政部所持股份仅占总股本的 26.48%，再增加外资或其他资本比例，是否能使其效用更大化值得商榷。

二 误区二：国企改革就是所有制的改革

有人认为，国企改革就是所有制的改革，一味强调推动私有制经济，却忽略了完善现代企业制度，实质上是对改革精神的"一知半解、断章取义"。

一是混合所有制改革在中国正演变为"运动"。上海、广东等多个省市率先部署了国企改革路径，中石化等央企也公布混合所有制改革的推进措施。各地政府出现了行政手段强力介入，硬性规定企业该不该混合该怎么混，甚至有国企领导或行政官员出于"政绩"考虑，罔顾企业发展、无视市场需求，不设底线激进推进混合所有制改革。

二是国企改革是一项综合系统工程，混合所有制是国企改革的一种手段和方式。其目的是为经济发展提供助力，为国企增强活力，必须围绕企业为国家发展所负担的核心责任，并进行具体路线图的设计。单纯讨论"混合所有制"，是就手段讨论手段，是舍本逐末的举措。

三 误区三：公有制是中国金融缺乏活力的根本原因

有人认为，中国的国有金融体系根本搞不好，应该把它取消，其理解是"盲人摸象、以偏概全"。实际上，企业经营和市场活力的根本不是所有制问题。国企并非天然低效率的制度安排。金融机构股权结构中国有资本占比高低与其经营效率之间并没有显著的相关性。相反，国家资本虽然不再直接承担政策性任务，但仍然可通过市场化经营手段，在贯彻落实国家重要经济金融政策，推动国民经济稳健快速发展，促进经济结构调整和增长方式转型等方面发挥不可替代的作用。

一是国有资本在各国经济领域发挥引导作用。目前，美国电力、邮政、国土管理、运输、保险、医疗卫生都属于美国联邦政府管理的企业。德国实行所谓的"第三条道路"——社会

市场经济，政府按照市场原则，规范经济宏观秩序，同时通过直接投资，维护社会公共利益，实现基础设施建设、公共资源配置、产业导向等目标。德国的储蓄银行是政府所有机构，一般向中低收入者提供存款服务、发放抵押贷款和地方政府授权的贷款，并为中小企业提供从创建到成长，到开展国际业务的全程金融服务。目前，储蓄银行占德国整个银行业总资产的比重达到35%，并已成为约44%的德国企业的"主要银行"，在保持德国基层经济活力，促进宏观经济发展中，发挥着重要作用。新加坡国有企业是其国民经济有序和健康发展的基础，迄今在国民经济中占1/3强，并在各行业中引导私人资本投向。新加坡淡马锡控股公司是一家由新加坡财政部100%控股的投资公司，1974年成立至今的40年时间里，其投资组合总价值由3.54亿新元上升至2150亿新元，年均复合股东回报率达到16%，而在2003年以后的投资为淡马锡实现了20%的年化回报率。在可持续基础上，淡马锡向股东派息并基于所得盈利纳税，直接进入新加坡政府财政收入，为新加坡的腾飞做出了不可替代的贡献。

二是国有资本在国际竞争中发挥领军优势。当国家融合了资本，并充分运用市场理念，也能在全球市场打造优势竞争力。沙特基础工业公司是世界上赢利能力最强的化工企业之一，俄罗斯联邦储蓄银行有着欧洲第三大的市值，迪拜港口是世界第三大的港口运营商，阿联酋航空公司以每年20%的速度增长。这些国外的国有企业不仅在微观经营上显示了很高的效率，展示了强大的市场竞争力，而且它们在履行公共服务职能、促进国家发展战略实施等宏观政策层面，也发挥了不可替代的作用。

第二节　所有制改革误区引发"三大危及"

一　危及政权基础

（一）资本所有权更迭将丧失政权的物质基础

对于资本主义而言，民主选举的关键在于财团支持。资本选择决定政权归属。资本所有是获得政权的物质基础。我国是人民民主专政国家，其资本拥有方式就是公有制为主。两种机制差别只是在拥有资本、把握资本的方式上不同。过于依靠私有资本会削弱我党执政的物质基础。美国利用私有经济寡头对所谓的"不民主国家"实施"颜色革命"是惯用的手法。但美国本国政治明确禁止外国资本献金，以保证国家政治安全。

（二）战略行业被侵入导致国家主权被侵犯

当前混合所有制改革出现盲目性倾向，对战略性和涉及国家安全的行业界定模糊。例如，水务等表面非敏感但实系国家安全的行业已对外资开放，美欧公司大举进入我国水务市场，推动水的私有化和商品化。美国 IBM-Waterfund 公司在南京设立分公司，提供水系统风险管理解决方案并致力于水行业大数据开发，借此掌握我国核心水数据；法国威立雅水务公司、英国泰晤士水务公司通过高溢价收购中国水务公司，地方政府出于利益考虑大开绿灯，我国部分城市已丧失水权（拥有权和定价权）。水权是国家主权的一部分，水安全也是国家安全的重要组成部分，兰州水危机已凸显外资水务公司经营的弊端。近年来，包括美资、日资等外资不断加大进入我国粮食种子和流通领域

力度，通过参股等方式迂回渗透种子、粮食收购、仓储、加工和销售领域，影响我国粮食定权权和粮食市场主导权，危及我国粮食储备和粮食安全。

二 危及经济基础

（一）使国家财富有不确定性

国有资本和私有资本都担负着增加社会财富的功能和职责，但国有资本还有着保证国家财富积累的责任。私有资本虽可增强市场活力，积累社会财富，但对于国家财富的积累具有不确定性，其社会财富并不能完全等同于和转化为国家财富。若政治、经济形势恶化，私有资本可能外逃。缺少国有资本对国家财富的稳固性支撑，经济基础容易受损动摇。

（二）使国家市场有不稳定性

市场的把控在于对市场主体的把控。所以市场话语权往往掌握在资本份额最大者手上。美国常常通过利用国际组织收购他国国有资本，对一国市场的把控，进而对其经济、政治控制。如在1998年金融风暴期间，通过IMF所谓"救助"计划，印度尼西亚原有国有企业、金融机构和重要工业均被外国投资者控制。其间，印度尼西亚国内政治局势失控，市场混乱，经济崩溃。

（三）使国家宏观效率有不一致性

微观效率往往是宏观效率的基础。但企业微观效率与国家宏观效率既有一致性，也有差异性。当金融机构的发展脱离实体经济的需求时，就可能出现企业的微观效率与宏观效率相背离的情况。2008年金融危机全面爆发之前，美国很多金融机构为了追逐短期收益而忙于金融投机活动。包括雷曼兄弟等在内的许多金融机构一度赚得盆满钵满，业绩达到历史顶峰。然而，从整个宏观经济体系的角度看，这些金融机构高效地将社会资金引导到大批缺乏实际还款能力的次级按揭借款人手中，不仅没能满足实体经济的真实金融需求，反而催生了巨大的金融泡沫，并最终引发了最近半个世纪以来破坏力最大、影响最为深远的金融危机。很显然，这些金融机构在实现微观高效率的同时，在宏观效率上的表现却是非常糟糕的。

三　危及社会稳定

（一）煽动民粹主义，造成社会割裂

美国利用其舆论优势，不断唱衰中国国企。受其影响，一些中国草根组织也附和鼓吹"自由经济"和"私有化"，利用腐败和环保等问题通过互联网平台和新兴社交工具煽动民众反对国企，出现了在不少国企大型投资项目上当地民众"逢国企必反"不正常现象，让民意倒逼政府，以民意绑架国家，引发社会群体性事件甚至"街头革命"风险上升。

（二）急推全民持股，造成社会动荡

当前出现了公有制要落实全民持股的呼声。但此举将重蹈俄罗斯国有企业改制的失败：国企股份平均分配给公民，股东过于分散，管理难以操作，后被国外背景的财团和个人低价收购，形成垄断财阀，而后又把资本转移到了国外。这种"私有化"是对国民和国家双重的掠夺，引发社会动荡。

第三节　所有制改革亟须"三大支撑"

国企改革不是体制的问题，而是理顺机制的问题。所有制

改革应按照全面深化改革的总目标，在中国特色社会主义制度框架内推进国企现代企业制度建设，壮大民营资本，不犯颠覆性错误、不留历史性遗憾。

一 以厘清公有制地位为改革提供理论基础支撑

（一）明确所有制是政权的物质基础

政府对国家资本的掌控不仅是对国家财富，也是对一国市场、举国发展和国家政治执行力的把控基础。我国公有制为主体不只是意识形态问题，而是和军队等国家机器的掌控一样，是实实在在的权力基础，是执政党地位和国家安全的物质保障。

（二）明确资本所有制决定了市场话语权

资本掌控意味着市场掌握。中国改革的复杂性决定了经济体系需保持高度灵活性，需要政府对经济和市场有极大的掌控力。私有资本的逐利性注定其不易为国家掌控。公有制的资本所有人决定了执政党对于市场和社会的掌控权，才能设计改革的时间表和路线图，以国有经济为战略工具，不断根据时势作出调整，持续推进改革。

二 以强调把控能力为改革提供底线思维支撑

（一）牢牢把住不动摇公有制为主体的底线

发展混合所有制经济，产权底线十分关键。要坚持国有控股作为底线，保持政府对资本的绝对控制力，守住政治底线。可借鉴新加坡混合所有制改革的成功经验：混合所有制的国企一律实行政府控股，法律规定混合所有制的国企中至少要有30%的股本是由政府控制的，任何个人不得拥有超过5%的公司股权，外国投资者入股则不允许超过公司资产总值的15%。

这样就避免了私人尤其是外国投资者控制其国企。混合所有制改革不但没有减少政府在经济中的作用，反而加强了其干预和调控经济的能力。

（二）牢牢把住维护国家安全的底线

要树立总体国家安全观，避免单纯由经济主管部门划定混合所有制准入条件。建议在深改组和国安委的统筹协调下，重新定位新时期涉及国家安全和国民经济命脉行业范畴，设定混合所有制进入的负面清单管理，保留极少数、不宜混合的行业，增加新时期下对国家安全具有重要意义的新行业。

（三）牢牢把住所有制改革中"左"和"右"的底线

不能将公有制和私有制完全对立，既要避免完全否定混合所有制的极"左"趋向，也要反对激进推进混合所有制，进而最终实现私有化的极"右"趋向。要以国家安全为红线，以市场化为指导在"左右"底线中寻求平衡，不触红线，不出底线。

三 以"市场化"框架为改革提供顶层设计支撑

目前中国的改革已进入深水区，积极发展混合所有制，改革的总体设计至关重要，完全缺乏系统和标准的"一企一策"和"自下而上"的改革思路容易让改革陷入混乱。国家层面应做好顶层设计，以"市场化"为指引，从大框架上指明改革方向。

（一）明确界定混合所有制改革的领域

对非竞争性的国有企业包括基础设施、公用事业、生产特殊产品的特殊行业和非营利性福利事业等企业，应采取国营或国有控股的经营管理模式，以实现社会目标为主要经营目的；对竞争性的国有企业，应该把其改造成以营利为目的的公司制企业，完全参与市场竞争。

（二）建立政企分离的多层次管理系统

政府要尊重国企的企业职能，将企业推向市场，统筹"人权、事权、财权"的关系。建立政企分离的多层次管理系统，即政府部门、法定机构和控股公司的三层次结构。政府部门处于宏观管理者的地位；法定机构按经营战略制订计划，实施经营活动；控股公司实现具体目标。

（三）建立市场化的选拔人才制度

要以投资、财务、人事、营销管理为重点，完善企业管理制度，健全企业的用人机制，保证薪酬的合理激励。采用市场化、透明化的机制，使企业经营者的选拔和薪酬水平与国际接轨，以获得高素质的管理者和经营者足够的积极性。

（四）建立严格的监管制度

政府通过董事会监督企业经营管理和效益考核，以保证其完成资产增值的责任。同时国家监管企业的宏观经营责任，公开信息，辅以社会公共监督。

（五）建立完善的法律基础

对国有资产管理的框架体系、方式、方法、国有资产在整个经济生活中的法律地位，尤其是国有资产管理机构设置、职能，中央与地方管理机构之间、政府部门之间、政府部门与企业之间的责权关系做出明确的法律规范。

第二十四章　摆正法治化的位置

党的十八届四中全会明确指出"全面推进依法治国，总目标是建设中国特色社会主义法治体系，建设社会主义法治国家"。在中国共产党领导下，坚持中国特色社会主义制度，贯彻中国特色社会主义法治理论，形成完备的法律规范体系、高效的法治实施体系、严密的法治监督体系、有力的法治保障体系，形成完善的党内法规体系，坚持依法治国、依法执政、依法行政共同推进，坚持法治国家、法治政府、法治社会一体建设，实现科学立法、严格执法、公正司法、全民守法，促进国家治理体系和治理能力现代化。

金融的现代化就是金融法治体系和治理能力的现代化。金融作为现代经济的核心，已融入国家治理的方方面面。在金融社会和金融全球化的背景下，某种程度上，国家治理体系和治理能力现代化取决于金融的现代化。十八届四中全会提出，"全面推进依法治国是一个系统工程，是国家治理领域一场广泛而深刻的革命"。根据"依法治国"的理念，亟须进一步完备金融法律体系，完善金融治理体系。金融法治化要按照"一个整体""两个维度""三个平衡""三个路径"稳步推进。

"一个整体"是指将法治体系和法治治理作为一个整体。

"两个维度"是指将调整国内、国际金融关系作为两个维度。

"三个平衡"是指国内金融法治要达到"效率、安全、公

平"的平衡。

"三个路径"是指国际金融法治要遵循"积极参与"、"有效维权"、"服务战略"的路径。

第一节 "一个整体"
——金融法治的系统思维

从金融法律体系而言,金融法在中国是一门新兴的法学学科,它是随着金融业不断成为当地社会的特种行业,货币财产成为当地社会的独立财产,金融行为成为当地社会的特种行为,而不断发展和从其他学科独立出来的。金融法是相对独立的法学学科,具有相对独立的法学思想体系。

但同时,我们也要认识到,金融法除了承担经济发展引擎的功能外,还担负着实现社会资源公平配置、促进社会公平发展的社会功能。因此,金融法律体系除了运用经济学的方法和工具来研究法律问题外,还应该引入社会学的理念和方法,研究金融活动的社会效果,金融法律体系应该将实现社会利益作为维护金融市场秩序居于同等地位的价值取向,进一步强调金融公平。

另外,金融法律体系还要从政治学视角来研究金融法律问题,服务于国家政治安全、公共安全、经济安全和金融安全。十八届四中全会提出"依法治国"的总目标是建设中国特色社会主义法治体系,建设社会主义法治国家,强调党的领导是社会主义法治的根本保证。因此,中国的金融法治体系要为更好地维护党的执政地位这个根本目标服务。

从金融法治实施体系而言,法治是指通过实施和执行法律而实现对社会生活的治理,"法"制定之后,往往需要政府部门通过执法来实施"法律"。在金融领域，一项简单的交易行为，涉及的博弈主体远不止卖方和买方两者，更要牵涉到多方的利益，除了金融产品的提供者和消费者外，政府、同业竞争者、行业协会、大众传媒以及国外金融机构都可能牵涉其中。现代金融法治的根本要义之一就是在于，金融法治视金融秩序和金融效果的完成为一项系统工程，而非简单的"一乱一治"。因此，中国的金融法治实施体系不应仅仅是政府单方面实施金融治理的体系，而是包括了政府实施监管机制、金融消费者通过评价机制影响金融主体、金融行业协会自律机制、媒体发挥金融曝光机制、信息公开机制等"多元复合型治理机制"，避免单靠政府治理而陷入"金融管制—放松管制—金融危机—金融管制"的恶性循环。

从金融法治的范畴而言，金融法治既包括国内金融法制的完善，也包括参与国际金融法制的建设；既包括国内金融治理，也包括参与国际金融治理。经济全球化使得各种经济要素在全球范围内自由流动，使得以资金融通为核心的国际金融工具及金融关系的主体都获得了更大程度参与全球化的机会与动力。同时，经济全球化将金融市场逐一拆分，从而货币市场、资本市场和外汇市场都逐渐显现分开。因此，现代的金融法治要将国内、国际金融法治有机结合起来，互相促进。

第二节 "国内维度"
——金融法治的"三个平衡"

中国国内金融市场的发展虽取得了长足的进展，但仍面临着诸多问题和挑战。我国金融市场效率仍偏低，创新程度不够，

运作尚不规范，金融安全仍有待加强。另外，我国金融市场存在着发展不平衡问题，金融资源在行业、地区之间配置失衡，收入差距不断扩大，社会财富分配不公导致的社会矛盾日益凸显，金融发展支持收入分配合理化的效应不明显。因此，需要通过完善金融法治来达到"三个平衡"的价值目标。

一　金融效率、金融安全和金融公平构成金融法治的三大价值目标

金融效率是金融市场发展的灵魂，金融法律要维护和促进金融效率以实现金融增长。金融产业是当今社会的主导型产业，没有整个金融产业效率的总体提高，也难以有整个社会经济效率的提高。规范金融市场的交易行为，促进金融创新，积极发挥法治对金融发展的促进作用，使金融效益最大化。

金融安全是金融法律的价值取向。金融业经营的货币和货币衍生财产本身具有高流通性和价值变化的高风险性。金融业的经营方式具有高风险性，普通产业主要以自有资金为基础从事经营活动，金融产业主要是以融入资金为基础进行经营活动，其自身还是整个社会资金流通与融通的中心，使金融业面临其他产业不具有的巨大系统风险，容易波及整个社会。

金融法治就要强调金融交易的安全，又要关注金融系统的安全。加强金融监管，防范金融风险，维护金融业的安全和稳定，是金融业健康发展的重要标志，是金融监管当局的重要目标，也是各国和各地区金融法一直的价值追求。

金融公平是指在金融活动中，各类主体不因自身经济实力、所有权性质、地域和行业等因素而受到差别对待，能够公平参与金融活动，机会均等地分享金融资源，形成合理有序的金融秩序，并通过金融市场实现社会整体利益的最大化。包括金融交易的公平、金融福利分享的公平和金融资源配置的公平。

但是金融安全和金融效率是金融法的经济功能，存在先天的矛盾。强调金融安全，必须要求对金融市场进行管制，这就导致了金融市场主体的积极性和创造性受到束缚，同时增加了交易的成本，导致金融效率降低；强调金融效率，必然会弱化对于市场的监管和控制，易产生市场失灵的情况，导致金融市场主体滥用金融创新，危及金融市场的安全。而金融公平则体现了金融法的社会功能，能有效平衡金融效率和金融安全之间的矛盾，实现良性互动。

二 实现"三个平衡"的金融法治改革路径

（一）改革和完善金融机构配置

一是改革金融服务市场准入制度，逐步放宽金融特许制度，允许和规范各类主体进入金融市场。逐步将非正规金融正规化并纳入监管。通过金融机构的多元化，引入竞争机制，增强市场活力，建立良好的市场竞争秩序，进一步提高效率。二是培育和发展政策性金融机构，提升金融服务深度，加强政策性金融立法，规范政策性金融机构的经营活动，明确其市场功能定位，使其在政策法律框架内有效弥补市场缺陷，发挥其社会作用。三是加强农村金融改革，加大对"三农"金融的扶持力度，进一步鼓励和扶持农村金融机构的设立。四是引导民间资本进入微型金融领域，满足资本多元化要求，从制度层面畅通民间资本进入正规金融的途径，完善民间金融与地方中小型金融机构的对接。

（二）改革和完善金融工具安排

要充分发挥金融市场工具和政策工具的积极作用。对市场

工具，要充分发挥市场交易功能的同时加强监管，鼓励和规范金融创新，审慎监管金融衍生工具的设计和定价，使之在公平交易的原则下促进金融效率的提高。对政策工具，要引导金融市场健康发展。稳步推进利率市场化改革，解决利率倒挂问题，使得存款人公平享受金融福利。要稳步推进汇率形成机制，避免人民币过快升值造成的财富损失。要规范人民币发行机制，避免滥发纸币造成货币贬值和人民币购买力下降。改革外汇管理制度，通过"藏汇于民"使社会公众享有外汇财富。要通过"再贴现""再贷款"等政策工具，扶持中小金融机构发展。

（三）改革和完善金融市场体系

金融市场体系的完善需要通过金融法律从市场发展的全局出发。一是要建立和完善多层次资本市场，并探索对不同层次市场的监管机制。二是要加强金融消费者权益的保护，进一步强化对金融消费者的倾向性保护，减轻和消除市场信息不对称，增强市场的有效性。加强金融消费者保护的立法工作，探索金融消费者权益通过司法救济的途径和模式。三是打破城乡二元金融结构，实现金融资源配置区域均衡，进一步加大金融基础设施的建设，引导金融机构向弱势产业、落后地区和弱势群体提供金融服务。

第三节 "国际维度"
——金融法治的"三个路径"

随着金融全球化在经济全球化中的地位进一步加强，国与国之间的经济联系从直接投资为特征转为金融投资为主。因此，国际经济法的中心也开始向国际金融法转移。国际金融法为国际货币金融体系制定了明确的规则，在全球经济生活中调整和规制着经济运作。因此，掌握国际金融法律立法和实施的主导权，也就掌握了国际金融话语权。当前，国际金融法治的主导权仍掌握在美国手中，但随着中国经济金融国际影响力的不断上升，新兴国家对参与国际金融治理，改变国际金融旧秩序的意愿不断加强。参与和增加在国际金融法治体系中的话语权成为中国大国经略的必经路径。

一　积极参与

一是积极参与国际金融法律体系的建设。进一步参与维护国际金融秩序法律体系的建设；进一步参与应对国际金融危机法律应对机制的建设；进一步参与加强国际金融监管法律体系的建设。二是积极参与 IMF 的改革。力争人民币进入 SDR 的篮子，支持 IMF 和联合国有关改革国际货币体系的新的 SDR 方案等议案。三是积极参与 G20 等为平台的国际金融治理体系建设，依托金砖国家合作机制，形成新兴国家国际金融治理的有效合力。

二　有效维权

一是增强在国际金融法治中的话语权，加大对 IMF、世界银行等国际金融秩序主导权的投入，为争取有利于我国金融国际经略创造良好的国际环境。二是通过金砖国家开发银行、亚洲基础设施投资银行、上合组织开发银行，确立"以我为主""有效控制"的原则，增强在国际金融法治新体系中的话语权，有效反制美国操纵 IMF 和世界银行限制我国国际金融治理参与权的企图。三是"有限参与"美国主导的后金融危机时代"金融监管"统一标准，为我国金融国际化赢得空间。

三　服务战略

一是服务于国内经济建设和金融稳定的战略。要通过参与国际金融法治的制定权和扩大国际金融法治的话语权，为中国国内经济建设和金融稳定争取更好的发展环境，为我国金融体制改革赢得战略空间，有效维护国内经济金融安全。二是服务于人民币国际化的战略。要通过参与 IMF 改革和建立对我国有利的国际金融治理新秩序，打破美元霸权的地位，为人民币国际化创造良好的国际环境。三是服务于增强国际经略能力的战略。要将重塑国际金融治理秩序与我国国际经略相结合，使国际金融新规则有利于我国海外利益的拓展。

第四节　金融法治
——"三个加快"

近年来，各国都在总结金融危机教训的基础上加大金融立法和修法力度。金融业的日新月异、金融市场的瞬息万变，令现行法律体系出现一些未能覆盖但又亟须法制保障的立法盲区。由于中国各类金融大法的立法和修改周期过长，各类监管机构只能根据创新的要求，采取临时制度和政策对原有法律打补丁的方式来应对。面对可能到来的金融危机，我国还有许多监管与立法的空白之处，如果不加以及时弥补，将无法从容应对金融危机给中国带来的后续、深远的影响。

因此，要进一步加快立法和修法进度，积极规范科学完备的法规体系，通过废除、修改、补充和制定等手段，及时对现有的金融监管法律、法规和规章等进行清理和重建：通过《金融法》加强整个金融法律的顶层设计，将整个金融系统作为互相联系的有机体并对其进行调整；通过《金融稳定法》加强金融稳定的长效机制，使国家在紧急状况下能调动有效力量维持金融稳定；通过《金融消费者权益保护法》来平衡金融机构和金融消费者的不平等地位，有效维护消费者权益。

一　加快出台金融的根本大法——《金融法》

随着金融创新的发展，各类金融机构之间、不同金融工具之间的交叉程度会越来越高。为此，建议将现有的《中国人民银行法》《银行业监督管理法》《商业银行法》《保险法》《证券投资基金法》《信托法》等金融部门法，调整为统一的根本法《金融法》，将整个金融业的运行作为根本法的调整对象，形成内在的系统、逻辑法律框架，为整个金融行业的运作提供完整的行为规范的同时，推动包括综合经营在内的金融创新。

二　加快出台《金融稳定法》

（一）金融稳定对国家经济安全的重要性

金融稳定影响着一个国家的经济安全。在全球化、信息化和互联网化的今天，瞬息万变的国内外金融形势令金融稳定面临着新挑战和潜在风险。从国内来看，中国的银行、证券、保险三大行业高速发展的同时也有一定的隐患。中国的金融体系仍以间接融资为主，直接融资的比重虽然不断增加，但大量的债券实际拥有者还是商业银行，风险从没有从银行体系中得到充分的转移和释放。一旦遭遇经济的下行期，或面临着产业结构调整，银行的资产质量就会受到考验。从国际看，在全球经济一体化的背景下，全球的经济金融政策的秩序调整也会对中

国的金融稳定造成影响和冲击。美国数次量化宽松政策的推出和退出，欧债危机、日本汇率战都影响着中国外汇储备的安全和金融稳定。

（二）加快出台《金融稳定法》的必要性

目前中国已建立的金融法律法规由于制定历史时间不同，适用范围不同，不可避免存在一定冲突，对金融危机的处置缺乏可操作性。因此，总结历次金融危机中各国以及国际合作方面稳定金融市场的有力举措，吸收与借鉴其宝贵经验基础上，在中国出台一部稳定金融市场的"大宪章"，以法律为基石抵御金融危机势在必行。当前我国的立法和监管机构应特别关注金融业所面对的不同内外风险，对内严格控制金融改革伴生的各类风险传染，对外控制金融业开放的范围和节奏，防止国外金融危机对我国金融体系的冲击。

（三）《金融稳定法》的立法角度

要强化危害我国金融安全行为的法条规定，对国际国内威胁我国金融信息安全、金融网络安全以及利用金融工具威胁国家安全的行为进行规范，有效维护我国金融稳定和金融安全；加快研究识别危及我国金融稳定的各类风险；促进金融市场的自我约束，降低对政府救助的期待和道德风险；有效应对危及我国金融体系稳定的各类新风险；建立金融稳定的预警、应急机制；从传统的机构监管为主，向功能监管与机构监管结合的方向转变；强化现有监管机构在维护金融稳定、进行宏观审慎监管方面的职责。

三　加快出台《金融消费者权益保护法》

加强资本市场法治建设，强化监管和执法，保护投资者特别是中小投资者合法权益，夯实公平正义的市场基础。与银行体系相比，资本市场资源配置的方式更加市场化，信息的传播和扩散范围更加广泛，决策主体更加分散化，因而对法治和诚信的要求更高。如果没有有效规则，或者规则得不到遵守，逐利的资本就会冲破诚信的底线，轻则导致市场萎缩和停滞，重则滋生和传导风险，危及经济运行和社会稳定。目前一些金融机构在经营中存在诸多问题：对一些理财产品在宣传上夸大收益，避谈风险，故意将非保本产品说成保本产品，将预计收益当固定收益；使用"掉包计"，即在金融消费者不知情的情况下，将保险产品当成存款变相强迫客户接受，金融消费者相对于金融机构处于弱势地位。

我国涉及金融消费者权益保护的相关立法零散地分布在《民法通则》《消费者权益保护法》和一些金融法律法规中，且没有实现系统对金融消费者权益的保护。国家立法部门加强关于消费者权益保护的立法，在2014年3月实施的新版《消费者权益保护法》将金融消费首次列入其中，但仍显单薄。因此应当进一步推动法制建设，按照特别法优于一般法的原则，加快保护金融消费者权益相关法律的出台，建立专门金融消费者保护机构和行业自律机制，实现有效的部门监管和消费者教育，使金融消费者的知情权、隐私权、公平交易权、受教育权等权利得到充分的保护，形成系统化的法律框架，有效促进金融市场健康高速发展。

第二十五章　摆正认识观的位置

《周易》有言："乱之所生也，则言语以为阶。"失真的言论，往往体现了认识观的错误，会成为经济、金融和社会混乱滋生的根源。当前社会流传着一些貌似针对金融的无稽之谈，其立意实际上是弱化国家资本在金融运行中的支撑作用，矮化国家在经济发展中的领导地位，丑化政府在国家治理中的支柱形象，从而动摇所有制的公有基础，进而侵蚀党的执政基础。围绕一些当前社会上流行的荒谬问题进行理性分析，有利于客观厘清银行和实体经济的共生关系，探析银行更好地服务实体经济的方式方法，并防止错误认识观背后的民粹主义等对中国国家金融安全带来潜在危险。

第一节　全社会都在给银行打工吗？

"全社会都在给银行打工"论者认为中国银行业"吸血"实体经济，全社会辛勤劳动积累的财富都通过高利差被银行吸走了。这言论有违事实。实事求是地回顾中国经济改革开放以来的发展历程，银行业始终是服务实体经济的主力军，发挥了资金融通、助力经济增长和企业成长的核心作用。从长期关系来看，是银行一直在服务实体经济，而非实体经济在给银行打工。

一 利差收入成为银行盈利的主要来源是正常现象

回顾全球银行业诞生、发展和演进的历程，社会融资中介一直是银行重要的和核心的功能所在，存贷款则是银行最为本源和最为基础的业务，因此利差收入是银行盈利的主要来源。当然，随着经济的转型升级，商业银行应实体经济的需求，在传统的资金融通业务之外，开发出资产管理、资产托管、投资银行、企业年金、私人银行、贵金属等一系列新的金融产品、工具与业务，盈利来源更趋多元化。

二 利差收入占比相对较高，是特殊政策背景下的客观现象

与国外同业相比，由于中国实施的是较为严格的分业经营，银行业务创新的空间十分有限，因而利差收入的占比相对较高。在国际大银行中，保险业务收益和投资收益在盈利结构中占有很大的比重，但中国银行业受牌照所限，只有少数银行旗下设有保险公司，且均为刚刚起步；银行投资的领域也较为狭窄，仅限于国债、短期融资券、中期票据等低风险的产品，难以实现增加收益和风险分散的目的。因此，盈利来源也相对单一。

三 中国企业银行融资成本并不高

与名义存贷款利差相比，银行的净利息收益率（NIM）在评价企业融资成本方面更为客观和科学。从长期看，受名义存贷利差收窄影响，中国商业银行 NIM 的平均水平总体上

趋向下降，与国际同业相比也处于较低水平。根据世界银行2014 年发布的统计数据，2011 年，中国银行业 NIM 为2.86%，不仅低于全球 4.19% 的平均水平，也低于低收入国家、中等收入国家和中高收入国家 6.44%、4.76% 和 4.35%的平均水平。

四 改革使竞争进一步激烈

随着中国银行业竞争程度的增强，中国企业可以完全自主地选择金融服务提供商，任何一家银行在制定金融产品价格时必然面临"量"与"价"，"利"与客户关系之间的博弈与权衡。因此，任何一家银行都不具备市场价格的主导权，不可能以高定价的方式去挤占企业利润。

值得强调的是，继银行间市场利率、国债和政策性金融债发行利率、贴现利率和转贴现利率市场化定价之后，中国利率市场化改革终于触及存贷款基准利率这一最关键的层面，中国银行业利差水平未来还将处于下降通道。

第二节 银行是靠垄断经营吗？

垄断和竞争并不是非此即彼的概念。在现实中，完全竞争市场和完全垄断市场均极少见，多数为垄断竞争市场。很多人把存在一些垄断特征误解成完全垄断，一开始就掉入了概念误区。从本质上讲，产业集聚是商品经济的必然规律，不论人们是否喜欢，资本都会通过集聚走向集中。特别近 30 年来，金融业务范畴不断延伸，全球银行业的集聚趋势进一步加快，这是一种客观规律。经济学界对垄断程度的测量包含三个维度，即银行业服务的可选择性，银行业的集中度，以及银行业的竞争程度[1]。

一　中国银行业服务具有广泛的可选择性

判断银行业是否存在垄断的一个重要标准，就是其提供的服务是否具有可选择性。从中国实际情况看，银行业金融机构数量众多、从业人员充足，为中国金融消费者提供了大量的选择余地。

根据中国银监会的数据，截至 2013 年末，中国银行业金融机构共有法人机构 3949 家，从业人员 355 万人。包括 2 家政策性银行及国家开发银行、5 家大型商业银行、12 股份制商业银行、145 家城市商业银行、468 家农村商业银行、122 家农村合作银行、1803 家农村信用社、1 家邮政储蓄银行、4 家金融资产管理公司、42 家外资法人金融机构、1 家中德住房储蓄银行、68 家信托公司、176 家企业集团财务公司、23 家金融租赁公司、5 家货币经纪公司、17 家汽车金融公司、4 家消费金融公司、987 家村镇银行、14 家贷款公司，以及 49 家农村资金互助社。

从实际情况看，经过 30 多年的改革开放，中国银行业改变了成长初期集中度较高的状况，逐步形成了多层次、宽覆盖的银行体系；从国际对比看，2013 年，经历过百年发展的美国银行业拥有 5876 家机构，中国银行业从机构数量上就已经超过了

---

[1]　本节参考了百度和维基百科的"垄断"词条，以及以下论文：贺力平《中国银行业经营格局的现状与前景》，樊志刚、钱金叶、杨飞《透视银行盈利高增长》，陈忠斌、冯伟东《拨开银行垄断争论的迷雾——从经济学角度考察银行业垄断问题》，沈洪博《银行业垄断是个伪命题》，杨大光《试析银行垄断与银行规模经济》等。

美国的一半。美国银行业从业人数则是 193 万人，远少于中国的 355 万人；从服务可选择性看，中国银行业和美国银行业差距不大，客户可以完全自主地选择金融服务提供商。而经过多年的改革、竞争和转型，中国银行业也逐步摆脱了"同质化"现象，开展差异化定位、竞争和定价，给客户提供了更多的选择。

二　中国银行业的集中度明显低于世界平均水平

银行业是否存在明显的垄断，另一个重要的判断依据是市场集中度高不高，即整个银行业的资产是不是集中在少数几家手里。世界银行的金融数据库根据 Bankscope[①]，提供了银行资产规模占全部银行业资产的比例来说明这个问题。

（一）前五大银行资产规模占全部银行业资产的比例

2011 年，这个数据的全球平均水平是 81.1%，较 2006 年下降了 1.58 个百分点。其中，中高收入国家、中等收入和低收入国家的平均水平则分别为 75.64%、76.04% 和 87.26%，说明收入水平越高的国家，银行业集中度反而越低。这也符合常识判断，一般而言，高收入国家银行业发展更为健全，行业竞争也相对更为激烈。从绝对水平看，中国的这一指标为 68.03%，明显低于世界平均水平，也低于中高收入国家的平均水平。分国别看，发达经济体里，欧元区、英国、德国和法国

---

① Bankscope，即全球银行与金融机构分析库，是欧洲金融信息服务商 Bureauvan Dijk（BvD）与银行业权威评级机构 Fitch Ratings（惠誉）合作开发的银行业信息库。它详细提供了全球 12800 多家主要银行（1673 家北美银行、9700 家其他各国银行）及世界重要金融机构与组织的经营与信用分析数据。Bankscope 是当今全球银行业最具权威性的分析库。

的该指标分别为 90.36%、76.69%、85.62% 和 76.22%，大幅
高于中国，美国和日本的该指标分别为 47.01% 和 57.73%，略
低于中国。新兴市场金砖国家里，巴西的该指标为 73.54%，
高于中国，俄罗斯和印度分别为 41.2% 和 39.52%，低于中国。
值得强调的是，截至 2014 年 5 月，世界银行的数据库只提供了
2011 年的数据，而根据中国银监会的最新数据，2013 年第四季
度，中国五家大型银行资产占全行业的比例为 43.34%，已经
低于或接近美国、日本和俄罗斯等国家的水平。而且，从相对
变化看，2006～2011 年，中国该指标下降了 8.86 个百分点，在
全部重要经济体里，是下降幅度最大的，而美国的该指标同期
还上升了 5.49 个百分点。事实表明，中国银行业集中度的绝对
水平并不高，相对改善幅度更是排在全球前列，说中国银行业
"垄断"不符合实际。

（二）前三大银行资产规模占全部银行业资产的比例

这组数据反映的事实基本和前五大银行的占比数据一样。
2011 年，中国的该指标为 50.8%，大幅低于全球 71.23% 的平
均水平，而且低于所有欧洲国家的水平，在重要国家里，仅略
高于美国、日本、印度和俄罗斯的水平。而且从相对变化看，
2006～2011 年，中国的该指标下降了 19.33 个百分点，下降幅
度高于其他所有主要经济体。这组数据同样说明，中国银行业
集中度并不高，在全球范围内处于较低水平，而且集中度的下
降速度很快、幅度很大。

三 中国银行业的竞争程度明显高于世界平均水平

严格来说，资产集中度只是间接反映了行业结构，更能说
明是否存在垄断的数据，是行业竞争程度。经济学的发展为测

算银行业的竞争程度创造了可能，目前比较成熟的测算方法是Panzar-Rosse 模型。该模型由 Panzar 和 Rosse 提出，属于非结构化的分析方法，也称为 H 统计法。模型的假设前提是银行将根据不同市场结构决定的投入成本来制定不同的定价策略，因而，通过对银行总收益与投入成本变动弹性的分析可以判断出银行所处的市场结构类型。

简单地说，就是用一个 H 统计值来判断银行业的竞争程度，这个 H 统计值处于 0 到 1 之间，数值越大，竞争程度越高。0 代表完全垄断，1 代表自由竞争，真实世界的 H 统计值一般是在 0 到 1 之间，再次表明，垄断是一个"相对概念"，现实中很少有绝对的垄断，也几乎没有完全的自由竞争，每个国家的银行业都是处于"垄断竞争"的一种中间状态，只不过，各国的垄断程度，或者说竞争程度略有不同。世界银行基于Bankscope，提供了一组各国银行业 H 统计值数据。

一般而言，一个行业的集中度越高，竞争程度可能就越低。但这只是一种理论上的推理，事实上，集中度和竞争程度之间，并没有必然的联系，例如，银行业集中度较高的欧洲，竞争程度却很高；银行业集中度较低的几个国家里，美国、印度和日本的竞争程度也都不高。而非常难得的是，作为一个银行业集中度不高的国家，中国银行业的竞争程度却较高。

根据世界银行的数据，2011 年，中国的 H 统计值为 0.79，而世界平均水平只有 0.639。分国别看，中国银行业的竞争程度在主要国家里是最高的之一，美国是 0.543，德国、法国、英国分别是 0.719、0.533、0.623，印度、巴西和俄罗斯是0.591、0.741 和 0.82。这组数据表明，即从全球范围看，中国银行业竞争实际上也是非常激烈的。

第三节 看清银行的真面目

细致分析中国经济与金融的脱节，包括企业发展遇冷、中小企业融资难和资产价格泡沫形成等问题，中国银行业不仅不是罪魁祸首，反而在其中发挥了重要的积极作用。

一 中国银行业是服务实体经济的主力军

中国银行业发展改革的历程就是支持实体经济发展的历史。

（一）银行一直是国家经济建设资金的主要提供者

在中国 30 多年快速推进工业化和现代化建设的进程中，银行一直提供国家经济建设资金，成为架接实体经济和社会闲散资金的重要桥梁。统计数据显示，1979～2013 年，中国金融机构各项贷款余额从 1890 亿元增至 68.08 万亿元，占 GDP 的比重从 1979 年的 46.53% 提高到 2013 年的 119.69%。总体来看，35 年间，银行信贷余额每增加 1 个百分点，可推动 GDP 总量增加 0.9 个百分点。近年来随着资本市场发展，银行资金在社会融资体系中的比重有所下降，但是在 2013 年 12.53 万亿元的融资总量中，新增人民币贷款占比仍高达 51.4%，依然是推动中国经济平稳快速增长的重要力量。

（二）中国银行业也是中国实体经济转型改革的重要推动者

从支持电力、交通等基础设施建设和能源、重化工等传统行业以推动国家快速工业化进程，到开辟"信贷蓝海"，支持符合新时期可持续发展战略要求的先进制造业、现代服务业、文化产业和战略性新兴产业，商业银行信贷行业结构调整的方向始终与中国产业结构升级优化的阶段性要求相吻

合。从响应国家沿海改革开放政策，积极支持长三角、珠三角和环渤海等地区改革先行先试，到配合国家"西部开发"、"中部崛起"和"东北振兴"的区域协调发展政策，不断加大对中西部、东北地区的金融支持力度，商业银行区域发展结构调整的轨迹也一直与中国区域经济改革脉络高度一致。

（三）银行的金融创新推动了实体经济运行模式的改革和升级

中国银行业已经成为信息技术应用最广泛和最深入的领域之一，银行业务管理体系的信息化发展，有力地推动了实体经济商业模式的转变，从POS消费、网上支付到手机银行，支付方式的变化不但为客户提供了更加便捷的金融服务，而且有力地推动着电子商务的迅猛发展，B2C、C2C、B2B正悄然改变着传统的采购、营销甚至生产模式，催生出第三方物流、第三方支付等新兴业态。

（四）创新支持实体经济进一步发展

中国银行业不断深化丰富金融服务的内涵和外延，创新支持实体经济进一步发展。银行业对实体经济的服务形式不仅仅是资金支持，尤其是近年来，随着经济复杂化、知识化、信息化程度日益提高，广大客户对传统信贷之外的其他金融服务需求急剧提升。中国各家商业银行积极顺应客户需求变化，不断深化金融服务内涵，着力改进客户服务体验，积极研发新的金融产品和工具，推动银行卡、电子银行、资产托管、投资银行、企业年金、私人银行、贵金属等新兴业务实现跨越式发展，为不同的客户提供了更加多元的业务选择和更加便捷的一站式服务。

二 经济与金融的脱节不应归罪于银行

(一) 企业发展遇冷不应归罪于银行

近年来，中国经济增长速度开始放缓，企业在发展过程中也遇到了一些困难，有人将企业发展遇冷归罪于银行，认为银行的快速发展透支了实体企业的成长动能。这种将实体企业与商业银行对立的论调是错误的。银行和企业都是实体经济重要的组成部分，它们在物质和精神产品的生产、分配、交换和消费中发挥的作用不同。银行提供的金融产品和服务，降低了企业的交易成本，提高了企业的运营效率，也理应从中分享企业成长的红利，这是"双赢"的过程。

财务费用是企业为筹集生产经营所需资金等而发生的筹资费用，因而是从企业端出发来衡量财务负担的一个重要依据。分析表明，10 年间，企业财务负担不断降低，对银行挤占企业利润的质疑没有现实根据。因此企业遇冷，"过"不在银行[①]。企业的发展离不开银行，这不仅体现银行贷款对企业生产和销售等活动的支持，银行的中间业务（比如支付结算、代理、担保承诺、顾问咨询等业务）还可凭借其专业的人才、技术、信

---

① 考察的样本是 40 个工业大类的经营数据。三项指标均降低：一是财务费用/负债。财务费用在一定程度上可以看作企业负债的价格，10 年间，工业企业为百元负债所支付的价格从 2.37 元减少到了 1.95 元，节约了 0.42 元。二是财务费用/各项成本。成本和费用都是企业收入的扣减项。2001 年以来，工业企业财务费用在各项成本中的比例的峰值为 2.04%，可见财务费用本身并没有对企业构成明显的负担。并且财务费用在各项成本中的占比是明显下降的，到 2012 年仅为 1.25%。三是财务费用/销售收入。因为财务费用可被视为企业为销售活动间接支付的成本，因此财务费用/销售收入就可理解为企业为获取单位收入所需支付的资金费用。10 年来，这一比例从 2.12% 到 1.32%，同样呈现了明显下降的趋势。

息、机构等优势，帮助企业解决生产、分配、交换、消费各环节中因信息不对称所带来的摩擦与障碍，从而提高企业的经营效率。与此同时，企业也是银行存在的基础，作为银行的主要客户，企业为银行提供了业务发展的空间和金融创新的动力。

（二）中小企业融资难、融资贵不应归罪于银行

中国中小企业融资难、融资贵问题一直较为突出，但症结不在国内大型银行。大型商业银行近年来对中小企业融资的重视程度和支持力度均在不断扩大。银行对小企业贷款的资本占用仅为大企业的二分之一，在资本约束不断增强的背景下，支持中小企业发展已成为大型银行实现资本节约型可持续发展的重要途径和战略选择。据测算，目前中国四大行中小企业贷款客户已经占到全部中小企业总数的 20% 左右。以工行为例，2009～2013 年，小微企业信贷余额从 2416 亿元提高至 18698 亿元，年均复合增长率高达 66.8%，占全部贷款余额的 20.4%。显然，关于大型银行"重大轻小"的说法是缺乏依据的。

但必须正视，中小企业有其复杂性，很多甚至没有完整的财务信息和有效抵押担保，难以达到银行现行资信评价的标准。相配套的社会信用担保体系也还需要不断完善。在各项条件基本成熟之前，盲目降低信贷准入门槛，无异于拿存款人的利益去冒险。此外，对于中小企业融资贵也应客观分析。对中小企业贷款，银行上浮利率只是为额外风险收取溢价，抵补可能的预期损失。

其实，由于大行资金成本更低，风险控制能力和定价能力更强，其对中小企业的贷款定价是更有竞争力和更加合理的，例如江浙地区几家大行对于中小企业贷款利率的上浮幅度一般在 30% 左右，中小企业普遍能接受。相对照的是民间融资的天

价利率，浙江、内蒙古等民间金融发达的地区，月息6分（折合年利率72%）、7分（折合年利率84%）很普遍，甚至部分地区月息达到了2角（折合年利率240%）。

（三）资产价格泡沫的形成不应归罪于银行

近年来，中国资产价格不断高企，甚至呈现出一定的泡沫特征，很多人认为中国银行业的海量信贷资金是资产价格的最大推手。这也是错误的。国内大型商业银行虽拥有庞大资金规模，但不具有助力投机交易的动机和可能。

一是法律法规首先对银行信贷资金向投机领域流动进行了严格管束，明令禁止理财资金投资于境内二级市场公开交易的股票或与之相关的证券投资基金①。

二是近年来中国大型银行不断强化信贷风险控制，有效扼制了银行与投机市场之间的资金流通。通过强化资金用途监测，创新业务方式，大型银行在确保流动资金贷款真实交易背景的同时，严格控制流动资金贷款增长。2006年1月至2014年10月，中国金融机构短期贷款占比下降了5.86个百分点，银行信贷资金不可能是市场"快钱"的主要来源。

三是银行对房地产总体坚持了审慎放贷原则。近年来商业银行对于个人住房贷款的投放主要用于满足居民基础住房需求，大型商业银行个人住房按揭贷款存量中，80%左右是首套房贷款，2011年以来发放的按揭贷款中95%以上是首套房贷款。银行对房地产开发贷款，大部分银行实行了严格的名单制管理，

---

① 2006年银监会发布《严格禁止任何企业和个人挪用银行信贷资金直接或间接进入股市》，2007年银监会发布《关于进一步加强商业银行个人理财业务投资管理有关问题的通知》。

严格限制利用银行资金炒房炒地的行为，2009 年以来，开发商土地评估价值的抵押贷款率已由 60% ~ 70% 大幅下降至 50% 左右。

四是炒作乱象的始作俑者实际上主要是游离于正规金融体系之外的民间游资。金融稳定委员会（FSB）的报告显示，2013 年，中国影子银行继续快速增长，资产规模同比增长超 37%，总额接近 3 万亿美元，排名世界第三，仅次于美国和英国。为追逐高额收益，数额庞大的民间资金以"邀会""地下钱庄"或非法集资等形式集聚，并投向股市、房市、贵金属、大宗商品等虚拟交易市场，甚至炒买炒卖生活必需品，催生资产价格泡沫，扰乱正常社会经济秩序，东阳"吴英案"、常熟"跑路女老板"等不过是民间金融乱象的冰山一角。非正规金融游离于监管体系之外，且难于统计监测，"不着痕迹"地制造了资产泡沫，而银行特别是大型商业银行充当了"替罪羊"的角色。

第四节　别让民粹主义绑架金融

将中国经济发展中碰到的一些问题全部"归罪"于银行，这实际上是为了混淆视听、扰乱中国金融秩序。这种论调发展到极致，甚至被少数人炒作为"倒逼说""革命论"等极端形式，金融民粹主义的危险倾向骤然显现，给中国国家金融安全、社会稳定，乃至政治稳定带来了挑战。金融是经济增长重要的动力来源，但不可否认的是，金融也是一个高风险的行业，并且与其他风险相比，金融风险的传播性和蔓延性更为突出，甚至可能引发经济危机、社会动荡和政权更迭。正是基于这个原因，任何一个金融机构都必须以稳健作为其经营的第一要义，而任何一个国家，即使是高度市场化的欧美等国，对金融行业的政府监管较之其他部门也都更为严格。

一 警惕辩证认识金融民粹主义

（一）金融民粹主义旨在制造金融市场混乱

"打工论""垄断论"甚至"倒逼论""革命论"本质上都是金融民粹主义的一种表现，居心叵测者试图通过煽动性的言论，激起民众与银行的对抗情绪。必须清楚地认识到，金融民粹主义十分危险，少部分人利用民众对银行专业知识的匮乏和对时政存在的一些不满情绪，大肆炒作各种"论"，诋毁国有商业银行，引发社会民众对中国国有银行非理性的抨击，实则是想动摇中国国有商业银行的主心骨地位，刻意制造金融混乱，并从混乱中牟取商业利益，甚至赚取政治利益。

随着经济体制改革的深入推进，经济主体多元化程度也在迅速增强。但大型银行不仅是社会金融资源配置的主力，也是金融体系安全稳定的基石。这是因为，大型银行能够实现资源在更广泛的区域、产业、业务线和客户群之间的纵横捭阖，从而可以熨平个别市场波动对金融机构整体收益的冲击；能够应用更为先进的信息技术，提高金融风险管理的质量，业务发展更具可持续性。特别是在市场波动的时期，大型银行能够提供市场最为缺乏的流动性和信心，从而起到稳定市场预期、缓解危机冲击的作用。对于金融体系，更重要的是要将各类金融活动都纳入正规金融体制之内，将各类社会资本都引导到服务实体经济的轨道上来。

错误解读银企关系，不仅与党的十八大报告中"提高银行、

证券、保险等行业竞争力"的要求背道而驰，也将扰乱正常的国民经济运行秩序，不利于实现全面建设小康社会的目标，不利于中国金融改革的稳健推进，不利于中国经济社会团结稳定的发展大局。

（二）金融民粹主义实则是想削弱中国国家力量对金融体系的把控作用

这种潜在的危险倾向是对中国国家金融安全的巨大威胁，如若不严肃对待，甚至可能会动摇公有制经济金融的主导地位，影响执政党的执政地位。仔细观察，在质疑中国银行业的这股潮流中，国际投行和境外势力是始作俑者和中坚力量，很多老百姓不明就里就被误导和利用了。正如事实所示，从世界银行的权威指标和银行业的财报指标来看，中国银行业的竞争程度并不比欧美银行业低，各种谬论均无根据。但国际人士利用中国银行业服务尚有不足，且少部分银行高管言语失慎的机会，大肆唱衰中国经济，唱衰中国银行业，而高盛等国际投行借"唱衰"买空获利颇丰。在网络上鼓吹美国金融体系的自由度和优越性，忽略了中国以银行为主、贷款为主的金融基础，否认银行利润过低对实体经济的影响，攻击中国国有银行，形成整个社会要求整治国有银行的舆论压力，与"金融革命论"相辅相成，冲击中国国有金融的主导力量，实则是想冲击中国国家力量在金融行业中的主导地位，从金融入手，削弱中国经济公有制的物质基础。

值得高度警惕的是，少部分人试图以互联网金融为突破口，促使金融走草根化、民主化之路，以"民本主义"包装"民粹主义"，以草根金融挑战传统金融权威，以民意倒逼政府，挑战政府治理能力。虽然这种企图根本上是行不通的，但也要正本清源，让广大民众更清醒地认识到金融民粹主义的危险之处。

金融安全战略固然需要建立国际化、市场化的金融机构，但只有将国家资本牢牢掌握在自己手中，将经济金融命脉掌握在国家手中，拥有主权，才能拥有安全。

二　国家主导下增强中国银行业对实体经济支持

当前，中国正处于社会主义初级阶段，公有制的主体地位不容动摇，而国家主导银行乃至整个金融，是中国经济社会不变色、不混乱的根本保障。银行是现代经济的核心，在实体经济的发展方面发挥着至关重要的作用，银行稳定也是社会稳定和政治稳定的基础。特别是全球金融危机之后，中国商业银行在对冲周期性经济波动、推动实体经济稳定增长，以及引导资源优化配置、支持经济结构转型、保障社会安定团结等方面发挥了重要作用。

（一）银行业在服务实体经济方面应抓好几个重点

与此同时，中国银行业也应该充分审视自身业务发展导向，改进对实体经济的服务模式，更好地为企业服务，更好地助力实体经济发展。具体而言，未来中国银行业在服务实体经济方面应抓好几个重点。

一是中国银行业应积极支持经济转型的引擎产业和行业，助力经济发展方式转变。具体来看，战略性新兴产业、节能环保、科技创新、现代服务业、文化产业等引领实体经济进入新一轮增长周期的行业或部门，以及事关经济动能顺利转换的传统产业改造和外向型部门升级，未来都将迸发巨大的发展潜能，它们对金融服务的需求也能成为带动金融产业持续增长的新动力。

二是中国银行业应对产品工具、业务流程、经营模式进行全方位的再造和创新，提升为实体经济服务的效率。为满足客户对时效性越来越迫切的需求，应依托发达的信息技术，以垂直化、扁平化、集中化管理为切入点，实施"以客户为中心"的流程创新，实现便捷性和合规性的更好结合；为解决小微企业、"三农"企业、服务类产业融资门槛问题，应更加深入地研究这些产业的发展特征，调整传统的基于抵押物的信贷发放模式，创新推广存货、应收账款、专利权等动产或权益质押，探索更为灵活的担保方式，帮助这些企业拓宽融资途径和节约资金成本。

三是中国银行业应前瞻性地探讨实体经济未来的发展趋势，继续深入推进综合化、国际化转型。一方面，要紧密契合经济发展模式变迁的趋势，深刻把握客户对于风险管理、资产财富管理、兼并重组、发行上市等急剧增长的新兴金融服务需求，加快金融创新，努力提升对客户的多元化、一站式金融服务能力；另一方面，要顺应和把握中国企业和国内资本"走出去"的历史潮流，加速推进业务国际化发展，构建全球化和国际一流的产品服务体系，深化拓展对实体经济服务的内涵与外延。

（二）增加银行对实体经济服务的政策支持

中国银行业过去是，未来也将是支持中国实体经济发展的重要力量。但要实现实体经济更好发展，仅有银行自身的改革和努力显然不够。针对当前国内银行在服务实体经济方面遇到的主要困难，要充分激发银行服务实体经济的效能，还需要一系列政策配套支持。

一是应为大银行支持实体经济提供更加宽松的政策环境。为保持大银行的信贷投放能力，应避免向其征收高于行业平均水平的差别存款准备金，特别是要通过政策倾斜，鼓励大银行向中小企业、保障房建设以及其他关乎经济发展和转型大局的行业或产业提供信贷支持。此外，为提升整个金融业的服务水平，应发挥大型银行金融创新"试验田"的作用，在综合化经营以及其他创新试点方面给予大型银行先行先试的政策支持。

二是应赋予银行更大的自主定价权，让市场而非行政命令来引导社会资金的配置，鼓励商业银行在贷款总量既定的前提下优先支持实体经济转型升级的引擎部门。应支持银行根据资金市场供求状态以及客户的信用级别自主确定信贷资金价格，例如针对银行的中小企业贷款，不应行政设置价格上限，使银行能够提升风险抵补能力。

三是应加强对民间资金的管控和引导。目前民间借贷的规模已经非常庞大，若任其脱离在调控体系之外，不但不能起到支持实体经济发展的作用，还会干扰正常的金融秩序，引发系统性风险。因此，对民间资金的管控，既要堵住政策空子，尽快将民间资本纳入管控范围之内，建立完善统计制度，准确掌握民间资金的规模和流向，实施有效管控。又要抓好疏导，通过开放投资领域，拆除民间投资发展中存在的"玻璃门""弹簧门"，为巨额民间资本寻找合法"出口"，引导地下金融转为地上金融，从而让民间资本成为支持实体经济转型升级的又一股重要力量。

四是应构建多层次融资服务体系，各展所长，支持中小企业改革发展。未来中国中小企业金融服务市场巨大，对中小企业的金融服务必然成为国内大中型商业银行的核心业务发展战略之一。各行将不断探索优化对各类中小企业的融资服务模式，以产业链金融或者是产业集群金融带动一大批中小企业实现发

展。但是中小企业市场层次很多，组合各异，大型银行融资服务不可能覆盖所有区域和所有形态的中小企业，因此未来国内中小企业融资问题的解决，还有赖于小型或专业金融机构的发展，形成多层次的融资服务体系。实际上，发达国家对于一般中小企业的金融服务需求，多由社区银行、村镇银行、小额贷款公司等小型金融机构来满足，这些机构往往只在某一区域开展业务，对辖内企业的经营信息较为熟悉，机制也更为灵活，在办理中小企业融资方面具有独到的优势。

第二十六章　摆正服务目标的位置

金融机构只有明确了"为谁服务"，才能合理确定战略导向、发展任务和经营策略。无论发达国家还是发展中经济体，金融机构归根结底都是要在服务实体经济的过程中积蓄发展的力量，夯实发展的根基，谋求发展的机遇。一旦脱离和超越了实体经济的本源，金融体系的自我循环和膨胀不仅会导致"产业空心化"、社会贫富差距扩大等人类正常经济活动秩序的扭曲，而且金融体系也会成为"无本之木"和"无源之水"，最终会触发剧烈的金融震荡和系统性的金融崩溃。因此，服务实体经济必然也必须是中国金融体系可持续发展的战略原则。就中国的经济环境和金融发展阶段而言，金融机构既要在权衡风险和收益的基础上，将金融服务导向更广泛的领域和更庞大的客户群体，实现金融"普惠于民"，更要明确服务重点，尤其是对于资金实力有限、业务多元化程度不高的金融机构而言，不能盲目效仿同业的经营战略和定位，追大求全，在"短兵相接"中耗损元气，而要立足于自身的"长短板"，树立经营特色，在重点市场中深耕细作，培育出自身的核心优势来。这也是构建多元化金融体系的题中之意。

第一节　普惠金融是普惠但不是福利品

2005 年，联合国最早提出了普惠金融，并将其定义为"一

个能够有效地、全方位地为社会所有阶层和群体，尤其是贫困、低收入人口提供服务的金融体系"，之后被联合国和世界银行大力推行。2012 年 6 月 19 日，胡锦涛在二十国集团峰会上提出，"普惠金融问题本质上是发展问题，希望各国加强沟通和合作，提高各国消费者保护水平，共同建立一个惠及所有国家和民众的金融体系，确保各国特别是发展中国家民众享有现代、安全、便捷的金融服务"。2013 年 11 月 12 日，十八届三中全会通过了《中共中央关于全面深化改革若干重大问题的决定》，正式提出"发展普惠金融，鼓励金融创新，丰富金融市场层次和产品"，将建立普惠金融体系正式纳入了金融体制改革的范畴之内。然而，围绕普惠金融的一些理论探讨和实践探索，往往走入了两个误区：其一是将普惠金融等同于福利品和慈善事业，认为金融机构追求商业盈利就是嫌贫爱富，就是与普惠金融背道而驰的；其二是将普惠金融理解为"打土豪分田地"时期的财产均分，认为所有人都应当从金融机构享受到无差别的金融服务。这两种想法不仅不利于构建普惠金融体系，而且也背离了社会主义市场经济的基本原则。

一　普惠金融的立足点是要构建经济金融的良性互动机制

实体经济和金融体系之间存在着密切联系、相互作用的辩证关系。可持续的、富具包容性的经济增长是金融发展最根本的依托，健康活跃、运行稳健的金融体系是经济增长重要的动力来源。在中国经济周期性转换和加速转型的关键时期，经济和金融之间的血脉联通是否顺畅就显得格外重要。普惠金融体系正是构建经济金融良性互动机制的重要切入口。

首先，普惠金融通过将金融服务向更广泛的领域和更庞大的客户群体扩展，增进了金融体系的广度和深度，有助于引导金融机构回归服务本源，聚焦实体经济发展。

中国传统的金融体系存在着数量性和结构性两个"缺口"，使得金融服务不平衡的情况还比较突出。数量性缺口主要是指金融体系难以满足所有合理的融资需求。特别是在央行流动性收紧时，社会融资缺口会更加突出，而结构性缺口则主要指金融体系的设计与"三农"、小微企业等弱质主体的金融需求之间存在着不匹配的情况。发展普惠金融，意味着金融机构将着眼于服务实体经济，推进金融工具创新，不断扩展金融服务对实体经济的覆盖面和渗透率，使更多企业或个人享受到金融服务。对实体经济而言，金融门槛的降低将加速储蓄资源跨主体、跨行业的合理转移，提高资金配置效率，从而挤出粗放型经济发展模式中存在的各种无效"水分"，促进经济发展方式转变，带动中国产业结构转型升级。

其次，发展普惠金融既顺应了经济结构系统性调整的外在要求，也是金融机构掘取转型新动能、探索包容可持续的发展模式的重要途径。

近年来，国内金融机构依托高速发展的实体经济，借体制机制改革所释放出来的巨大动力，取得了骄人的业绩，即使与国际先进同业相比，表现也毫不逊色。但随着实体经济的周期性调整，金融机构之前重点支持的一些资本密集型行业中很多都出现了产能过剩、投资回报减少、风险攀升等问题，资本约束硬化、监管强化、利差空间稳定性下降等多重压力也纷至沓来，中国金融业来到了认真审视发展方向和重新规划发展路径的十字路口。此时如果金融业背离实体经济的服务本源，同大量的民间资金一样，投入房地产和其他一些商品的炒作之中，不仅会威胁和干扰

到经济运行的正常秩序，而且唇亡齿寒，金融体系也会陷入岌岌可危的境地。在这方面，20 世纪 80 年代的日本和次贷危机前的美国都给我们提供了深刻的教训。因此，金融机构必须从经济转型升级中寻求新机遇和培育新的增长点，突破发展瓶颈、获取发展动能。例如，战略性新兴产业、节能环保、科技创新、现代服务业、文化产业等行业或部门是新一轮经济增长的引擎，正在迸发出巨大的发展潜能；又如，小微企业和"三农"企业以及中西部等区域虽然属于经济发展的"短板"，但作为国家政策悉心培育的战略重点，未来也会具备较好的成长性。它们的金融服务需求为金融机构提供了转型的方向。

二 普惠金融不能是无差异和全覆盖的

金融机构降低金融门槛，推广普惠金融，也常被单纯地看作社会责任的体现。但要想让普惠金融由"每个人都享有获得信贷的权利"[①] 这样一种理念演变升级成一种机制、一种模式，就必须摒弃计划手段和平均主义的习惯思维，用市场化的机制和商业化的手段让更多的人以合理的价格和便捷的途径获得各种的金融服务。

从金融机构的角度讲，只有遵循商业可持续的原则，在确保适当盈利的前提下，综合考虑宏观经济周期、区域产业发展前景，以及本机构资本状况、成本承受力、负债资金来源及其稳定性状况、风险和内控管理水平等因素，确定金融服务的对象和价格，才能引导资本在不同部门之间的优化配置，进而推动各类社会资源的优化组合，促成合理的产业结构、产品结构和技术结

---

① 诺贝尔和平奖得主、孟加拉格莱珉银行创始人穆罕默德·尤努斯的名言。

构，实现经济主体的优胜劣汰，提高实体经济增长的质量。

如果金融机构在探索普惠金融机制时，不能坚守商业原则，既会削弱其改善金融服务、创新金融产品的积极性，进而影响客户体验，也会造成社会资本扭曲配置和金融风险滋生等严重后果。这方面我们的教训不可谓不深刻。在国有商业银行股份制改造前的很长一段时间里，银行的经营目标模糊不清，一方面，银行作为货币经营企业，自负盈亏，自担风险，因此，肯定是要追求盈利性的；但另一方面，国有银行由于被当作宏观调节工具和公共管理工具，需要对社会和经济的稳定负责，因此发放了许多不符合商业化原则的"安定团结"贷款、特困企业解困贷款、"过年贷款"、"救灾贷款"，出现了银行行为"政府化"和信贷资金"财政化"等不正常的情况。结果，一是由于违背了信贷资金的运行规律和还本付息的基本要求，造成了不良贷款在银行体系内部的堆积，进而引发了资本金萎缩、收益下滑等问题，甚至危及到了银行业的生存。二是由于银行承担了政府的部分职能，信贷资金被当作财政资金使用，很难区分出哪些不良贷款是政府干预造成的，哪些不良贷款是银行自身经营不善造成的，因此政府不得不数次为国有银行庞大的不良贷款"埋单"。这种责任不清的状况在一定程度上制约了银行可持续发展的能力。

普惠金融和商业化之间可以实现兼容，这方面已经有很多成功的经验。例如，孟加拉格莱珉银行的无抵押"微额贷款"专门提供给那些无法获得传统银行贷款的贫困人口，并成功地帮助58%的借款人及其家庭脱离了贫困线，在为社会做出巨大贡献的同时，该银行也实现了很好的效率，连续9年保持盈利，偿债率高达98%。

　　从金融需求者的角度讲，"授人以鱼不如授人以渔"，如果将普惠金融与慈善福利混为一谈，就会弱化对借款人的约束，削弱其竞争发展能力，进而造成社会信用秩序的混乱。仍以股改前的国有商业银行为例，当时的一些国企客户由于混淆了财政资金的无偿性和信贷资金的有偿性，赖债、逃债、废债等行为十分普遍，风险的软约束削弱了企业改革发展的动力和压力。

　　要实现商业可持续，首先普惠金融不可能是无门槛和全覆盖的。借款人良莠不分，一方面，意味着打破了信贷资金还本付息的链条，摧毁了金融机构存在和发展的基石；另一方面，金融机构无从发挥对借款人的甄别和优选机制，也就无法有效地担当起资金融通中介、信息传递中介等功能。

　　其次，普惠金融也不可能是无差异和同质性的。普惠金融的一个重要含义是"基础金融服务均等化"，特别是在零售金融服务方面，应通过金融创新和消费者权益保护等手段，降低金融服务门槛、提升金融服务的可获得性。但这并不意味着所有客户所享受到的金融服务品质和金融服务价格应当是无差别的。金融服务的价格应遵循市场化原则，由金融机构根据经营策略及竞争环境，在权衡业务成本、风险和收益的基础上确定，这是金融体系资源配置中介功能有效发挥的基础。服务的种类和品质则应体现出个性化和多元化的特性，这是金融机构以客户为中心的体现，也是优化客户体验的必然要求。

三　中国构建普惠金融体系的几个着力点

　　对于普惠金融，世界银行曾这样描述，"国家应该通过政策、立法和规章制度的支持，建立一个持续的、可以为人们提供合适产品和服务的金融体系。它将具有以下特征：一是家庭和企业可以用合理的价格获得各种金融服务，包括储蓄、信贷、租借、代理、保险、养老金、兑付、地区和国际汇兑等；二是健全的金融机构，应遵循有关内部管理制度，行业业绩标准，接受市场的监督，同时也需要健全的审慎监管；三是金融机构的可持续性是指可提供长期的金融服务；四是要在金融领域形成竞争，为客户提供更高效和更多可供选择的金融服务"。根据这一愿景，中国构建普惠金融体系，应将着力点主要放在以下几个方面。

一是构建多层次、广覆盖的组织体系，鼓励不同规模、不同类型、不同市场定位的金融机构各展所长，为金融需求者提供高效的金融服务。对于大型银行，要充分发挥其在资金规模、业务协同、技术和产品研发能力、品牌影响力等方面的优势，鼓励其降低准入门槛，向县域乡镇延伸业务，并加快业务产品和技术流程的创新；对于农村信用社、村镇银行、小额信贷公司等小型金融机构，要充分发挥它们经营机制灵活、本地化程度高、信息灵通的优势，积极鼓励它们结合地区和行业特色，明确服务重点，形成商贸类、服务类、新技术类等专业化的小额信贷服务机构，扩大服务覆盖面和浸透率。此外，还要注重发挥保险、证券、期货、信托等非银行金融机构在普惠金融市场体系中的作用，充分发挥不同金融机构的协同效应，实现综合化、一体化的服务。

二是构建普惠金融的创新机制，提升金融服务的品质，激发持续发展的动力和活力。通过金融产品和工具的创新，增加金融服务的层次，丰富金融产品，扩大普惠金融服务的边界，为低收入群体和小微企业等传统金融服务的"空白领域"提供适宜的金融产品，满足他们短、小、快的融资需求。通过技术

创新，积极运用现代科技手段，对信贷流程和技术再造，利用网络银行、手机银行等新型支付工具，为客户提供更加便捷、高效、优质的现代金融服务。

三是营造有利于普惠金融发展的制度环境，夯实普惠金融的发展基础。与传统金融相比，普惠金融具有成本高、风险大、不确定性强等特点，为鼓励和引导金融机构延伸服务边界，一方面，政府要尽快构建适宜普惠金融发展的法律法规制度，积极建立与普惠金融发展配套的产业、财政、法律、社会等政策体系。另一方面，货币政策当局要通过差别准备金率等差异化的货币政策工具或者风险补偿等手段，降低金融机构支持经济发展薄弱环节的成本，增加其积极性。此外，还要构建相应的金融生态环境，例如，加强社会信用体系建设，完善区域信用评价体系，为金融服务方提供服务客户基础有效信息；积极发展征信评级机构、审计会计机构、专业化业务机构、结算支付系统、技术咨询机构等，各司其职，共同参与到发展普惠金融活动中来；加大金融知识的普及和教育力度，营造诚实守信的良好社会风尚。

第二节　消费金融是金融服务实体经济的着力点

曾广为流传的"中国老太太存钱买房，美国老太太贷款买房"的故事，从一个侧面说明了消费金融的运作机理。金融机构通过信贷等杠杆手段，将客户未来的收入转变为即期消费，解决了当期可支配收入不足问题。对中国而言，消费金融不仅是金融机构的业务增长点，而且可以有效缓解目前中国居民日益旺盛的消费需求和相对较低的可支配收入之间的矛盾，起到增加居民福祉的作用。特别是在目前的经济环境下，依托金融力量，撬动消费潜能，还具有启动内需、带动经济进入下一轮增长周期的重要意义，因此，消费金融是普惠体系的重要组成部分，也是金融服务实体经济的重要着力点。

一　消费对于中国经济发展和转型具有重要作用

消费是社会生产过程中的一个重要环节。没有消费，社会再生产就无法实现循环起复。特别是目前中国经济正处于增长阶段转换和寻求新平衡的关键期，原有平衡被打破，国内长期积累的结构性矛盾和短期经济运行问题相互交织，给经济的平稳转型和顺利升级带来了困难。但总体来看，无论是地方政府债务、影子银行、房地产及其他资产市场的泡沫，还是生态环境恶化、能源资源瓶颈及企业生存困难等问题，归根结底其症结都是社会总供给和社会总需求的失衡。当前，不仅钢铁、水泥、平板玻璃、电解铝、煤化工、船舶制造等传统产业深受产能过剩困扰，而且风电设备、光伏等新兴产业也出现了盲目扩张和重复建设等状况。产能过剩问题之所以出现，原因十分复杂，其中最为关键的一个因素就是需求不足。因此，扩大国内需求，化解产能过剩，消弭供求缺口，就成为解决经济发展隐患、打造中国经济"升级版"的最为直接有效的措施举措。

虽然投资需求与消费需求同为内需的组成部分，但投资需求只是中间需求。如果没有消费需求的支撑，投资将成为无效需求，并引起产能闲置、产品积压、企业效益下降，加剧供求失衡。而消费作为拉动内需的重要引擎，不仅可以刺激经济增长，而且有助于产业发展模式摆脱对资源和资本的高度依赖，激发出新的增长动力。

二 居民消费蕴藏的巨大潜能为消费金融提供了广阔的发展空间

一是收入倍增计划和新一轮改革将对居民消费总量增长和消费结构升级形成加速效应。近年来，党中央、国务院始终坚持并不断深化拉动内需、扩大消费的发展战略，十八大确立了"两个100年"的奋斗目标，提出了全面建成小康社会、人均收入倍增等一系列举措。这意味着，未来中国经济的发展将更加注重发展质量，在实现经济发展的同时，保证居民收入实现同步稳定增长。尤其是改善民生问题，被提到了前所未有的高度。收入分配制度改革在稳步推进，养老保障的改善，教育和医疗体制的变革也都已经提上日程。这些举措将缓解城乡居民的后顾之忧，使居民增强消费意愿。随着收入和社会保障水平的不断提高，中等收入群体的不断壮大，城乡居民将有更多的可支配收入用来消费，内需消费将成为推动经济发展的重要动力。在巨大购买力得到释放的同时，中国居民的消费结构也将发生深刻变化。根据国际成熟市场发展经验，人均 GDP 达到4000 美元后，居民消费结构将发生从生存型向发展型和享受型的转变。根据国家统计局数据，2014 年中国人均 GDP 已达到7575 美元，正处于消费升级转型的重要阶段，教育、娱乐、文化、交通、通信、医疗保健、旅游休闲等将成为主流需求。

二是新型城镇化将为消费增长带来新的原动力。2013 年，中国城镇化率为 53.73%，户籍人口城镇化率只有 35% 左右，这两个数字之间的差异意味着中国有 2 亿多生活在城镇，但没有城镇户口的农民工。这种"候鸟式"的半城镇化人群，由于无法享有城镇居民在医疗、住房等方面的社会保障，缺乏归属感，消费能力受到严重抑制。而在以"人的城镇化"为主导的新型城镇化过程中，大规模的农民工将转化为新市民，这将在很大程度上解除其在养老、医疗、教育、住房等方面的后顾之忧，进而增强消费意愿。同时，他们的消费模式也会向城镇居民靠拢，文化娱乐、交通通信、社会交往、住房等方面的消费需求将逐渐增加，从而激发城镇化扩大内需的消费潜力。

三是居民负债率远低于政府与企业部门，融资空间非常广阔。中国居民部门债务主要源自银行体系为居民提供的贷款。2004～2013年，居民部门本外币贷款余额从2.82万亿元增至19.86万亿元，居民部门负债与GDP之比由17.6%升至34.9%。再考虑到小贷公司、典当行、担保公司、电商机构以及民间借贷等都可为自然人提供贷款，居民部门负债总额则可能超过22万亿元，相当于GDP的40%左右。这一水平不仅明显低于发达经济体[①]，而且也低于政府部门[②]和非金融企业部门[③]。

三 引领消费新方向是消费金融的核心关注点

高盛在最近一份报告里指出，新兴市场中产阶级购买力的增强将在未来数十年引发全球消费的结构性转变，因此寻找新兴市场下一轮的发展机遇不仅依靠对宏观经济增长的理解，还

[①] 根据经济合作与发展组织（OECD）的统计，2012年，美国、日本和德国的居民部门债务规模，占GDP的比重分别达86%、78%和59%，分别高于中国居民负债率51个、43个和24个百分点

[②] 如果将地方政府融资平台债务、政策性银行债务、铁道债等中央政府实际上承担着"最后救助人"角色的隐性债务计算在内，2012年中国政府部门债务规模合计约为33.86万亿元，占GDP的比重高达65.2%。

[③] 1994～2012年，中国非金融企业负债率从50.2%跃升至92.5%。

包括对消费和支出的微观认知。消费金融的发展应建立在对客户消费需求与消费习惯变化特征的深刻理解上，加快创新，实现居民消费与消费金融的同步升级。包括：

一是引导客户消费结构升级的产品创新。以往商业银行的个人消费贷款更多围绕房贷和车贷等进行。但随着新型消费业态的不断涌现与发展成熟，金融机构需要深入挖掘新的消费需求，在做好传统消费金融业务的同时，加强对新型消费品的跟踪与调研，加大对业务与产品的储备；同时，加大对教育、旅游等服务消费领域的信贷支持，培育消费金融的新增长极，以便更好地发挥消费金融对经济结构调整和转型升级的支持作用。

二是适应客户消费习惯变化的服务创新。互联网金融的快速崛起给中国的消费市场带来了深刻变化，也为消费金融发展提供了新的机会。金融机构一方面要加大业务创新模式，针对居民网上消费新方式和电子商务平台发展新特点，不断优化业务流程，设计更加符合客户网上消费和移动消费特点的新产品；另一方面在与第三方支付机构的竞合互动中，积极介入电子支付链，大力推进互联网金融下的大数据技术发展。

三是迎合新客户群体消费需求的模式创新。城镇化过程中的村民市民化，将使更多新客户进入消费金融拓展视野。与原有城镇居民相比，这部分客户在金融需求方面有着自己一些独有特征，需要金融机构加强对新客户需求的了解与掌握，采取差异化拓展模式。在此过程中，金融机构还承担着消费者教育的重任，一方面，推动新客户更新理念，帮助客户学会利用金融手段更为有效地配置资金；另一方面，帮助消费者树立简单有效的收支理财理念，培育良好的信用消费习惯。

第三节　中小企业是金融服务实体经济的切入点

最近几年，中小企业在国家经济版图中的地位日益重要，它们所创造的产品和服务价值相当于国内生产总值的60%，上缴税收占国家税收总额的50%以上，完成了65%的发明专利。中小企业的健康发展不仅有助于促进经济的平稳健康运转，而且会成为推动中国经济发展和结构转型、构建创新型国家和建设和谐社会的重要力量。金融体系作为资源配置的重要渠道，在悉心扶植中小企业以及推动其成长壮大的过程中，发挥了非常重要的作用。最近两年，在信贷规模有所收紧的背景下，银行中小企业贷款增速依然持续高于其他类型企业。但在宏观经济增速下滑、市场需求萎靡和要素成本高企的多重压力下，中小企业资金链紧张的问题依然没有得到根本解决。因此，多策并举，发挥政府和各类金融机构的合力，融合直接金融和间接金融、商业金融和政策性金融等多方力量，构建针对中小企业的金融服务机制和平台，纾缓中小企业困境，就成为建设普惠金融的重要组成部分。

一　中小企业为何会成为金融服务的"洼地"

中小企业所获得的融资支持与其所做出的经济贡献不匹配的。其中的原因是非常复杂的，不能简单地归结为金融机构"嫌贫爱富"。从中小企业角度讲，其自身发展基础薄弱和信用状况不佳是融资难的根本原因。

一是中小企业公司治理和经营管理制度不健全，一些中小企业采取了家族经营模式或者个体经营，企业的所有权与经营

权高度统一，虽然规避了委托—代理机制下的逆向选择和道德风险等问题，但高度集中的管理权和单一的组织结构，不利于企业有效研判市场形势和做出科学的经营决策。

二是中小企业经营的持续性和稳定性不强。中国的中小企业主要集中于劳动密集型产业，产业层次较低，产品研发能力较弱，技术含量低，市场竞争力较差，易于受市场形势逆转的冲击，因此与大企业相比，中小企业寿命短，每年都会有大批中小企业创立，同时，又有大批中小企业倒闭，新旧中小企业更新较快。

三是中小企业信息不透明的情况较为严重，加剧了融资方和贷款方之间的信息不对称。很多中小企业无法提供经过正规会计事务所审计的合格的、真实的财务报表，甚至少数的中小企业连完整的会计账簿都没有，产品供销、客户情况、经营者的管理能力、赢利能力等信息也不会在公开媒体上披露，更没有相应的信用评级机构进行评定。

四是中小企业信用违约问题较多，与国外同规模企业相比，国外企业的销售量是国内企业的4.5倍，但坏账比例只有0.2%到0.5%，国内是5%，账款回收周期在欧美国家是37天，但在国内一般是90天到120天，进一步加大了中小企业融资的难度。

经济上行阶段，旺盛的市场需求可以掩盖中小企业的上述问题。然而，一旦遭遇不利的外部冲击，中小企业先天发育不足的问题就会被突出地暴露出来，并经由担保链、资金链、产业链衍生至更大范围，商业银行的稳定经营也会受到影响。此外，金融基础设施不成熟，金融机构开展中小企业业务缺乏必要的风险对冲和收益补偿手段，从而加大了金融机构的顾虑。

二　服务好中小企业是中小银行的"立身之本"

大型银行是国内金融体系的领头雁，理应在中小企业金融服务方面发挥主体作用，对其他金融机构起到示范和辐射的效应。但长期以来，大型银行一直服务于"大城市、大企业、大客户"，产品工具和业务流程与中小企业的需求之间存在着一定的脱节。因此，有必要围绕中小企业的需求，扭转传统的经营思维和文化，对体制机制进行全方位的再造和创新。在公开信息匮乏的情况下，为更好地掌握中小企业的经营状况，要建立具有地缘、亲缘、人缘优势的客户经理队伍，要在大数据技术的辅助下，重点以客户关系为导向获取企业"软信息"。但中小企业市场层次很多，大型银行金融服务不可能覆盖所有区域和所有形态的中小企业，因此中小企业分散性的资金需求，在很大程度上还有赖于村镇银行、小额贷款公司、消费金融公司等小型或专业金融机构的发展。这些机构在客户群体和经营地域上相对集中，经营机制和管理方式上较为灵活，对辖内企业的经营信息较为熟悉，机制也更为灵活，在办理中小企业融资方面具有独到的优势。并且对中小银行而言，如果能够发挥自身优势，在中小企业融资领域深耕细作，在与大中型商业银行的错位竞争中，也可以不断拓宽自身的发展空间，并实现核心竞争力的同步提升。

三　服务中小企业的直接融资与间接融资要协同配合

从国际经验看，虽然中小企业具有高不确定性和轻资产等特征，但资本市场可以为其提供了一套融资方和投资方风险共担、利益共享的机制，因此成为推动中小企业，特别是科技创

新型中小企业成长的重要平台。

首先，资本市场为中小企业提供了持续的资金支持。在中小企业生命周期的全过程，资本市场可以集合社会资金，通过市场化选择机制，为其提供"接力棒"式的资金支持，使得真正具有竞争力的企业能够最终胜出。其次，有利于调动企业管理层和员工的积极性。资本市场的制度安排，有助于企业治理结构的完善，特别是可以通过优化企业激励机制，推动企业快速稳健发展。例如，微软的期权计划就使近万员工获得上百亿美元的财富。最后，资本市场还为中小企业提供了多方面的社会资源，包括并购平台、投行专业服务、市场信号导向等，使其能够迅速形成并扩大自身竞争优势。正是资本市场这一系列的制度优势，使得大量与之结合的中小企业获得快速成功。1971 年，当纳斯达克市场初建时，在这个市场挂牌的大都是名不见经传的小企业。时隔 30 余年，我们在这一市场已经可以看见微软、苹果等知名公司。

中国资本市场由于成立的初衷是为国有企业筹资，因而很长一段时期，只有那些规模较大、社会知名度较高的企业能够挂牌上市。近年来，随着中小板和创业板的开启，资本市场在推动中小企业发展中发挥了越来越突出的作用，但由于入市条件相对单一，缺少灵活性设计，导致多数的中小企业因门槛过高而被拒之门外。未来的改革创新主要集中在以下几个方面。

一是做大做强场外交易市场，拓宽资质不足的中小企业融资的渠道，扩大资本市场为中小企业服务的范围。中国场外交易市场主要是由新三板（全国性股权转让市场）、四板（区域性场外市场）和五板（券商柜台场外市场）构成的。未来的建设重点，一方面是要以全国性市场为中心，构建起统一交易规则、统一监管、统一上市标准、统一操作流程、统一业务模式、相互合作的场外市场的内部结构，从而形成中国"1＋N"场外交易市场分布布局。另一方面，还要构建起各个层次之间自由转板的机制。对于暂时不能进入交易所或新三板交易的企业，可以先进入四板市场，实现完善治理结构、增强透明性、接受市场监督和约束等目的。企业达到相应条件后，可自由转入三板甚至交易所板块。

二是壮大和发展中小板和创业板市场。中国中小板的发行上市标准与主板保持了一致，只是把符合主板市场发行上市标准的企业中规模较小的企业划分到中小企业板块，对绝大部分中小企业而言门槛依然过高。创业板市场对企业的净资产、信息披露以及盈利能力也都有相当严格的规定。对于普通的中小企业来说，"门槛"依旧很高。未来应根据中小企业的特点，适当放宽中小板和创业板对创新型、成长型企业的财务准入指标，建立专门层次，为尚未盈利的互联网和科技创新型中小企业上市创造条件，并实行与主板市场差异化的新股发行机制、再融资制度、退市制度和并购机制，推动中小企业发展。

三是规范发展创业投资和私募股权投资基金。一方面，政府要通过税收优惠、财政补贴等方式扶持该行业的发展，特别是要降低民营资本进入的门槛，改善投资的主体结构，拓宽资金来源渠道；另一方面，要引导创业投资和私募投资完善风险控制机制。由于二者都需要投资人能够独具慧眼的发现中小企业的潜在价值，独享或是与少数投资伙伴分享其高成长性，因此该市场是一个非有效、非均衡的市场，风险较高。因此，有效的风险控制机制和规范的市场秩序是其持续发展的根基。

四是加快推动公司债市场发展，丰富债券市场品种，拓宽

债券发行主体，尽量使各类合格企业都可以平等地获得发债的机会。中国债券市场实行的是"规模控制、集中管理、分级审批"的制度，对中小企业融资支持力度不够。未来可考虑适时推出高收益债券，债券发行主体既可以是已在中小板、创业板上市的中小企业，还可以是未上市的高科技企业、"三农"企业或是有自主创新能力的中小企业。高收益债券不仅可以为中小企业提供融资渠道，而且有利于建立债券市场化发行和定价机制，修正债券收益曲线。与此同时，高收益债券也可以调动大量市场资金，服务于中小企业并购重组。

四　消弭中小企业金融供求缺口，需要政府发力

政府是市场机制的"守夜人"，中小企业金融服务虽然市场巨大，潜力无穷，但即时的收益回报与风险付出并不匹配，因此，要调动金融机构的积极性，消弭中小企业的金融供求缺口，还需要政府发挥夯实市场机制、规范市场秩序的作用。

首先，立足全局，着眼长远，科学规划金融产业布局，健全金融产业政策制度，合理确定各类金融机构的经营范围和业务区域，形成各展所长、各守其分的金融组织架构。对于社区银行、村镇银行、小额贷款公司等小型或专业金融机构的发展，政府既要积极扶持，降低民间资本进入金融领域的门槛，切实增加中小企业金融资源的供给，又要以风险为导向，制定差异化的、有针对性的监管框架，引导其健康发展，而要避免简单套用大型金融机构的监管制度和监管标准。例如，存款准备金率、存贷比、拨备覆盖率等监管指标在确定时，应充分考虑到各类金融机构发展阶段和经营特征的差异，包括公司治理是健全还是缺失，经营风格是稳健还是激进，区域结构、客户结构

和业务结构是集中还是分散，风险暴露程度是高还是低等诸多方面；在新兴业务和产品的准入上，则应基于金融机构内控和风险管理水平、产品创新能力、信息科技发展程度的差异，设置不同的准入门槛，实施分类开放的制度。

其次，着力完善金融基础设施，改善中小企业融资环境。包括：健全法规法律体系，完善对借贷双方合法权益的保护机制；依托行业协会和中小企业服务中心等机构，为中小企业规范财务及其他经营管理制度提供必要的辅导；建立与银行、工商管理部门、税务机关等相关部门共享的信息平台，及时准确披露中小企业及企业主的经营信息，缓解金融服务中的信息不对称问题；建立多层次、全方位的中小企业担保体系，商业性担保公司与政府牵头的再担保机构相辅相成，完善中小企业的增信机制；引入第三方信用评级机构，探索健全统一的信用评价体系，并对拖欠银行贷款的中小企业建立惩戒机制，完善信用环境。

最后，积极推进市场化改革，提升中小企业金融服务的质量。例如，推进利率市场化改革，通过赋予银行自主定价权，鼓励商业银行在贷款总量既定的前提下优先支持中小企业等群体的发展。由于中小企业的信贷成本高、风险大，如能让资金还原其真实的价格，允许银行根据资金市场供求状态以及客户的信用级别自主确定信贷资金价格，商业银行通过风险—收益之间的科学权衡，可实现资金的合理配置。针对中小企业等群体，商业银行采取"以价补量"的策略，上浮贷款利率，提高对这部分贷款的风险抵补能力。对于中小企业而言，只要能够保持银行贷款的可得性，即使在基准利率基础上上浮50%，中小企业的融资和财务成本也远远低于民间借贷。只有这样，才

能让中小企业和大企业处于相对公平的信贷竞争环境之中。如果无视经济规律，强行对中小企业贷款设置价格上限，那么有限的信贷额度必然对中小企业产生挤出效应，商业银行"垒大户"的冲动也不会发生根本改变。此外，还要继续推进综合化改革，特别是对于一些资本实力雄厚，信息科技水平较高，内控和风险管理制度健全的银行，应放宽对其业务领域的限制，鼓励它们在组织模式、业务流程、产品工具等方面进行更多的创新探索，从而可以为中小企业提供全方位、全生命周期的金融服务。

第二十七章　摆正新力量的位置

近年来，互联网金融野性生长，民营银行试水起航，给金融市场带来了新鲜力量，也给金融消费者带来了更好的服务体验。由此产生了一种论调，认为互联网金融和民营银行给中国金融体系带来了"鲇鱼效应"[①]，将会"颠覆"整个中国金融秩序，改变银行业主导的市场结构，并提出"民营银行倒逼商业银行论""互联网金融革命论"等。深层次分析，互联网金融和民营银行相对于传统商业银行有优势，也有劣势，前期的快速成长就是相对优势的集中体现，未来其相对劣势则将不断显现，成长速度可能有所放缓，但发展稳定性将不断提升。在这一过程中，银行主导的中国金融结构不会发生根本改变，互联网金融和传统商业银行将并行发展。

第一节　互联网金融野性生长有利有弊

互联网不断融入社会生活各个领域，逐步改变人们生活习惯，潜移默化地改变商业模式——这是近 30 年来社会发展的一个重要趋势。由互联网企业大力推进的第二轮互联网金融革新，也由此引发。互联网金融，是使用互联网的技术来实现资金融

[①]　鲇鱼效应是采取一种手段或措施，刺激一些企业活跃起来投入到市场中积极参与竞争，从而激活市场中的同行业企业。其实质是一种负激励。

通的行为总和，是在互联网技术高速发展、信息传播扁平化的大背景下，为了满足人们日益丰富的金融需求而创造出的一系列金融新概念、新产品、新模式、新流程等。当前互联网企业开展的金融服务业态可分为四大类：第三方支付、网络借贷、网络资产管理平台、小型银行信息平台。互联网企业相对于传统商业银行有优势也有劣势。

一　互联网企业相对于商业银行有优势

（一）专注客户体验，拥有庞大的网络用户群

根据中国互联网络信息中心的统计数据，截至 2014 年 6 月末，中国上网用户数量为 6.32 亿，位居世界第一；手机网民规模达到 5.27 亿，上网用户中 83.4% 的人群使用过手机上网业务；网络购物用户规模达到 2.92 亿。

（二）借助技术优势，演进出快捷的操作流程

网络支付的发展进一步加速金融脱媒，使得商业银行支付中介的功能被边缘化的趋势越来越明显，并使其中间业务受到替代。例如，支付宝、财付通等能够为客户提供收付款、自动分账与转账汇款、机票与火车票代购、水电费与保险代缴等支付结算服务。此外，与商业银行复杂的内部流程相比，互联网平台金融产品的操作流程相当方便快捷。

（三）打造商务平台，积累海量交易/信用信息

过去，企业通过与 IT 公司、银行、物流公司三方合作来整合"三流"，如今出现了跨界于 IT 和银行之间的基于互联网的金融企业，其本身就已做到"三流合一"，自然比传统银行更具有数据挖掘方面的优势。

二 互联网企业相对于传统商业银行的劣势更为明显

（一）资产实力不足，客户资源不够丰富

根据银监会发布的数据，从 2003 年末到 2013 年末，中国银行业金融机构的总资产从 27.66 万亿元增长至 148.05 万亿元，年均增长率为 18.3%。易观智库发布的《2013 年中国网上银行市场行业数据库》显示，2013 年度，中国网上银行市场整体交易规模达到 1231.6 万亿元人民币，同比 2012 年的 995.8 万亿元，增长 23.68%。与此相比，尽管互联网企业金融业务发展势头迅猛，但其资产规模、交易规模等各项指标都无法与商业银行抗衡。商业银行经过长期的发展运营，积累了丰富的客户资源，互联网企业相形见绌。

（二）风控体系落后、信用等级低

金融业是经营风险的行业，风险管理是贯穿商业银行经营发展的主线。面对着信用风险、市场风险、操作风险、流动性风险、法律风险等构成的复杂多变的风险环境，商业银行高度重视风险管理问题，在实践中不断优化风险管理流程，建立并完善风险控制指标体系，健全各项风险控制规章制度，严格管控各类风险。

（三）互联网金融面临三大风险

一是安全风险。由于网络交易的虚拟性，互联网交易双方之间的信息不对称，会导致欺诈现象的发生。另外，网络黑客和病毒严重影响着网络用户的隐私信息安全、财产安全；若发生系统瘫痪、资料损毁等，会极大地影响经济金融的正常运行。

二是信用风险。近年来违法者利用网络借款平台诈骗、"卡拉团"团购网站钓鱼，甚至网上贷款平台及团购平台卷款直接

逃跑等事件屡屡发生，给本身不安全的网络信用担保及交易平台雪上加霜。

三是监管风险。完备的监管体系的建立，必然会在一定程度上提高互联网金融的行业壁垒，进而损害部分网络金融市场参与者的利益；平台、银行、小微企业、个人等，都会受到网络资金监管的影响。大多数资金出借方更希望政府监管能更好地保障其出借资金的安全性，但政府如果过度介入，又会影响互联网金融市场的自由发展。

第二节　民营银行试水起航机会与挑战兼具

近年来，民营银行试水起航，引起市场高度热议。鼓励和引导民营银行发展是中国金融改革重要一环，是丰富金融体系层次、更好满足金融消费者需要的必然趋势。但民营银行和传统商业银行，并不是"你死我活"的恶性竞争关系。而是互促互进的"错位"竞争关系，虽然目前试点的民营银行离正式降生并投入运营尚有一段距离，但根据监管部门的政策导向和目前申报方案的情况可以判断，与中国传统的商业银行相比，未来新诞生的民营银行将展现出鲜明的特色，优势与劣势均将十分突出。

一　民营银行竞争优势体现在两方面

（一）更加灵活的经营管理机制和业务创新能力

与传统商业银行相比，试点的民营银行将完全按照市场化的原则筹建，在经营管理中受行政性等非市场因素影响较小，更易于建立适应市场竞争要求和目标客户需求的经营模式和管理机制，表现出更高的服务效率和更有针对性的产品设计。尤其值得关注的是，阿里巴巴和腾讯两家互联网龙头企业发起建立民营银行，未来很可能将现有的互联网金融业务布局与银行业务牌照相结合，向银行传统业务模式提出新的挑战。

（二）在对小微金融需求的把握上更准确

目前，小微金融仍是中国银行业的短板。民营银行发起人股东多是企业家，因而有着服务小型企业的"天然基因"。在这种背景下，民营银行将以自身的优势来植根于更加熟悉的小微企业市场，填补传统银行业服务的空白，同时树立自己的品牌和经营特色。预计各家试点民营银行在金融产品和业务流程的设计上都将更注重客户体验，争取在服务和效率上确立市场竞争优势。

二 未来民营银行的发展也将面临诸多挑战

（一）如何建立稳固的存款基础

银行是以信用为基础的特殊行业，其信用基础都是在与客户的长期交往中不断积累起来的。而在中国信用体系尚不健全的条件下，民营银行在发展初期会经历由信用劣势导致的存款来源不足。此外，根据现行银行业监管要求，客户在银行开户都必须采取在营业网点现场开户的形式。互联网企业物理网点数量不足，又无法通过非现场渠道为此前积累的电商平台客户完成开户操作，给这些银行短期内发展客户基础制造了巨大障碍。

（二）如何建立起有效的风险管理体系

完善的风险管理是商业银行的生命线。民营银行在发展初期必将面临风险管理体系不成熟的问题，在风险管理技术、机制和专业人才等各大要素上都面临重大考验。目前阿里巴巴等

互联网企业在小额贷款等业务领域积极尝试基于"大数据"技术的新型风险管理方法，未来可能在其发起的民营银行推广运用，但其有效性仍有待在长期经营中经受检验。

（三）如何会集充足的专业金融人才队伍

人的因素是决定银行竞争力高低的根本因素，特别是在客户服务、产品设计、市场交易、信息科技、风险管理等领域，高素质的专业人才队伍是银行高效运转的关键。对于快速发展中的中国银行业，人才是稀缺资源，也是市场同业竞逐的焦点。民营银行人才储备薄弱，尽管可以通过高薪策略从市场上抢夺关键岗位的优秀人才，但人力资本的整体水准短期内恐难与既有竞争对手抗衡。同时，高薪策略可能进一步推高民营银行的经营成本，削弱民营银行在初创期的赢利能力。

第三节 互联网金融和民营银行不会改变银行主导的金融结构

互联网金融与民营银行的发展相交织，对中国金融市场和传统商业银行造成了不小的影响，为银行业市场带来了一些新的元素，有助于促进银行业的转型创新，为突破小微金融发展瓶颈提供新动力。国际经验表明，发展数量众多、经营灵活的小型银行是解决小微企业融资难的有效方式。互联网金融与民营银行试点强调差异化定位，突出特色化经营，充分发挥自身与小微企业客户紧密联系的天然基因优势，必将在产品设计、营销手段、业务流程、风险控制等方面推陈出新，为小微企业客户提供更高效、贴心的金融服务。其中

的一系列创新与尝试对于突破中国小微金融发展瓶颈将有重
要意义。

一 互联网金融发展不会改变银行主导的金融结构

（一）商业银行并不是互联网金融的门外汉

商业银行一直是互联网金融的推动者和积极参与者。尽管
"互联网金融"这一概念在 2012 年才被广泛认可，但国内的商
业银行从 20 世纪末数据大集中（欧美的商业银行从 20 世纪 90
年代初）开始，就已经成为第一轮互联网金融革新的发起者和
推动者。在第二轮互联网技术革新的大潮中，商业银行也正借
助其金融专业领域的优势，借鉴互联网企业在技术、客户、渠
道、平台等方面的优势，积极融入、创新求变，做互联网金融
的推进者和引领者。

（二）互联网金融不会长期低成本扩张

从成本分析角度看，在互联网技术方面，新技术研发、存
储/计算/网络设备的采购维护、信息安全保障等环节都需要大
量的资金加以保障。而且随着数据量的不断增大，信息系统的
复杂度将大幅提升，上述成本也将随之上升。

（三）互联网金融只能占据部分金融市场

从市场占有率的发展趋势来看，互联网金融只能占据部分
金融市场。互联网金融给予投资者和资金需求者更多的选择或
者提供更便捷的方式来获取金融服务和产品，然而这些更多的
选择并不能代替既有的、已经存在多年的金融产品和服务（如
储蓄、股票、保险等）。

（四）互联网金融不能满足所有金融需求

在客户群体方面，由于互联网金融产品具有易于理解、使

用简单等特点，对于特定的客户群体具有较强的价值和竞争力，但在特定客户之外，产品的竞争力将受到影响。以网络支付为例，在18～35岁群体以及高学历群体中，网络支付具有一定优势，但在35岁以上群体中，网络支付并不占优。

总之，尽管近年来，中国互联网金融发展势头十分迅猛，也确实给金融业服务方式和服务效率的改变带来了一定的"鲇鱼效应"，但银行主导的金融市场结构不会发生根本改变。

二 民营银行对中国银行业竞争格局影响有限

在目前监管规则下，民营银行运营初期受网点数量有限、客户基础薄弱等因素影响，对中国银行业既有竞争格局的总体影响有限。但在部分业务领域和局部区域，试点的民营银行可能会为目前的银行业市场带来一些新的元素。

（一）可能加剧东部沿海地区小微金融和零售银行市场的竞争

民营银行试点方案全部集中在东部沿海三大核心经济区，是中国小微企业最发达、金融资源最丰富、市场竞争最激烈的区域。而各试点方案虽侧重点不同，但目标客户普遍瞄准了广大小微企业或个人客户。可以预见，为了迅速打开市场，充实客户基础，各家试点银行在运营初期必将采取较激进的营销策略，向客户提供大幅度的优惠政策。由此，市场既有竞争格局和定价基准可能遭遇冲击，特别是针对一些优质客户，市场可能掀起新一轮价格战。

（二）有助于促进银行业的转型创新，为突破小微金融发展瓶颈提供新动力

国际经验表明，发展数量众多、经营灵活的小型银行是解

决小微企业融资难的有效方式。民营银行试点强调差异化定位，突出特色化经营，试点银行必将扬长避短，充分发挥自身与小微企业客户紧密联系的天然基因优势，在产品设计、营销手段、业务流程、风险控制等方面推陈出新，为小微企业客户提供更高效、贴心的金融服务。其中的一系列创新与尝试对于突破中国小微金融发展瓶颈将有重要意义。

（三）可能向银行体系输入新的风险因素

民营银行试点的前景绝非田园诗般美好，新生的民营银行在为中国金融体系带来许多积极因素的同时，也会带来一些新的问题，最突出的就是风险问题。银行业是一个高风险行业，处于初创期的民营银行，由于经营基础薄弱，风险管理经验不足，资本实力有限，其抵御风险的能力更加脆弱。银行业的风险往往还具有很强的传导性，在目前中国尚未建立存款保险制度的情况下，一家银行的经营风险很可能迅速扩散，引发局部甚至全行业的系统性风险。全球其他地区的经验也表明，在放松银行业准入监管初期，金融市场整体风险水平会出现一个阶段性的上升。因此，未来民营银行的进入可能将在一定程度上加大中国银行业系统性风险的积聚。

此外，国际经验显示，民营银行发展初期往往伴随着大量通过关联贷款向股东进行不当利益输送，甚至金融欺诈等违法行为。如果没有切实有效的监管措施，这些问题可能严重扰乱正常金融秩序，对整个金融体系的稳定与声誉造成严重损害。

正是看到了这些风险因素，此次民营银行试点中，监管部门将风险防范置于突出地位，要求参与试点的民营银行制定完善的风险自担机制，并订立"生前遗嘱"。未来风险问题仍将是民营银行试点推进过程中，监管部门关注的重中之重。出于

保障国家金融安全的考虑，中国民营银行的发展必将是一个审慎有序的过程，短期内不会对中国银行业竞争格局带来根本性变化。

三 应形成良好互动的市场关系

互联网金融的发展是经济发展、金融深化和技术进步共同作用的结果，对于解决中小企业融资问题，促进民间金融阳光化规范化以及构建普惠型的金融体系都有重要意义。但互联网金融和商业银行之间绝非相互对立、非此即彼的关系。银行可以吸收互联网技术开放、共享、便捷的基因，主动融入互联网金融潮流中，为自身发展和转型开辟更大的空间。

民营银行资本资产规模偏小，风险管理体制和资本补充机制亦不健全，经营稳定性较差。但其客户群体和经营地域相对集中，经营机制和管理方式较为灵活，应在一些金融资源供给不足的领域深耕细作，发挥好对大型银行的互补作用。如果民营银行背离其本源，追大求全，与大中型银行"短兵相接"，不仅会造成不必要的竞争耗损，而且还会破坏正常的竞争环境，扰乱市场秩序。

特别是在民营银行发展初期，如果宏观调控和金融监管不能及时到位的话，民营银行可能会在规模扩张的冲动下，成为助长资产泡沫、扰乱正常经济金融秩序的推手。

因此，对于金融体系，在多元化、鼓励新力量的同时，更要摆正新老力量的位置，倡导良性互动和竞争效应，更好地为经济全局服务。

第二十八章　摆正生态概念的位置

生态文明建设关系人民生活，关乎民族未来。金融机构是建设美丽中国的重要力量，但要激发其发挥出更大作用，则需大力发展绿色金融，在政策环境方面予以进一步完善。发展绿色金融迫在眉睫，但中国绿色金融的发展现状尚不尽如人意。未来，发展绿色金融既要充分借鉴国际经验，也要结合中国国情多管齐下，走一条有中国特色的、又快又好的发展之路。

第一节　发展绿色金融迫在眉睫

一　发展绿色经济急需绿色金融支持

绿色金融是指通过制度设计，引导社会资金投向与社会福利最大化相一致的生态文明系统。国际上，绿色金融包含绿色贷款、绿色私募股权和风险投资基金、绿色ETF、绿色共同基金、绿色债券、绿色银行、绿色保险等金融机构和融资产品。随着中国工业化的深入推进和城镇化建设的加快发展，资源消耗增长、环境污染问题严重，以高投入、高能耗、高污染为代价的经济增长模式难以为继，迫切需要加快转变经济发展方式，发展绿色经济，建设资源节约型、环境友好型社会。金融是经济的血脉，发展绿色经济急需绿色金融支持。为给绿色经济发

展提供足够的金融助力，中国金融业，特别是银行业向绿色金融转型升级的进程正在提速。随着中国经济改革深化和结构调整进入白热化阶段，进一步加快发展绿色金融的需求更加迫切、更加广泛，这对绿色金融下一步加速发展提出了更高的要求。

二　产能过剩倒逼绿色金融快速推进

中国经济结构失衡和发展方式落后的突出表现就是产能过剩，产能过剩的化解已成为事关中国经济可持续发展、中国社会稳定，乃至中华民族伟大复兴的当务之急。总体来看，产能过剩的现有压力和化解产能过剩的现有渠道之间存在着一定的落实缺口。仅靠行政手段难以缓释现存的巨大压力，发展绿色金融才是化解产能过剩的治本之策。唯有通过金融渠道扶助绿色经济和新兴产业真正发展起来、壮大起来，生产要素才会逐渐加快从过剩产业向新兴产业的流动，市场资源才能自发趋向有效配置。所以说，绿色金融是化解产能过剩的关键之钥，产能过剩压力倒逼绿色金融必须加快发展。

三　建设美丽中国离不开绿色金融

党的十八届三中全会把建设美丽中国上升为基本国策，建设生态文明的美好家园已成为全社会共识。美丽中国的蓝图中应包含"人与自然和谐相处"以及"人与人和谐相处"两个层面，缺一不可。而金融作为现代经济的核心，在建设美丽中国、实现两个层面和谐相处的过程中应发挥重要作用。建设和完善绿色金融体系，既是顺应中国"两型"社会建设的必然之举，更是一份沉甸甸的社会责任，在这个过程中，需要政府、企业、公众和全社会的共同参与。

第二节 绿色金融是实现建设美丽中国的关键

建设美丽中国的蓝图中应包含"人与自然和谐相处"以及"人与人和谐相处"两个层面。绿色金融在建设美丽中国、实现两个层面和谐相处的过程中应发挥重要作用。但也应看到，中国绿色金融发展尚存较大挑战。

一 实现人与自然的和谐相处

美丽中国首重生态文明，生态文明建设是一个系统工程，需要对产业结构、经济增长方式、消费模式进行深层次的变革。这一过程需要包括金融机构在内的市场经济力量的驱动。金融部门在其中所起的作用主要有：一是优化调整信贷结构，引导资金流向低碳节能型产业或企业，不仅可以提供直接的动力支持，而且能够对社会资本和其他资源的配置发挥示范和导向效应；二是完善利率定价机制，帮助低碳节能型产业或企业节约融资成本，为其提供更大的发展动力；三是积极推进业务和产品创新，满足低碳环保行业或企业个性化的金融需求，提升服务水平和层次。

二 实现人际间的和谐相处

金融机构应发挥信用媒介的作用，助推形成友好诚信的社会环境。金融部门首先要从规范自身行为做起，切实保护金融消费者的合法权益，在金融产品供需双方中建立互信共赢的关系。一是要完整、及时、准确地披露业务产品的相关信息，详尽说明产品购买者所拥有的权利、需要承担的责任

和风险，引导客户理性消费；二是在金融服务过程中，以防范风险为本，加强自律，把"对的"产品卖给"对的"客户，严格禁止强制搭售或捆绑销售等不规范行为，保护消费者对产品和服务的自主选择权；三是加强金融知识传播和教育，帮助消费者了解金融法律法规政策、各类金融业务和服务的知识，保护消费者的受教育权；四是建立金融消费者投诉争端解决机制，从内部形成投诉、受理、争议解决、考核监督等制度，保护消费者的投诉权；五是在社会信用体系的构建中发挥更多的作用。积极参与信用数据的收集和共享工作。

三 中国绿色金融发展依旧存在较大挑战

与此同时，绿色金融毕竟是新兴事物，中国金融市场发展也尚不成熟，因此，中国绿色金融发展依旧存在较大挑战：一是在中国的产业结构转型中，金融机构如何以有效的绿色金融助推经济转型，并形成良性互动机制，需要付出艰苦的努力；二是金融机构推行绿色金融有效激励机制不足，低碳环保项目往往风险高、收益低，一定程度上影响了金融机构发展绿色金融的主动性和积极性；三是金融机构推行绿色金融的能力仍有待提升，绿色金融业务涉及对融资企业、项目环境和社会风险的识别、评估，需要具备环保技术和金融知识的复合型人才，通过相应的人才培养计划，逐步提高专业技能；四是全社会共同倡导的绿色金融文化尚未形成，绿色金融文化是社会经济文化的一部分，体现了金融机构、客户、利益相关方的社会规范和价值理念，绿色金融真正实现有效实施，仍有赖于综合文化的进一步形成。

第三节　发展绿色金融需要多管齐下

他山之石可以攻玉，发达国家金融体系较为成熟、金融创新能力较强，其在发展绿色金融方面也积累了大量经验，值得中国借鉴。

一　发达国家激励政策

具体来看，发达国家用来激励将资金投资于绿色领域的政策主要包括财政手段和金融制度安排两类。

（一）财政手段

一是政府对绿色贷款贴息；二是对环保产业的产出提供价格补贴（其中 Feed In Tariff 最常用）；三是政府对绿色项目提供担保；四是政府绿色采购；五是对绿色债券免税；六是政府设立绿色银行或投资基金，以部分政府资金带动更大规模的社会资金投入绿色产业。

（二）金融体制安排

金融体制安排也可以撬动社会资金投入绿色产业，主要通过立法、评估、建立社会责任体系、提供环境成本信息等方法，增加银行和投资者对绿色项目的偏好，减少对污染项目的投资倾向。一是通过立法明确金融机构（如银行）对所投资污染项目的法律责任[①]；二是要求机构投资者在决策过程中考虑环境

[①] 如美国的《全面环境响应、补偿和负债法案》规定，如果贷款人参与造成污染的借款人的经营、生产活动或废弃物处置活动，或对造成污染的设施有所有权，必须承担责任。

因素①；三是要求商业银行内部评级或评级公司的公开信用评级时考虑环境因素；四是要求上市公司和发债企业达到绿色社会责任规范，包括披露环境责任信息；五是建立绿色机构投资者网络。推动在投资决策程序中引入环境因素，督促被投资企业承担社会责任。

二 发展绿色金融需要多管齐下

绿色金融是必须大力推进的实务。借鉴国际经验，发展绿色金融需要多管齐下。

一是需要加大财政支持力度。建议尽快建立财政贴息机制，鼓励金融机构发放绿色贷款；通过价格补贴、政府采购等途径，加大对绿色产业的支持和投入；通过提高绿色产业的回报，吸引更多资金投向生态文明建设。

二是需要建立绿色金融机构。建议考虑成立绿色银行，以绿色债券作为主要融资来源；在多领域强制性实行绿色保险；鼓励和建立其他类型的绿色金融机构。

三是需要强化企业的绿色约束。建议尽快通过立法，推动银行和评级公司在评估中引入环境风险因素；加快建立上市公司环保社会责任规范和信息披露机制；成立中国绿色投资者网络，推动全社会各个投融资主体建立起绿色约束机制，形成健全的社会责任体系。

四是需要创建绿色配额交易制度。借鉴国际上成熟的"可

---

① 如联合国负责任投资原则组织（United Nations'Principlesfor Responsible Investment）作为全球投资者组织的国际框架，以"负责任"为投资原则。截至2013年4月共有超过1200家投资者参与，管理资产超过35万亿美元。

再生能源配额制",通过绿色配额交易,实现市场化的节能减排长效机制,并与相关国际组织对接,将中国绿色配额交易融入全球体系。在资本市场配套开发碳资产证券化、碳交易 CDS 等衍生产品和碳金融理财、碳交易指标代客买卖等投资品种,加大金融对绿色低碳产业的支持力度。

第四节　建立碳交易市场

由于建立碳交易市场是绿色金融的重要组成部分,且紧迫性与可行性较强,这里进一步提出一些具体建议。

一　构建全国开放性碳交易市场

中国应考虑建立一个统一的由国家政策规定,法律保障和金融系统支持的全国性开发碳交易市场体系。具体计划和实施可由国家发改委和财政部牵头,中国人民银行、银监会、证监会和保监会参与。交易系统可由主交易市场和交易所相结合的形式组成。交易市场的交易主要通过直接交易市场或者交易所来实现,包括中国企业和金融机构之间的配额和项目交易,和与国际交易的 CDM 项目交易业务等。交易业务从交易现货市场开始,然后可以发展期货市场、衍生品市场,从而逐渐发展成为一个与国际接轨的开放性碳交易市场。

二　结合自愿减排(VER)基于碳强度的总量相对控制的市场机制

作为发展中国家,中国并未承诺碳排放总量,因此还无法马上在现有 "Capand Trade" 原则下(即用总量控制创造了碳

排放额的稀缺性，然后在此基础上实现配额交易）进行碳配额交易。但基于中国 2020 年单位 GDP 碳排放将比 2005 年减少40% ~45% 的碳强度目标，我们可以围绕碳强度的总量相对控制而建立碳交易市场。通过一定的技术手段和产品设计安排，将碳强度转化为可以在企业间进行交易的商品，例如高耗能高排放企业（煤炭发电、钢铁冶金行业）可以通过向低能耗和清洁能源企业购买减排的 CER 来达到减少其碳强度的目标。除通过碳强度目标机制，中国还可以通过自愿减排机制（VER）建立碳交易市场。即企业可以通过自愿设计规则、自愿确定目标、自愿参与交易的原则，通过招募、设计和交易三个阶段，研究和执行符合中国国情和企业实际的二氧化碳温室气体测量、报告和核实体系、目标承诺与减排和交易体系，以企业自愿签署具有法律约束力的减排协议的方式，进行碳交易。

三 逐渐过渡到总量控制的碳市场，并与国际接轨

无论是基于碳强度的总量相对控制机制还是通过自愿减排机制（VER）建立碳交易市场，都不能具有 "Capand Trade" 原则下建立的总量控制碳交易市场的强迫性，不能开发巨大的碳排放配额市场，从而相对缺少对市场需求的推动力和发现市场价格的准确性。因此中国未来发展趋势应该还是由政府制定碳排放总量，走向限额交易政策，发展强制性的总量控制的碳市场。在建立运行中国碳交易市场的过程中，我们应充分吸收国外先进国家的经验，与相关机构密切合作，建立有中国特色和国际市场接轨的交易平台。通过建立与国际碳交易所连接，可以开发与国际挂钩的期货、期权交易，

使二氧化碳排放权可在国际上自由流通，丰富了中国碳交易的金融产品品种，客观上增加了碳市场的流动性，并增加中国在国际碳交易市场的定价权和话语权，从而增强中国在国际低碳经济中的竞争力。

图书在版编目（CIP）数据

金融国策论/时吴华著.—北京：社会科学文献出版社，2015.5
（2017.5 重印）
ISBN 978 - 7 - 5097 - 7497 - 7

Ⅰ.①金…　Ⅱ.①时…　Ⅲ.①金融 - 研究 - 中国　Ⅳ.①F832

中国版本图书馆 CIP 数据核字（2015）第 091165 号

金融国策论

著　　者／时吴华

出 版 人／谢寿光
项目统筹／王婧怡　许秀江
责任编辑／王婧怡

出　　版／社会科学文献出版社·经济与管理分社（010）59367226
　　　　　　地址：北京市北三环中路甲29号院华龙大厦　邮编：100029
　　　　　　网址：www. ssap. com. cn
发　　行／市场营销中心（010）59367081　　59367018
印　　装／三河市东方印刷有限公司

规　　格／开本：880mm × 1230mm　1/32
　　　　　　印张：13.625　字数：310千字
版　　次／2015年5月第1版　2017年5月第8次印刷
书　　号／ISBN 978 - 7 - 5097 - 7497 - 7
定　　价／98.00元

本书如有印装质量问题，请与读者服务中心（010 - 59367028）联系